시편 설교 II(42:1-89:52)

은혜와 영광

Grace and Glory

시편 설교 II 은혜와 영광

총 편 집 인   김 의 원
지 은 이   안 오 순
발 행 일   2024년 3월 3일
발 행 처   도서출판 사무엘
등   록   제972127호 (2020.10.16)
주   소   안양시 동안구 관악대로 282
            고려빌딩 3층
표   지   김 별 아

ISBN 979-11-986697-2-8 93230
값 18,000원

SEE 성경과 신학 시리즈 01
성경 교사와 설교자를 위한 심화과정 501

시편 설교 II(42:1-89:52)

은혜와 영광

총편집인 김 의 원
지 은 이 안 오 순

도서출판 사무엘

시편 설교 I(1:1-41:13)에 이어 시편 설교 II(42:1-89:52)를 출간할 수 있어서 하나님께 감사합니다. 시편을 공부하면서 언제나 두 가지를 마음에 품었습니다. 첫째는, 본문이 말하는 '그 메시지'를 찾고자 했습니다. 둘째는, '그 메시지'를 오늘 우리에게 적실하게 적용하려고 했습니다. 오늘의 사역 현장에서 가장 안타까운 점은 신학과 목회 현장에서의 주파수가 다르고, 본문과 설교의 주파수가 다르고, 설교와 청중의 삶 사이의 주파수가 다르다는 데 있습니다. 그것은 '본문을 잃어버린 설교'이면서 '청중을 잃어버린 설교'입니다.

따라서 설교자가 전해야 하는 '성경 본문(text)'과 그 본문을 들어야 하는 '청중(context)'이라는 두 개의 기둥을 살리려고 애썼습니다. 여기에 덧붙여서 대체할 수 없는 예수님의 정체성과 교회 공동체성을 드러내고자 했습니다. 설교자가 '석의(exegesis)'와 '적용(application)'이라는 설교의 두 기둥을 균형 잡으면 잡을수록 우리 교회는 양 떼가 뛰노는 푸른 초장으로 변화할 겁니다.

시편을 공부하면서 도움받은 책입니다. 전봉순, 『거룩한 독서를 위한 구약 성경 주해, 시편 42-89편』 (서울: 바로오딸, 2015). Allen P. Ross, *A Commentary on the Psalms: 42-89* (Grand Rapids: Gregel Academic, 2012). Willem A. Vangermeren, *The Expositor's Bible Commentary: 5, Psalms* (Grand Rapids, MI : Zondervan, 2008). 이병철 편저, 『성경원어 해석 대사전: 바이블렉스 10.0』 (서울: 브니엘성경연구소, 2021).

시편을 함께 배우며 기도해 준 한남교회 동역자와 선교 일선에서 조용하게 섬겨준 선교사에게도 감사합니다.

2024년 3월 3일
글쓴이

차례

제2권

01, 하나님을 희망하라(42:1-43:5)　　　　1

02, 우리를 구원하소서(44:1-26)　　　　9

03, 주님의 보좌는 영원하며(45:1-17)　　　　15

04, 만군의 여호와께서 함께하신다(46:1-11)　　　　21

05, 큰 왕이신 여호와(47:1-9)　　　　27

06, 시온, 하나님의 도성(48:1-14)　　　　33

07, 재물을 의지하는 자의 어리석음(49:1-20)　　　　39

08, 감사로 제사를 지내며(50:1-23)　　　　45

09, 정한 마음을 창조하시고(51:1-19)　　　　52

10, 인자하심을 영원히 의지하리로다(52:1-9)　　　　60

11, 어리석은 사람은(53:1-6)　　　　66

12, 나를 돕는 분(54:1-7)　　　　72

13, 네 짐을 여호와께 맡겨라(55:1-23)　　　　77

14, 내가 하나님을 의지하고(56:1-13)　　　　84

15, 굳건한 마음(57:1-11)   90

16, 심판하시는 하나님이 계신다(58:1-11)   95

17, 나의 힘이시여(59:1-17)   100

18, 우리를 도와주소서(60:1-12)   105

19, 나보다 높은 바위(61:1-8)   112

20, 하나님만 바람이여(62:1-12)   117

21, 내 영혼이 주를 갈망하며(63:1-11)   123

22, 다 자랑하리로다(64:1-10)   128

23, 은혜의 하나님, 영광의 하나님(65:1-13)   133

24, 하나님을 찬송하리로다(66:1-20)   139

25, 모든 끝이 하나님을 경외하리로다(67:1-7) 146

26, 하나님이 일어나시니(68:1-35)   151

27, 주의 집을 위하는 열성(69:1-36)   159

28, 나에게 서두르소서(70:1-5)   165

29, 백발 성도의 믿음(71:1-24)   170

30, 왕의 이름이 영구함이여(72:1-20)   176

제3권

31, 성소에 들어갈 때에야(73:1-28)   182

32, 하나님이여, 일어나소서(74:1-23)   189

33, 바르게 심판하시는 하나님(75:1-10)   196

34, 누가 주님 앞에 설 수 있습니까(76:1-12)   201

35, 양 떼 같이 인도하셨나이다(77:1-20)   206

36, 다음 세대에 알리라(78:1-39)   212

37, 기억하라(78:40-72)   220

38, 언제까지죠(79:1-13)   226

39, 우리를 돌이키소서(80:1-19)   231

40, 들으라(81:1-16)   238

41, 신들을 재판하시는 하나님(82:1-8)   244

42, 지존자로 알게 하소서(83:1-18)   249

43, 여호와의 궁정을 사모하여(84:1-12)   255

44, 우리를 돌이키소서(85:1-13)   261

45, 은총의 표적을 보이소서(86:1-17)   266

46, 시온에서 났나니(87:1-7)   273

47, 오직 주님께 부르짖었사오니(88:1-18)   277

48, 인자와 성실의 하나님(89:1-37)   283

49, 여호와여 언제까지니이까(89:38-52)   291

참고서   296

01
하나님을 희망하라

말씀 시편 42:1-43:5
요절 시편 42:5
찬송 95장, 484장

"내 영혼아 네가 어찌하여 낙심하며 어찌하여 내 속에서
불안해하는가 너는 하나님께 소망을 두라 그가 나타나
도우심으로 말미암아 내가 여전히 찬송하리로다."

우리는 오늘부터 시편 제2권을 시작합니다. 그 첫 번째인 42편에는 "고라 자손의 교훈시"라는 표제가 붙었습니다. '고라'는 레위의 후손으로 다윗 시대에는 성가대였고(대상 6:31, 37), 성전 문지기였습니다(대상 26:1). 우리는 그 후손이 이 시편을 쓴 것으로 믿습니다. 그리고 42편과 43편은 한 편의 시입니다.

이 시의 배경은 무엇일까요? 첫째로, 하나님과 성전에 대한 그리움입니다. 시인은 성전에서 멀리 떨어져 있었습니다. 그는 성전에 가지 못하고, 하나님을 만나지 못함을 안타까워했습니다. 둘째로, 시인은 병에 걸려 하나님의 구원을 갈망했습니다. 그는 병으로 하나님한테서 멀리 떨어졌다고 여겨 낙심했습니다. 하지만 그는 하나님께 희망을 두고 그분을 갈망합니다.

시인은 성전과 하나님을 얼마나 갈망합니까? 42:1을 봅시다. "하

1

나님이여 사슴이 시냇물을 찾기에 갈급함 같이 내 영혼이 주를 찾기에 갈급하니이다." '사슴'은 희생제물로 사용하지는 않았으나 정결한 동물에 속했습니다. '시냇물'은 철철 넘쳐흐르는 물이 아니라, 바닥을 따라 흐를 듯 말 듯 흐르는 가는 물줄기입니다. 하지만 가뭄에도 마르지 않는 물입니다. 목마른 사슴은 물을 간절하게 찾습니다. 물을 찾지 못하는 사슴의 생명은 위협을 느끼며 불안하고 초조해합니다. 심한 가뭄으로 물이 부족한 상태에서 시냇물은 사슴에게 그 자체로 생명을 뜻합니다.

이처럼 시인은 누구를 찾습니까? 시인의 영혼이 주님을 찾기에 갈급합니다. 시인은 하나님을 몹시 원하는 마음을 사슴의 갈증으로 표현합니다. 시인은 하나님을 절대적으로 필요로 합니다.

왜 그는 하나님을 그렇게 갈망합니까? 2절입니다. "내 영혼이 하나님 곧 살아 계시는 하나님을 갈망하나니 내가 어느 때에 나아가서 하나님의 얼굴을 뵈올까." '얼굴을 뵈올까'라는 말은 '얼굴 앞에 언제 보이게 되는가?'라는 뜻입니다. 그는 하나님의 얼굴을 보려고 합니다. 그런데 사람은 하나님의 얼굴을 직접 볼 수 없습니다(출 33:20). 그래서 '언제 보이게 됩니까?'라고 묻습니다. 시인이 갈망하는 바는 하나님의 얼굴을 뵙는 일입니다. 그것은 하나님이 계시는 성전의 지성소에 나아감을 뜻합니다.

왜 그는 지성소에 나가려고 합니까? 하나님을 만나서 예배하려고 합니다. 이것을 '대면 예배'라고 합니다. 성전의 대면 예배는 역동적이며 경외감을 일으킵니다. 예배자는 나팔과 비파, 수금, 소고로 하나님을 찬양했습니다. 춤과 현악, 퉁소, 큰 소리 나는 제금으로 찬양했습니다. 성전은 생명의 샘입니다. 지성소에는 하나님이 있으시고, 그곳에서는 생명의 샘이 솟아납니다(시 36:9). 따라서 성전에서 하나님을 만나서 예배함은 생명을 소유함입니다. 반면 성전에서 멀어짐은 생명의 샘에서 멀어짐입니다. 그것은 곧 죽음입니다.

그런데 사람들은 시인에게 종일 무슨 말을 했습니까? "네 하나님이 어디 있느뇨"(4)? 이 말은 '너를 도우실 하나님은 없다.' '하나님은 너를 버리셨다.'라는 뜻입니다. 시인이 그런 현실에 놓인 이유는

2

하나님께서 그에게 아무 일도 하지 않으신 것처럼 보이기 때문입니다. 원수는 하나님의 존재와 능력에 관해 조롱했습니다. 그리고 시인에게 회의를 심었습니다. 원수의 말은 시인의 믿음을 흔들고, 하나님을 그리워하는 마음을 흔들었습니다.

그래서 그의 눈물은 밤낮으로 그의 빵이 되었습니다. 하나님이 함께하시지 않음은 눈물이고, 그 눈물은 빵이 되었습니다(3). 그는 원수가 자기에게 했던 그 말을 하나님께 합니다. "나의 하나님은 어디에 계시는가?"

그때 그는 무엇을 기억합니까? 그는 옛적에 성전 순례, 축제 행사, 구원 역사에서의 하나님의 승리를 기억합니다(4). 그는 전에 축제의 행사를 지키는 사람과 함께 했던 그 시절의 대면 예배를 그리워합니다. 순례자는 1년에 세 번- 유월절, 초실절, 그리고 초막절에 예루살렘 성전으로 모였습니다. 그곳에서 하나님께 예물을 직접 드리며 기뻐했습니다. 시인은 그때를 기억합니다. 그의 마음은 복받쳐 올랐습니다. 그는 억눌렸던 감정을 쏟아 냈습니다.

그러나 그는 자신에게 무엇을 말합니까? 42:5를 읽읍시다. "내 영혼아 네가 어찌하여 낙심하며 어찌하여 내 속에서 불안해 하는가 너는 하나님께 소망을 두라 그가 나타나 도우심으로 말미암아 내가 여전히 찬송하리로다." 그는 자신과 대화합니다. "내 영혼아, 왜 그렇게 낙심하는가?" "왜 그렇게 불안해하는가?" 그는 하나님의 성전에 가지 못해서 낙심하고 불안해합니다. 그는 하나님의 얼굴을 정말로 보고 싶은데 그럴 수 없는 현실로 낙심하고 불안해합니다. 하지만 그는 스스로 말합니다. "너는 하나님께 소망을 두라." 이 말은 '하나님을 희망하라.'라는 뜻입니다. 그는 "네 하나님이 어디 있느냐?"라고 물었던 사람에게 "나는 하나님을 희망한다."라고 말합니다.

왜 그는 하나님께 희망을 둡니까? 그분이 '그의 얼굴의 구원'이시기 때문입니다. '그가 나타나 도우심으로'라는 말은 '내 얼굴의 구원'이라는 뜻입니다. 시인은 그분이 구원하실 줄 믿기에 그분을 찬양합니다. 희망과 찬양은 믿음에서 왔습니다. 믿음과 의심은 동전의 양면과 같습니다. 믿음이 떠오르면 의심이 가라앉지만, 의심이 떠오르면 믿음이 가라앉습니다. 그런 중에 믿음이 흔들리기도 하지만, 그 흔들림 안에 희망이 있습니다. 그 희망에서 믿음이 다시 싹틉니다.

시인이 희망하는 바는 무엇입니까? 첫째로, 성전에 가서 하나님을 만나는 일입니다. 그는 지금 성전에서 멀리 떨어진 곳에 있습니다. 성전에 가지 못하고 하나님을 만나지 못하므로 낙심할 수밖에 없습니다. 하지만 그런 중에도 그는 하나님께 희망을 둡니다. 그는 성전에서 하나님을 만나 대면으로 예배할 희망을 품었습니다. 그렇게 인도하실 그분을 믿고 그분을 다시 찬양합니다.

우리는 그동안 '비대면 예배'와 '대면 예배'를 함께 했습니다. 어쩔수 없는 상황에서 '비대면 예배'는 나름의 성과도 있었습니다. 하지만 이제는 '대면 예배'로 다시 옮길 때입니다. 그런데 일부에서는 "'성경에서 대면으로 예배하라.'라는 근거가 없다." "하나님을 만나는 일은 어차피 비대면인데, 대면을 강조할 필요가 있는가?"라고 주장합니다.

하지만 오늘의 시인은 무엇을 말합니까? 그는 사슴이 시냇물을 찾기에 갈급함 같이 그 영혼이 주님을 찾기에 갈급합니다. 그는 성전에서 하나님을 만나 대면으로 예배하기를 갈망합니다. 사실 하나님은 어디에나 다 있습니다. 구약 시대라고 해서 성전에만 계시지 않았습니다. 그런데도 시인은 성전에 가서, 그분을 직접 만남으로 예배하기를 사슴이 물을 찾듯이 갈망합니다.

왜 그럴까요? 하나님을 성전에서 대면으로 예배할 때 삶의 생명을 누리기 때문입니다. 삶의 역동성을 누리기 때문입니다. 그래서 시인은 하나님과의 만남을 사모했고, 소중하게 여겼습니다. 그러므로 오늘 우리도 먼저 하나님과의 만남을 갈망해야 합니다. 하나님과 대면하는 예배를 통해 생명의 풍성함과 삶의 역동성을 체험해야 합니다. 그 점에서 대면 예배의 중요성을 강조하지 않을 수 없습니다.

둘째로, 병에서 치료받는 일입니다. 사람은 늙거나 병이 심하면 삶의 의지를 잃습니다. 낙심하기 쉽습니다. 그러나 시인은 스스로 나무랍니다. "왜 낙심하느냐?" 그는 생각의 전환을 요구합니다. 우리는 절망스러운 삶의 한복판에 삽니다. 우리는 죽음의 수렁에서 빠져나

오지 못하는 절망을 경험할 수 있습니다. 하지만 우리를 구원하실 하나님이 있으십니다. 그분께 소망을 둬야 합니다. 희망은 하나님 구원의 행동을 기다리는 겁니다.

그런데도 시인은 어떤 상황에 있습니까? 시인은 희망을 묵상했음에도 아직은 낙심하고 있습니다. 하나님한테서 멀어졌기 때문입니다. 그는 하나님과의 분리 불안을 느낍니다. 그러므로 그는 요단 땅과 헤르몬과 미살 산에서 주님을 기억합니다(6). '요단'은 팔레스타인에서 가장 크고 가장 유명한 강입니다. 그 물은 디베랴 호수로 들어가고, 마침내 '소금 바다'로 흘러듭니다. '헤르몬'은 약 2,700m에 이르는 큰 산입니다. '미살'은 헤르몬 가까이에 있는 어떤 지역입니다. 이 세 지역은 요단강의 수원지입니다. 이 지역은 예루살렘 성전으로부터 멀리 떨어져 있습니다. 시인은 그곳에서 하나님을 생각합니다.

어떻게 주님은 반응했습니까? 주님의 폭포 소리에 깊은 바다가 서로 부르며, 주님의 모든 파도와 물결이 시인을 휩쓸었습니다(7). '물'은 생명이면서 동시에 죽음입니다. 사람은 폭포, 깊은 바다, 파도, 그리고 물결 등을 통제할 수 없습니다. 그것은 혼돈의 세력을 상징합니다. 시인의 고통과 불행을 묘사합니다.

'시냇물을 찾는 것'과 시인의 '눈물'이 '폭포', '깊은 바다', '파도', '물결'로 대체했습니다. 시인은 필사적으로 물을 찾지만, 그 물은 생명을 주는 물이 아니라 파괴하는 물입니다. 하나님은 생명을 파괴하는 무서운 물을 보내십니다. 시인의 생명을 쥐고 계신 하나님은 그에게 죽음도 주시는 분입니다. 시인은 자기가 겪는 고통을 하나님께서 주셨다고 믿습니다.

여호와는 무엇을 하십니까? 낮에는 여호와께서 시인에게 사랑을 베푸십니다. 밤에는 여호와께서 찬송으로 그를 채우십니다. 그리고 그는 그분께 기도합니다(8).

그분은 누구십니까? 9절을 보십시오. "내 반석이신 하나님께 말하기를 어찌하여 나를 잊으셨나이까 내가 어찌하여 원수의 압제로 말미암아 슬프게 다니나이까 하리로다." 그분은 반석입니다. '반석'은 자주 나오는 표현으로 구원의 장소이며, 안전과 방어의 상징입니다.

'폭포', '바다', '파도', '물결'과 대조합니다. 통제할 수 없는 폭포 속에서도 반석인 하나님이 구원하십니다.

그런데 시인은 그 반석인 하나님께 어떻게 탄식합니까? "어찌하여 나를 잊으셨나이까?" "내가 어찌하여 원수의 압제로 말미암아 슬프게 다니나이까?" 그는 하나님께 '왜'라는 말을 두 번이나 반복하며 안타까움을 토로합니다. 시인은 상을 당한 사람처럼 어두운 옷을 입고 어두운 기색을 하고 있습니다. 시인이 겪는 압제는 하나님께서 시인을 잊으시고 버리셨다는 증거입니다.

그런 그를 보고 대적은 무엇을 합니까? 대적은 시인의 뼈를 찌르는 칼같이 비방합니다. "네 하나님이 어디 있느냐"(10)? 대적은 시인의 뼈를 찌르며 모독했습니다. 뼈를 찌름은 죽음에 이르는 고통을 상징합니다.

그러나 시인은 무엇을 합니까? 11절을 읽읍시다. "내 영혼아 네가 어찌하여 낙심하며 어찌하여 내 속에서 불안해 하는가 너는 하나님께 소망을 두라 나는 그가 나타나 도우심으로 말미암아 내 하나님을 여전히 찬송하리로다." 그는 다시 자신과 대화합니다. "왜 그렇게 낙심하는가?" "왜 그렇게 불안해하는가?" "하나님께 소망을 두라." "내 얼굴의 구원을 찬송하리라."

그는 하나님께 무엇을 기도합니까? 43:1을 보십시오. "하나님이여 나를 판단하시되 경건하지 아니한 나라에 대하여 내 송사를 변호하시며 간사하고 불의한 자에게서 나를 건지소서." 시인은 자기 영혼 대신에 하나님께 말합니다. 그는 자신을 재판해달라고 기도합니다. 그는 하나님을 의로운 재판장으로 믿습니다. 시인이 바라는 바는 원수에 대한 복수가 아니라, 정의로운 하나님의 존재에 대한 믿음입니다. 그는 하나님의 정의가 이긴다는 믿음으로 기도했습니다.

하지만 그는 현재 어떤 상태입니까? 하나님은 그의 힘입니다. 하지만 힘인 하나님께서 그를 버리셨습니다. 하나님이 그를 버리시니 원수가 그를 억압합니다. 그는 슬프게 다닐 수밖에 없습니다(2). 원수가 그를 억압하는 일보다 하나님이 그에 대해 침묵하심이 더 슬픈 일입니다.

그는 계속해 무엇을 기도합니까? 3절을 보십시오. "주의 빛과 주의 진리를 보내시어 나를 인도하시고 주의 거룩한 산과 주께서 계시는 곳에 이르게 하소서." '빛'은 성전에 계신 하나님한테서 나오는 빛입니다. 거룩한 산과 성전으로 가는 길을 비추는 빛입니다. '진리'는 그 길을 바르게 인도하는 '언약의 신실함'의 표현입니다. 시인은 이스라엘이 애굽에서 나왔을 때 여호와께서 그들을 밤낮으로 행진하도록 구름 기둥과 불기둥으로 인도하셨음을 떠올립니다(출 13:21). 그리하여 주님의 거룩한 산, 주님이 계시는 곳에 이르기를 바랍니다. 이 말씀은 "내가 어느 때에 나아가서 하나님의 얼굴을 뵈올까?"(42:2)에 대한 대답입니다. 하나님은 빛과 진리를 보내셔서 그를 성전으로 인도하실 겁니다.

그는 성전에 가서 무엇을 하려고 합니까? 4절입니다. "그런즉 내가 하나님의 제단에 나아가 나의 큰 기쁨의 하나님께 이르리이다 하나님이여 나의 하나님이여 내가 수금으로 주를 찬양하리이다." '제단'은 예배를 뜻합니다. 예배는 미래에 대한 희망입니다. 제단은 지성소의 입구에 있기에 시인은 그곳에서 하나님의 함께하심을 체험할 수 있습니다. 시인은 "하나님의 얼굴을 언제나 가서 뵈올 수 있겠습니까?"(42:3)라고 물었습니다. 그 물음에 대한 대답은 하나님의 제단에 들어가는 겁니다. 그는 이제 성전에서 대면으로 예배할 수 있습니다. 그리하여 큰 기쁨의 하나님께 이를 수 있습니다. 그는 그 하나님을 수금으로 찬양합니다.

그는 누구에게 희망을 둡니까? 43:5를 읽읍시다. "내 영혼아 네가 어찌하여 낙심하며 어찌하여 내 속에서 불안해 하는가 너는 하나님께 소망을 두라 그가 나타나 도우심으로 말미암아 내 하나님을 여전히 찬송하리로다." 이 말씀은 42:5, 11과 같습니다. 시인은 다시 자기 영혼과 대화합니다. 그는 하나님한테서 멀어짐에 대한 탄식보다 하나님을 만날 수 있음에 대한 희망을 말합니다. 지금은 비록 멀리 떨어져 있을지라도 곧 하나님을 대면으로 만나고, 예배할 수 있음을 믿습니다. 하나님께서 그렇게 하실 줄 믿습니다. 그래서 그는 그분을 여전히 찬양합니다.

01 하나님을 희망하라(42:1-43:5)

　시인은 성전과 하나님을 얼마나 갈망합니까? 목마른 사슴이 시냇물을 찾듯이 갈망합니다. 왜 갈망합니까? 성전에서 하나님을 대면으로 만나서 예배하기 위함입니다. 그 예배 안에 생명이 있고 역동이 있고, 기쁨과 찬양이 있습니다. 오늘 우리가 시인처럼 하나님을 갈망하기를 바랍니다. 성전에서 '대면 예배'를 통해 생명을 누리고 삶의 역동을 일으키기를 기도합니다.

02
우리를 구원하소서

> 말씀 시편 44:1-26
> 요절 시편 44:26
> 찬송 409장, 298장

"일어나 우리를 도우소서 주의 인자하심으로 말미암아 우리를
구원하소서."

누군가는 "어떤 문제를 해석할 수 있어야 그 문제를 해결할 수
있다."라고 말합니다. 하지만 우리는 삶의 현장에서 아무리 해석하려
고 해도 해석할 수 없고, 이해하려고 해도 이해할 수 없는 문제를
만납니다. 우리는 내 능력으로는 해석할 수 없는 아픔을 겪기도 합
니다. 모순이 가득한 신앙의 현실을 만납니다. 그때 우리는 어떻게
해야 합니까?

1절을 보십시오. "하나님이여 주께서 우리 조상들의 날 곧 옛날에
행하신 일을 그들이 우리에게 일러 주매 우리가 우리 귀로 들었나이
다." 하나님은 조상들의 날, 곧 옛날에 놀라운 일을 행하셨습니다.
엄마 아빠는 하나님께서 행하신 그 일을 목격했습니다. 그들은 그
일을 아들딸에게 자세히 알려주었습니다. 아들딸은 두 귀로 들었습
니다. 그 후손은 그 내용을 듣고 하나님에 대한 믿음을 가졌습니다. 그
러므로 믿음은 들음에서 생기고 자랍니다.

9

하나님께서 옛날에 행하신 일은 무엇입니까? 2절입니다. "주께서 주의 손으로 뭇 백성을 내쫓으시고 우리 조상들을 이 땅에 뿌리 박게 하시며 주께서 다른 민족들은 고달프게 하시고 우리 조상들은 번성하게 하셨나이다." 옛적에 여리고 성을 점령할 때 오직 백성은 외치고, 여호와께서 손수 무너뜨리셨습니다(수 6:20). 하나님께서 뭇 나라를 손수 몰아내셨습니다. 하나님께서 가나안에서 일곱 족속을 쫓아내셨습니다. 그리고 이스라엘의 조상을 그 땅에 뿌리 박게 하셨습니다. 이 말씀은 '나무를 심는다.'라는 뜻인데, 하나님께서 그 조상을 그 땅에 심으셨습니다. 그리고 번창하게 하셨습니다. 이스라엘은 무성한 포도나무처럼 약속의 땅에 뿌리를 내리고 땅끝까지 뻗어나갔습니다.

어떻게 이런 일이 일어났습니까? 그들이 자기 칼로 땅을 얻어 차지함이 아닙니다. 그들의 팔이 그들을 구원함도 아닙니다. 오직 주님의 오른손과 주님의 팔과 주님의 얼굴빛으로 하셨습니다. 주님께서 그렇게 하신 이유는 주님께서 그들을 기뻐하신 까닭입니다(3). 하나님의 기뻐하심이 구원의 출발이고 완성입니다. 구원은 내 의지나 내 노력으로 얻지 못합니다. 그들이 약속의 땅에 살 수 있었던 까닭은 그들이 잘나서가 아니었습니다. 하나님의 기뻐하심 때문이었습니다. 바울 사도는 말했습니다. "그런즉 심는 이나 물 주는 이는 아무것도 아니로되 오직 자라게 하시는 이는 하나님뿐이니라"(고전 3:7).

시인은 하나님을 누구로 고백합니까? 4절을 보십시오. "하나님이여 주는 나의 왕이시니 야곱에게 구원을 베푸소서." '야곱'은 이스라엘을 말합니다. 시인은 하나님을 왕으로 고백합니다. 그리고 왕이신 하나님께서 이스라엘에 구원을 베푸시도록 기도합니다.

어떻게 그들은 대적을 물리쳤습니까? 그들은 주님을 의지하여 대적을 물리쳤습니다. 그들은 주님의 이름을 의지하여 대적을 짓밟았습니다(5). 그들은 주님과 함께 승리했습니다. 왜냐하면 그들은 자기 활을 의지하지 않았기 때문입니다. 그들은 자기 칼이 자기를 구원하지 못함을 알았습니다(6).

그러나 누가 그들을 구원합니까? 오직 주님께서 그들을 원수한테서 구원하십니다. 오직 주님께서 그들을 미워하는 사람의 수치를 당하게 하십니다(7). 그러므로 그들은 종일 하나님을 자랑합니다. 그들은 하나님의 이름에 영원히 감사합니다(8). 그들은 찬양과 함께 과거의 회상을 마무리합니다.

그러나 오늘의 현실은 어떠합니까? 9절을 봅시다. "그러나 이제는 주께서 우리를 버려 욕을 당하게 하시고 우리 군대와 함께 나아가지 아니하시나이다." 이 시의 어조가 달라집니다. 과거의 승리와 현재의 비참함을 대조합니다. 과거에 승리를 주셨던 그 주님께서 현재는 그들을 버리셨습니다. 과거에는 몹시 사랑하셨던 그 주님께서 현재는 그들을 몹시 싫어하십니다. 그 결과 그들은 부끄러움을 당하고 있습니다. 주님께서 군대와 함께 출전하지 않습니다.

주님은 이스라엘을 어떻게 하십니까? 10절입니다. "주께서 우리를 대적들에게서 돌아서게 하시니 우리를 미워하는 자가 자기를 위하여 탈취하였나이다." 주님은 그들을 적 앞에서 물러나게 하십니다. 미워하는 사람이 마음껏 그들을 약탈하도록 하셨습니다. 예전에는 주님이 민족을 쫓아내셨습니다(2). 그러나 이제는 이스라엘을 물러나게 하십니다. 하나님은 이스라엘을 위해 싸우지 않습니다. 그들에게 승리를 주지 않습니다.

오히려 주님께서 그들을 잡아먹힐 양처럼 대적에 넘겨주십니다. 여러 민족 중에 흩으셨습니다(11). 하나님께서 이스라엘의 선한 목자가 아닙니다. 하나님께서 양 떼를 돌보지도 인도하지도 않습니다. 목자이신 하나님이 돌보셔야 할 양 떼를 오히려 흩어버리셨습니다. 하나님께서 그들을 포로로 살도록 하셨습니다.

주님께서 그 백성을 헐값으로 파십니다. 주님은 그들을 판 값으로 이익을 얻지 못하셨습니다(12). 가축은 중요한 재산이어서 그것을 팔면 큰 이익금이 생깁니다. 하지만 하나님은 그 백성을 이익금 없이 파십니다. 하나님께서 그 백성을 가치 없게 여기기 때문입니다.

주님은 또 무엇을 하십니까? 주님께서 이스라엘을 주변 사람의 조롱거리로 만드십니다(13). 주님께서 이스라엘을 뭇 백성 중에 이야깃거리가 되게 하십니다. 민족 중에서 머리 흔듦을 당하게 하셨습니다(14). 주변 나라는 이스라엘이 큰 아픔을 겪는 것을 웃음거리로 삼

11

습니다. 주님께서 그렇게 하셨기 때문입니다.

그 결과는 어떠했습니까? 능욕이 종일 그 앞에 있고, 수치가 그 얼굴을 덮었습니다(15). 시인의 체면은 완전히 꺾였습니다. 그는 강한 치욕의 감정을 느끼고 부끄러운 얼굴을 들 수 없었습니다. 왜냐하면 그를 비방하고 욕하는 소리 때문이었습니다(16). 그 모든 일은 조롱하는 자와 모독하는 자의 독한 욕설과 원수와 복수자의 무서운 눈길 때문이었습니다.

그런데 그들은 이 모든 일을 겪었는데도 무엇을 했습니까? 17절을 읽읍시다. "이 모든 일이 우리에게 임하였으나 우리가 주를 잊지 아니하며 주의 언약을 어기지 아니하였나이다." 그 모든 일이 이스라엘을 덮쳤습니다. 그런데 보통은 이런 일을 겪을 때는 그들이 언약을 지키지 않았을 때입니다. 언약을 어기면 심판을 받습니다. 하지만 지금 그들은 주님께 충성을 다했습니다. 그런데도 그들은 그 모든 일을 겪었습니다. 그러나 그들은 모순이 가득한 신앙의 현실 앞에서도 주님을 잊지 않았습니다. 그들은 주님의 언약을 거짓으로 여기지도 않았습니다. 그들은 언약에 순종했습니다.

그들은 어느 정도 주님께 헌신했습니까? 그들의 마음은 주님을 배반한 적이 없었습니다. 그들의 발이 주님의 길에서 벗어난 적도 없습니다(18). 그런데도 주님께서 그들을 승냥이의 처소로 밀어 넣으셨습니다(19). 이 말은 '바다 괴물의 처소에서 부서뜨렸다.'라는 뜻입니다. 하나님은 이스라엘을 바다 괴물의 처소에서 부서뜨렸습니다. 이스라엘의 땅은 사람이 살 수 없을 지경에 이르렀습니다. 그들은 어둠 속에서 살았습니다. 그들은 고통과 절망의 상태에 놓였습니다. 옛적에는 하나님의 복을 받았지만, 이제는 저주를 받았습니다.

하지만 그들은 얼마나 결백합니까? 만일 그들이 하나님의 이름을 잊어버렸거나, 그들의 손을 이방 신에게 향하여 폈다면, 하나님이 그 사실을 알았을 겁니다. 무릇 주님은 마음의 비밀을 아시기 때문입니다(21). 그러니까 주님이 다 아시듯이 이스라엘은 바르게 살았습니다.

그런데도 그들은 어떤 상태에 있습니까? 22절입니다. "우리가 종일 주를 위하여 죽임을 당하게 되며 도살할 양 같이 여김을 받았나이다.” ‘주를 위하여’라는 말은 ‘주님 때문에’입니다. 하나님이 그들의 불행을 일으키는 일차적 원인입니다. 이스라엘은 주님 때문에 날마다 죽임을 당했습니다. 그들은 주님을 위하여 잡아먹힐 양처럼 되었습니다.

그들은 무엇을 기도합니까? 23절을 읽읍시다. “주여 깨소서 어찌하여 주무시나이까 일어나시고 우리를 영원히 버리지 마소서.” 시인은 다급하게 주님을 깨웁니다. “깨어나십시오!” 시인은 하나님이 하셔야 할 일을 하지 않는다고 생각합니다. “왜 주무십니까?” 하나님이 그들을 버리고 일하지 않으심을 비유합니다. 그들은 “하나님은 이스라엘을 지키기 위해 졸지도 주무시지도 않는다.”라고 믿었습니다(시 121:4). 그런데 지금은 이스라엘을 위해 아무 일도 하지 않으십니다. 그 결과 이스라엘은 죽음에 처했습니다. 그러니 이제는 잠에서 깨어나셔야 합니다. 그리하여 그들을 버리지 않으셔야 합니다.

하지만 시인이 볼 때 주님은 어떻게 하십니까? “어찌하여 주의 얼굴을 가리시고 우리의 고난과 압제를 잊으시나이까”(24)? ‘얼굴을 가림’은 ‘그 사람을 무시함’, ‘심판’을 뜻합니다. 하나님은 이스라엘의 형편을 무시하고, 심판하십니다. 그런데 이스라엘은 하나님한테 무시받거나 벌 받을 일을 하지 않았습니다. 그래서 시인은 기도합니다. “주님, 어찌하여 얼굴을 돌리십니까?” “어찌하여 우리의 고난과 압제를 잊으십니까?”

그들은 어떤 상태에 있습니까? 그들 영혼은 진토 속에 파묻혔습니다. 그들 몸은 땅에 붙었습니다(25). 그들은 죽은 사람처럼 살고 있습니다.

그들은 다시 무엇을 기도합니까? 26절을 읽읍시다. “일어나 우리를 도우소서 주의 인자하심으로 말미암아 우리를 구원하소서.” 시인은 하나님께서 그들을 위해 일하시도록 촉구합니다. 하나님께서 일어나서 해야 할 일은 그들을 돕는 일입니다. 시인은 주님께서 도와주시도록 간절하게 깨웁니다.

그가 주님을 깨우는 근거는 무엇입니까? 주님의 인자하심입니다.

'인자'는 '변함없는 사랑'입니다. 히브리어로는 '헤세드'라고 합니다. 그분은 그 백성에게 변함없는 사랑, 즉 헤세드를 약속하셨습니다. 시인은 그 사랑에 근거해서 구원을 위해 기도합니다. 지금 이스라엘을 불행에 빠뜨린 분은 하나님이십니다. 동시에 하나님만이 그들을 불행에서 구원하실 수 있습니다. 그런데 그분은 변함없는 사랑을 약속하셨고, 그 사랑을 베푸십니다. 시인은 그 사랑을 의심하지 않습니다. 그 사랑을 믿습니다. 그리고 그 사랑에 근거하여 자기를 구원해 주시도록 기도합니다.

우리는 무엇을 배웁니까? 우리도 삶의 어느 순간에 모순이 가득한 신앙의 현실을 만날 때가 있습니다. 우리는 이해할 수 없고, 해석할 수 없는 일을 만날 때가 있습니다. 하지만 그런 일을 겪는다고 해서 우리를 향한 하나님의 사랑을 부정할 수는 없습니다. 그때 우리도 하나님의 변함없는 사랑, 즉 헤세드를 믿어야 합니다.

이것은 어떤 역경도 우리를 그리스도 안에 있는 하나님의 사랑에서 끊을 수 없다고 단언한 바울의 반응이기도 합니다. "성경에 기록한바 '우리는 종일 주님을 위하여 죽임을 당합니다. 우리는 도살당할 양과 같이 여김을 받았습니다.'라고 한 것과 같습니다. 그러나 우리는 이 모든 일에서 우리를 사랑하여 주신 그분을 힘입어서 이기고도 남습니다. 나는 확신합니다. 죽음도, 삶도, 천사들도, 권세자들도, 현재 일도, 장래 일도, 능력도, 높음도, 깊음도, 그 밖에 어떤 피조물도, 우리를 우리 주 예수 그리스도 안에 있는 하나님의 사랑에서 끊을 수 없습니다"(롬 8:36-39).

우리는 어떤 상황에서든지 이 헤세드에 근거하여 우리의 구원을 위해 기도할 수 있습니다. 기도해야 합니다. "주님, 헤세드로 우리를 구원하소서!"

03
주님의 보좌는 영원하며

> 말씀 시편 45:1-17
> 요절 시편 45:6
> 찬송 91장, 405장

"하나님이여 주의 보좌는 영원하며 주의 나라의 규는 공평한 규이니이다."

오늘의 시는 왕과 왕후의 '결혼 축하 노래'입니다. 다윗의 결혼, 솔로몬의 결혼, 그리고 예수님과 교회의 결혼을 생각할 수 있습니다. 그 결혼 축하 노래의 핵심은 무엇입니까? "주님의 보좌는 영원하며" 입니다. 무슨 뜻입니까?

1절을 보십시오. "내 마음이 좋은 말로 왕을 위하여 지은 것을 말하리니 내 혀는 글솜씨가 뛰어난 서기관의 붓끝과 같도다." '내 마음'은 시인의 마음입니다. 시인이 왕을 위해 시를 지으려니 그 마음속에 좋은 생각들이 넘쳐났습니다. 그의 혀는 솜씨 좋은 서기관의 붓과 같습니다.

고대에서 서기관은 궁전의 중요한 신하였습니다. 서기관은 궁전과 성전에서 일어나는 모든 일을 필요한 언어로 적절하게 다듬고 정리하는 역할을 했습니다. 이 시편에서 서기관은 직접 시를 지어 왕에게 바칩니다. 그는 글을 쓰는 데 매우 능숙합니다.

어떻게 시인은 왕을 묘사합니까? 2절에서 이렇게 묘사합니다. "왕은 사람들보다 아름다워 은혜를 입술에 머금으니 그러므로 하나님이 왕에게 영원히 복을 주시도다." 왕은 백성 중에서 가장 아름답습니다. 이스라엘의 초대 왕 사울은 잘생긴 젊은이였습니다. 이스라엘 사람 가운데 그보다 더 잘생긴 사람이 없었고, 키도 보통 사람보다 어깨 위만큼은 더 컸습니다(삼상 9:2). 다윗 왕도 눈이 빼어나고 얼굴이 아름다웠습니다(삼상 16:12).

그뿐만 아니라, 왕의 입술에서는 은혜가 쏟아졌습니다. 왕의 아름다움은 외모뿐만 아니라 언어에 있었습니다. 왕은 아름다운 말을 합니다. 솔로몬은 지혜의 말을 하여 다른 이들의 존경을 받았습니다(왕상 10:8). 왕의 입술이 아름다움은 입술을 통해 나오는 좋은 말 때문입니다. 하나님은 왕의 우아한 말 때문에 그에게 영원한 복을 주셨습니다.

이 모습에서 무엇을 배웁니까? 왕은 입술로 그 백성에게 은혜를 베풀어야 합니다. 왕은 그 백성에게 말을 은혜롭게 해야 합니다. 그것은 독재적인 방법, 자기만족, 그리고 권한을 남용하여 그 백성을 다스리지 않아야 함을 뜻합니다. 하나님은 왕을 그 백성의 목자로 세우셨습니다. 목자는 은혜로운 말로 양 떼를 인도해야 합니다.

최근 우리 정치를 보면 말이 거칩니다. 그런데 그들은 그럴지라도, 우리는 달라야 합니다. 성경을 가르치고, 증언하는 우리는 은혜로운 말을 해야 합니다. 잠언 25:11은 말씀합니다. "경우에 합당한 말은 아로새긴 은쟁반에 금 사과니라." 한 유명한 설교학자는 설교하는 사람에게 말했습니다. "우리는 말로 살고, 말로 사랑하고, 말로 기도하고, 말로 저주하고, 말로 죽습니다." 성경 교사인 우리가, 예수님을 증언하는 우리가 은혜로운 말을 하면 이 나라와 캠퍼스에서 소금과 빛으로 살 수 있습니다. 하나님께서 이런 우리에게 영원한 복을 주십니다. 은혜로운 말은 당시 왕이 보여야 할 첫 번째 모습이었습니다.

왕은 또 어떤 모습을 보여야 합니까? 3절입니다. "용사여 칼을 허리에 차고 왕의 영화와 위엄을 입으소서." 시인은 왕을 '용사'로 부릅니다. 이스라엘의 왕은 군대 지휘관으로서 백성을 위해 적과 싸워야 했습니다. 왕은 백성을 평화와 번영으로 이끌어야 했습니다. 그왕은 용사처럼 칼을 허리에 차야 합니다. 즉 왕으로서 위풍당당함을 보여야 합니다. 왕은 영화와 위엄을 입어야 합니다. 세상 왕은 하늘 대왕이신 하나님의 '봉신'으로서 신성한 왕도의 특권, 즉 영광과 위엄을 보여야 합니다.

그는 무엇을 위해 싸워야 합니까? 왕은 진리와 온유, 그리고 정의를 위하여 전차에 오르시고 영광스러운 승리를 거두어야 합니다. 왕의 오른손은 무섭게 위세를 떨쳐야 합니다(4). 왕의 화살이 날카로워서 원수들의 심장을 꿰뚫습니다. 만민이 왕의 발아래에 쓰러집니다(5). 그 승리는 두려움을 불러일으키는 하나님의 행위입니다. 왕의 왕권은 하나님의 왕국을 보여주는 거울입니다.

왕의 왕국은 어떻게 됩니까? 6절을 읽읍시다. "하나님이여 주의 보좌는 영원하며 주의 나라의 규는 공평한 규이니이다." 여기서 '하나님'은 '하나님 같은 분', 즉 '왕'을 말합니다. 하나님께서 왕을 택하시고 보호하심을 뜻합니다. 따라서 '주의 보좌'는 '영예의 자리', '왕권'을 상징합니다. 그의 왕권은 영원무궁토록 견고합니다. '규'는 '홀'인데, 왕의 통치권을 상징합니다. 왕은 즉위할 때 홀을 넘겨받습니다. 왕의 통치는 정의롭습니다. 왕의 나라는 영원하고, 공평합니다.

그 왕은 누구를 말합니까? 먼저 다윗 왕이나 솔로몬 왕을 생각할 수 있습니다. 하지만 그 왕들의 보좌는 영원하지 않았습니다. 이 세상의 그 어떤 왕권도 영원하지 않았습니다. 앞으로도 영원하지 않을 겁니다. 다윗 왕은 예수 그리스도의 그림자였습니다. 따라서 이 왕은 예수 그리스도를 상징합니다. 예수님은 다윗의 혈통에서 왕으로 나셨습니다. 예수님은 현재의 다스림과 장차 다스림을 통해 '신권정치의 이상'을 완성합니다. 다윗 왕에게 준 '기념', '영존', 그리고 '영예'에 대한 약속을 예수 그리스도의 왕국에 적용할 수 있습니다. 예수 그리스도의 왕국만이 영원무궁토록 견고합니다. 그리고 그 왕국만이 공평합니다.

며칠 전에 우리나라에 새 대통령이 취임했습니다. 그 전 대통령이 취임했을 때가 엊그제 같은데, 벌써 5년이 지났습니다. 그때만 해도 그 정부가 영원하지는 않을지라도, 상당히 오래 갈 것으로 기대했는데, 물리적 5년이라는 시간이 흐르니 새 대통령이 등장했습니다. 또 그때만 해도 그 정부만큼은 공평할 줄 알았는데, '내로남불'이라는 말이 거셌습니다. 그 어떤 세상 나라도 영원할 수 없습니다. 공평할 수 없습니다. 꽤 많은 사람이 세상 나라에 희망을 품었다가 실망합니다. 공평하지 못한 세상과 주위 사람을 보면서 화를 냅니다. 하지만 우리는 세상 나라의 태생적 한계를 알아야 합니다.

그러므로 우리는 어디에 소망을 두어야 합니까? 우리는 시인의 노래에 귀를 기울이어야 합니다. "하나님이여 주의 보좌는 영원하며 주의 나라의 규는 공평한 규이니이다." 우리의 대왕이신 예수님의 나라만이 영원합니다. 그분의 다스림만이 공평합니다. 그러므로 우리는 그분의 나라가 이 땅에 임하시도록 기도해야 합니다. 그리고 그분의 나라에 소망을 두고 살아야 합니다.

하나님은 그 왕을 어떻게 하셨습니까? 7절을 보십시오. "왕은 정의를 사랑하고 악을 미워하시니 그러므로 하나님 곧 왕의 하나님이 즐거움의 기름을 왕에게 부어 왕의 동료보다 뛰어나게 하셨나이다." 왕은 정의를 사랑했고 악을 미워합니다. 그러므로 하나님은 왕의 모든 친구보다 왕을 더 높이 세우시고 기쁨의 향유를 부으셨습니다. 그 결과 왕의 모든 옷은 몰약과 침향과 계피의 향기를 풍겼습니다. 상아로 장식한 궁궐에서 현악기의 음악이 흘러 나와 왕의 마음을 흐뭇하게 했습니다(8). 왕이 사랑하는 여자들 가운데는 여러 나라의 딸들이 있었습니다. 왕의 오른쪽에는 오빌의 순금으로 꾸민 왕의 신부가 있었습니다(9).

왕후는 무슨 말에 귀를 기울이어야 합니까? 10절을 보십시오. "딸이여 듣고 보고 귀를 기울일지어다 네 백성과 네 아버지의 집을 잊어버릴지어다." 시인은 왕비를 '딸'로 부릅니다. 시인은 아버지가 딸에게 하듯이 말했습니다. "네 백성과 네 아버지의 집을 잊어야 한다." 이 말은 왕비가 외국인임을 말합니다. 그녀는 아브라함이 "그 나라와 그 친척과 그 아버지의 집을 떠나 하나님께서 보여줄 땅으로 갔던 것처럼"(창 12:1), 자기 백성과 아버지 집안을 떠나야 합니다. 그녀는 이스라엘 왕실로 자기 습관, 자기 종교, 그리고 자기의 과거를 가져와서는 안 됩니다.

그리하면 어떤 은총을 받습니까? 그리하면 왕이 그녀의 아름다움을 사모합니다. 왕이 왕후를 사모하면 왕후도 왕을 주인으로 경배해야 합니다(11). 왕은 하나님한테 기름 부음을 받았습니다. 따라서 왕에게 순종하는 사람은 하나님한테 순종하는 것과 같습니다.

왕후는 또 어떤 은총을 받습니까? 두로 사람들이 선물을 가지고 옵니다. 부자들이 왕후의 은혜를 구합니다(12). 이것은 마치 결혼식에서 하객이 신부를 위한 선물을 가지고 오는 모습과 같습니다.

신부의 모습이 어떠합니까? 13절입니다. "왕의 딸은 궁중에서 모든 영화를 누리니 그의 옷은 금으로 수 놓았도다." '왕의 딸'은 신부, 즉 왕후입니다. 왕후는 궁중에서 모든 영화를 누립니다. 그녀의 옷은 금으로 수 놓았습니다.

왕후는 누구에게로 나아갑니까? 왕후는 오색찬란한 옷을 차려입고 왕에게로 나아갑니다. 그때 그녀의 뒤엔 들러리로 따르는 처녀들이 줄을 지을 겁니다(14). 그들이 기뻐하고 즐거워하면서 안내를 받아 왕궁으로 들어갑니다(15). 이로써 결혼식은 끝납니다.

이상에서 '왕'이 예수님이라면, '왕후'는 누구입니까? 구약에서 하나님과 그 백성의 관계를 남편과 아내로 표현했습니다(호 2:19). 신약에서도 이와 같은 상징적 표현이 등장합니다(마 22:1, 엡 5:32). 왕후는 예수님을 믿는 믿음의 사람이며, 교회입니다. 신랑 예수님과 신부 교회는 하나님 나라에서 결혼식을 합니다. 그것을 요한계시록에서는 "어린양의 결혼식"이라고 불렀습니다(계 19:6). 오늘 예수님을 믿는 우리, 그리고 교회는 왕이신 예수님과 결혼식을 합니다. 그리고 신부로서, 왕후로서의 영광스러운 모습을 누립니다.

누가 왕의 조상을 계승합니까? 16절을 보십시오. "왕의 아들들은 왕의 조상들을 계승할 것이라 왕이 그들로 온 세계의 군왕을 삼으리로다." 왕은 아들들을 낳아 왕의 자리를 잇게 합니다. 왕은 그 자손들에게 온 땅을 다스리게 합니다. 그 후손은 온 세상에 통치권을 확장합니다. 다음 세대를 통해 왕국이 번성합니다. 왕의 신부인 교회는 다음 세대를 위해 영적인 아들딸을 낳고 길러야 하는 사명이 있습니다. 그것을 우리는 '계승 사역'이라고 부릅니다. 우리는 우리의 믿음을 계승할 믿음의 아들딸이 잘 자라도록 계속해서 기도해야 합니다.

시인은 마지막으로 무엇을 합니까? 17절을 읽읍시다. "내가 왕의 이름을 만세에 기억하게 하리니 그러므로 만민이 왕을 영원히 찬송하리로다." 시인은 왕의 이름을 영원히 알립니다. 그것은 시인의 의무이며 특권입니다. 시인이 예수 그리스도의 이름을 영원히 증언하듯이, 우리도 그분의 이름을 증언해야 합니다. 그러면 그 증언을 듣고 만민이 왕을 영원히 찬송할 겁니다.

우리가 몸을 담고 있는 이 세상은 영원하지 않습니다. 공평하지도 않습니다. 오직 예수님의 나라만 영원합니다. 오직 예수님의 나라만 정의롭습니다. 우리가 그 나라를 소망하며, 그분을 찬송하기를 기도합니다.

04
만군의 여호와께서 함께하신다

> 말씀 시편 46:1-11
> 요절 시편 46:7
> 찬송 585장, 586장

"만군의 여호와께서 우리와 함께하시니 야곱의 하나님은 우리의
피난처시로다(셀라)."

어떤 사람이 공동묘지를 넘어 마을로 가다가 밝은 얼굴로 뛰노는
꼬마를 만났습니다. "아이야, 너는 공동묘지가 무섭지 않니?" 꼬마는
"아니오."라면서 이상하다는 듯 쳐다보았습니다. 그 이유를 묻자, 대
답했습니다. "우리 아빠가 이 묘지 관리이거든요. 아빠가 함께하니
무섭지 않아요."

우리는 삶의 현장에서 이런저런 일로 두려움을 겪습니다. 그 두려
움을 어떻게 이길 수 있습니까?

1절을 보십시오. "하나님은 우리의 피난처시요 힘이시니 환난 중
에 만날 큰 도움이시라." '피난처'는 높은 산이나 바위처럼 안전한
장소입니다. '힘'은 하나님의 주권에 대한 확신을 강조합니다. '큰 도
움'은 매우 중요한 도움입니다. '피난처', '힘', 그리고 '도움'은 그 백
성을 보호하는 하나님에 대한 비유입니다. 이 세 단어는 이스라엘

힘의 근원과 효과를 나타내는 동의어입니다. 하나님은 그 백성에게 안식을 주고 보호하는 피난처입니다. 피난처인 그분은 그 백성에게 힘을 줍니다. 힘인 그분은 그 백성이 어려움을 겪을 때마다 도와주십니다.

시인은 최악의 상황에서도 어떻게 삽니까? 그러므로 그는 땅이 변하든지 산이 흔들려 바다 가운데 빠지든지, 바닷물이 솟아나서 뛰놀든지, 그것이 넘침으로 산이 흔들릴지라도 두려워하지 않습니다. 셀라(2-3). 이 모습은 지진으로 생긴 최악의 상황입니다. 그런 상황에서도 시인은 두려워하지 않습니다. 왜냐하면 하나님께서 피난처이고 힘이고 큰 도움이기 때문입니다.

바벨론의 창조 서사시 "에누마 엘리시(Eruma Elish)"가 있습니다. 그 시에서 '마르둑(Marduk)' 신은 바다의 여신 '티아마트(Tiamat)'와 티아마트의 바다 괴물 군대와 용감하게 싸웠습니다. 마르둑은 티아마트와 그의 혼돈한 바다 괴물을 정복했습니다. 마르둑은 하늘과 땅을 빚고, 바벨론을 다스리는 최고 통치자가 되었습니다.

그러나 실은 예루살렘의 하나님 여호와께서 물의 혼돈을 정복하고 예루살렘 보좌에서 통치하십니다. 예수님과 제자들이 갈릴리 바다를 항해할 때 바다에 큰 놀이 일어나 배가 물결에 덮이게 되었습니다. 제자들은 죽을 지경이었습니다. 그때 예수님께서 바람과 바다를 꾸짖으시니 아주 잔잔했습니다(마 8:24-26). 그러므로 그분을 믿으면 어떤 최악의 상황에서도 두려워하지 않습니다.

뛰놀던 바다가 어떻게 변합니까? 4절을 보십시오. "한 시내가 있어 나뉘어 흘러 하나님의 성 곧 지존하신 이의 성소를 기쁘게 하도다." '한 시내'는 계속해서 흐르는 강입니다. 예루살렘에는 그런 강이 없습니다. 상징적 표현으로 에덴동산의 강을 생각할 수 있습니다. 강은 마치 에덴동산의 강처럼(창 2:10) 하나님의 도성에서 생명수를 흐르게 하여 그곳을 기쁨으로 넘치게 합니다. 하나님의 도성에서 흐르는 강은 하나님 섭리의 강으로 만물에 미칩니다. 여기서 중요한 점은 요란하게 뛰노는 바다가 하나님의 성을 기쁘게 하는 강으로 바뀌었다는 점입니다.

어떻게 그런 일이 가능합니까? 5절입니다. "하나님이 그 성 중에 계시매 성이 흔들리지 아니할 것이라 새벽에 하나님이 도우시리로 다." 하나님이 그 성에 계시니 하나님의 도성은 흔들리지 않습니다. 그 도성이 안전한 이유는 성벽이 튼튼해서가 아닙니다. 시온이 안전한 이유는 그 안에 하나님이 계시기 때문입니다. 그리고 하나님께서 새벽에 도와주시기 때문입니다. 이스라엘은 해가 떠오를 때, 어둠이 빛으로 바뀔 때 하나님의 도움이 온다고 믿었습니다.

하나님은 그 성을 어떻게 도와주셨습니까? 6절입니다. "뭇 나라가 떠들며 왕국이 흔들렸더니 그가 소리를 내시매 땅이 녹았도다." 많은 민족이 시온을 향해 쳐들어왔습니다. 왕국이 흔들렸습니다. 하지만 주님께서 천둥소리를 내시니 땅이 녹았습니다. 뭇 나라는 하나님의 목소리를 듣고 엄청난 두려움에 사로잡힙니다. 주님은 그 백성의 원수를 쳐부수십니다.

그분은 누구십니까? 7절을 읽읍시다. "만군의 여호와께서 우리와 함께하시니 야곱의 하나님은 우리의 피난처시로다(셀라)." '만군'은 군대입니다. 따라서 '만군의 여호와'는 군대를 이끌고 싸우는 분, 하늘의 군대를 지휘하는 분입니다. 그분은 온 세상을 다스리시는 '대왕(the Great King)'이십니다. 그분이 우리와 함께하십니다. 그분은 '임마누엘'이십니다.

임마누엘이신 그분은 야곱의 하나님이십니다. '야곱의 하나님'은 이스라엘의 하나님이십니다. 이스라엘 역사에서 일하신 분, 구원 사역을 이루시는 분입니다. 그분은 우리의 피난처입니다. 그분은 산성처럼 그 백성을 보호하십니다. 따라서 시인은 '우리와 함께하시는 여호와', '산성인 하나님' 외에는 그 어떤 것도 의지하지 않습니다. 어떤 세력도, 어떤 인간도, 어떤 천사도, 어떤 피조물도 의지하지 않습니다. 오직 만군의 여호와, 임마누엘, 피난처인 그분만 의지합니다.

우리가 믿는 그분은 누구십니까? 만군의 여호와, 임마누엘, 피난처입니다. 우리가 사는 세상은 소란하고 혼란스럽습니다. 날뛰는 바다와 흔들리는 산 앞에 서 있듯이 어찌할 수 없는 일을 만납니다. 우리의 힘과 의지로는 도저히 헤쳐 나갈 수 없는 문제를 만납니다. 그러면 우리는 절망하고 두려움에 빠집니다.

그러나 우리 앞에는 그런 문제만 있지 않습니다. 우리 앞에는 우리와 함께하시는 하나님, 피난처인 하나님이 계십니다. 그리고 그분은 날뛰는 바다와 흔들리는 산을 잠잠하게 하십니다. 그것들을 생명의 강물로 변화시켜 사람이 살 수 있는 장소로 만드십니다. 따라서 우리가 눈앞에 있는 문제보다도 그분을 믿으면 피난처인 그분을 체험합니다. 아니 그분을 믿고 문제를 향해 담대하게 도전할 수 있습니다.

종교개혁의 횃불을 붙였던 마르틴 루터(Martin Luther, 1483-1546)는 1517년 10월 31일 95개의 항의문을 붙였습니다. 그는 종교재판을 받아야 했는데, 많은 지인은 "가면 죽는다."라며 만류했습니다. 하지만 그는 "그 재판정에 모여드는 악마의 수가 그곳의 기왓장만큼 많을지라도 나는 간다."라고 했습니다. 그는 재판 전날 밤 시편 46편을 묵상하며 그 유명한 찬송가를 지었습니다. 바로 "내 주는 강한 성이요(Ein feste Burg ist unser Gott/ A Mighty Fortress is Our God)."입니다. 루터는 물론이고 그와 함께 큰 박해를 받았던 개혁가들은 이 찬송을 부르면서 힘과 용기를 얻었습니다. 이 찬송은 일종의 '영적 군가'였습니다.

1940년 부활절 아침, 평양 산정현교회에서도 이 찬양을 불렀습니다. 신사참배를 끝까지 거부했던 주기철(1897-1944) 목사님이 체포되었기 때문입니다. 1948년에는 주기철 목사님의 후임이었던 김철훈(1904-1948) 목사님이 공산당원에게 붙잡혀 갔습니다. 그때도 이 찬송을 불렀습니다. 역사에서 성도는 힘들고 두려울 때마다 이 찬송가를 부르며 두려움을 이겼습니다. 우리와 함께하시는 하나님, 피난처이신 하나님을 믿고 담대히 도전하여 승리했습니다.

시인은 무엇을 보도록 초청합니까? 8절입니다. "와서 여호와의 행적을 볼지어다 그가 땅을 황무지로 만드셨도다." 시인은 여호와의 행적을 보도록 초대합니다. 그 행적은 여호와께서 그 땅을 황무지로 만드신 일입니다. 여호와께서 반대자를 쳐부순 일입니다.

그분은 또 무엇을 하십니까? 그분은 땅끝까지 전쟁을 쉽게 하십니다. 활을 꺾고 창을 끊으며 수레를 불사릅니다(9). 여호와께서 전쟁을 끝내십니다. 주님은 전쟁에서 만군의 여호와로 싸워서 평화를 이루십니다.

그러므로 그 백성은 무엇을 해야 합니까? 10절입니다. "이르시기를 너희는 가만히 있어 내가 하나님 됨을 알지어다 내가 뭇 나라 중에서 높임을 받으리라 내가 세계 중에서 높임을 받으리라 하시도다." 그들은 가만히 있어야 합니다. 그들은 싸우는 손을 멈춰야 합니다. 그러면 만군의 여호와가 하나님인 줄을 압니다.

'하나님인 줄을 알라.'라는 말은 무슨 뜻입니까? '그분이 하신 일', '그분의 약속을 알아야 한다.'라는 뜻입니다. 그들은 창조주 하나님이 만군의 여호와이심을 알아야 합니다. 그들은 그분이 피난처이고, 힘이고, 도움임을 알아야 합니다. 그들은 그분이 모든 혼돈의 세력을 진압하고, 역사의 소용돌이도 잠재우고 새로운 역사를 이루는 분임을 알아야 합니다. 그들은 외세와 동맹을 맺거나, 군사력에 의존하거나, 우상 숭배와 이교도 방식을 따르려는 유혹이 들지라도, 끝까지 그분을 믿어야 합니다.

그러면 하나님은 그들을 통해 어떻게 되십니까? 하나님은 뭇 나라 중에서 높임을 받습니다. 하나님은 세계 중에서 높임을 받습니다. 여호와는 드높고 뛰어난 분입니다. 주님이 드높게 될 때 세상은 평화를 맛볼 수 있습니다.

그분은 우리에게 어떤 분입니까? 11절을 봅시다. "만군의 여호와께서 우리와 함께하시니 야곱의 하나님은 우리의 피난처시로다(셀라)." 시인은 다시 고백합니다. 그분은 만군의 여호와이십니다. 그분은 우리와 함께하십니다. 그분은 우리의 피난처입니다.

그러므로 오늘 우리가 삶에서 두려운 일을 만날 때 무엇을 해야 합니까? 내 능력으로는 도저히 어찌할 수 없는 문제를 만날 때 어떻게 해야 합니까? 낙심하고 절망하고 두려움에 떨어야 합니까? 우리 앞에는 문제만 있지 않고, 만군의 여호와께서 우리와 함께하십니다. 우리의 하나님은 우리의 피난처입니다. 우리가 그분을 믿고 담대

히 도전하여 승리할 수 있기를 기도합니다. 우리가 마음으로 "내 주
는 강한 성이요."를 찬송하기를 기도합니다.

05

큰 왕이신 여호와

> 말씀 시편 47:1-9
> 요절 시편 47:2
> 찬송 617장, 626장

"지존하신 여호와는 두려우시고 온 땅에 큰 왕이 되심이로다."

'왕'이라는 말을 들을 때 어떤 생각이 납니까? 꽤 많은 사람은 '왕'이라는 말을 싫어합니다. 왜냐하면 그들은 "왕은 자기 마음대로 할 수 있고, 다른 사람을 멋대로 부릴 수 있는 절대 권력을 가진 사람이다."라고 인식하기 때문입니다. 그러나 엄밀하게 생각하면 사람은 본질에서 누군가의 다스림을 받는 존재입니다. 모든 사람에게는 자기만의 왕이 있습니다. 그렇다면 나의 왕은 누구입니까? 아니 나의 왕은 누구여야 합니까?

1절을 보십시오. "너희 만민들아 손바닥을 치고 즐거운 소리로 하나님께 외칠지어다." '만민'은 모든 백성을 말하는데, 이스라엘만이 아니고 이방 사람까지를 포함합니다. '손바닥을 친다.'라는 말은 승리와 기쁨의 반응이며, 하나님의 왕권을 환호로 맞이하는 표현입니다. 예전에 앗수르의 몰락 소식을 들은 사람들이 기뻐서 손뼉을 쳤습니다(나훔 3:19). 또 온 세상은 즐거운 소리로 하나님께 외쳐야 합니다.

그분께 감사와 승리와 전리품을 드려야 합니다. 모든 민족은 여호와를 마음으로 영접하고 감사하도록 요청받고 있습니다.

왜 그렇게 해야 합니까? 2절을 읽읍시다. "지존하신 여호와는 두려우시고 온 땅에 큰 왕이 되심이로다." '지존하신'은 '가장 높은(the Most High)'입니다. 여러 신 중에서 최고의 신을 뜻합니다. 고대 가나안 세계에서 '높은 신(the hight god)'은 '판테온(the pantheon)', 즉 신들을 모신 신전, '만신전(萬神殿)'의 우두머리였습니다. 그러나 성경에서는 하나님을 가장 높은 신으로 부릅니다. 살렘 왕 멜기세덱은 "지극히 높으신 하나님"의 제사장이었습니다(창 14:18). 신명기는 민족들에게 기업을 주시고, 인종을 나누시는 분을 "지극히 높으신 분"(신 32:8)으로 불렀습니다. 오직 여호와만이 최고의 신입니다. 다른 신은 없습니다.

사람들은 그분을 어떻게 대해야 합니까? 사람들은 그분을 두려워해야 합니다. 지존하신 여호와는 두려운 분입니다. 왜냐하면 그분은 온 땅에 큰 왕이시기 때문입니다.

'큰 왕'이란 무슨 뜻입니까? 온 세상의 유일한 왕, 온 세상을 다스리는 왕을 뜻합니다. 큰 왕은 온 세상 만물의 최고 통치자입니다. 앗수르 왕은 자신을 '위대한 왕'으로 불렀습니다(왕하 18:19). 고대 근동에서 왕들은 이 칭호를 좋아했습니다. 왜냐하면 큰 왕은 우월성, 종주권, 그리고 봉신의 조약을 승인하는 권한을 가졌기 때문입니다. '우월성(superiority)'은 우월한 성질이나 특성을 말합니다. 큰 왕은 다른 사람과는 물론이고, 다른 왕보다 우월한 특성을 가졌습니다. '종주권(suzerainty)'은 한 나라가 다른 나라의 내정과 외교를 관리하는 특수한 권력입니다. '봉신(vassal)'은 주군에게 봉사하는 대가로 땅을 받은 사람입니다. 큰 왕에게는 이런 막강한 권한이 있었습니다. 따라서 그 어떤 왕도 이 큰 왕과는 경쟁할 수 없었습니다.

그 큰 왕은 누구입니까? 바로 여호와 하나님이십니다. 여호와는 이스라엘뿐만 아니라, 온 세상을 다스리는 위대한 왕이십니다. 이스라엘 역사에서 다윗은 정말 좋은 왕이었습니다. 하지만 그런 그조차도 작은 왕이었고, 큰 왕은 여호와 하나님이셨습니다.

05 큰 왕이신 여호와(47:1-9)

오늘도 세상에는 많은 왕이 있습니다. 정치적으로는 대통령이 있고, 수상이 있고, 총리가 있습니다. 하지만 그런 정치적 왕은 작은 왕에 불과하고 큰 왕은 여호와 하나님이십니다. 그런데 세상에는 그런 정치적 왕만 세상을 다스리지 않습니다. 눈으로 볼 수는 없지만, 세상의 이런저런 것들을 이용하여 사람을 다스리는 사탄이 있습니다. 사탄은 돈으로 사람을 다스리는 대단한 왕입니다. 하지만 그 또한 작은 왕에 불과합니다. 하나님은 언제, 어디서나, 그 어떤 왕 앞에서도 큰 왕이십니다.

그 여호와 하나님께서 육신의 몸을 입고 이 땅에 오셨으니, 그분이 곧 예수님입니다. 예수님은 왕이십니다. 그런데 그 왕은 우리의 머릿속에 들어 있는 세상 왕과는 본질이 달랐습니다. 그 왕은 세상 왕과 비교하면 많은 점에서 특별했습니다. 거대한 왕궁은커녕 평범하고 특별한 것 없는 환경에서 태어났고, 자랐습니다. 그 왕은 사람을 마음대로 부리지 않았고, 군림하지 않았습니다. 그 왕은 사람에게 섬김받기보다 오히려 사람을 섬기고, 사람을 죄에서 구원하기 위해 당신의 몸을 십자가에 버리셨습니다. 따라서 누구든지 그분을 왕으로 모시면 죄에서 구원받고, 영원한 생명을 누립니다. 하나님이신 예수님은 나의 왕이십니다. 우리 가정과 교회의 왕이십니다. 더 나아가 이 나라와 온 세상의 큰 왕이십니다.

큰 왕이신 여호와는 구원 사역에서 어떻게 일하셨습니까? 3절을 보십시오. "여호와께서 만민을 우리에게, 나라들을 우리 발아래에 복종하게 하시며." '만민'은 가나안 백성을 말합니다. 가나안 땅은 우상인 '바알(Baal)'의 것이었습니다. 그러나 여호와께서 가나안을 그 '바알'로부터 뺏었습니다. 그리고 그 나라를 이스라엘의 발아래에 복종하게 하셨습니다. '발아래'는 전쟁에서 승자가 패자의 목에 발을 얹었던 고대의 관행에서 나왔습니다(수 10:24). 여호와께서 만민과 그 나라를 이스라엘의 발아래에 복종하게 하셨습니다.

여호와는 그 나라를 복종하게 하신 후에 무엇을 하셨습니까? 4절입니다. "우리를 위하여 기업을 택하시나니 곧 사랑하신 야곱의 영화로다(셀라)." 여호와는 이스라엘을 위하여 그 땅을 기업으로 택하셨습니다. 여호와는 야곱을 사랑하셨습니다. 하나님은 야곱에게 그 땅을 주심으로 그 사랑을 확증하셨습니다. 그 땅은 그분이 사랑한 야곱의 자랑이었습니다.

그들에게 땅을 주신 후에 여호와는 어디로 오르셨습니까? 5절은 말씀합니다. "하나님께서 즐거운 함성중에 올라가심이여 여호와께서 나팔 소리 중에 올라가시도다." '올라감'은 성전으로 언약궤가 올라감을 뜻합니다. 하나님께서 궤를 타고 성전으로 올라가셨습니다. 이 모습은 전쟁에서 승리한 왕이 '승리의 행진(victory march)'을 하는 그것과 같습니다. 하나님은 나팔 소리와 함께 소리를 지르며 올라가셨습니다. '나팔 소리'는 신년 축제, 왕의 등극식 같은 특별한 절기와 관련이 있었습니다. 여호와는 신년 축제 때처럼, 또는 왕이 등극할 때처럼 예루살렘으로 올라가십니다.

그 하나님께 무엇을 해야 합니까? 시인은 6절에서 외칩니다. "찬송하라 하나님을 찬송하라 찬송하라 우리 왕을 찬송하라!" '찬송하라.'라는 말은 현악기로 반주하면서 부르는 찬송입니다. 모든 사람은 현악기로 반주하면서 하나님을 찬송하고, 찬송해야 합니다. 우리의 큰 왕이신 그분을 찬송해야 합니다.

왜 찬양해야 합니까? 7절에서 그 이유를 확인할 수 있습니다. "하나님은 온 땅의 왕이심이라 지혜의 시로 찬송할지어다." 왜냐하면 첫째로, 하나님은 온 누리의 왕이시기 때문입니다. 여호와는 이스라엘의 왕만이 아니라, 온 세상의 왕이십니다. 그러므로 '지혜의 시로' 찬송해야 합니다. '지혜의 시'는 '시와 함께(with a psalm)', '이해로(with understanding)'라는 뜻입니다. 그들은 '시로', 또는 '이해하면서' 노래해야 합니다.

둘째로, 왜 그분을 노래해야 합니까? 8절을 읽읍시다. "하나님이 뭇 백성을 다스리시며 하나님이 그의 거룩한 보좌에 앉으셨도다." 그분을 찬송해야 하는 두 번째 이유는 왕이신 하나님께서 뭇 백성을 다스리기 때문입니다. 그분의 다스림은 이스라엘뿐만 아니라, 온 백성에게 미칩니다. 그분은 거룩한 보좌에 앉으셨습니다. 그분은 살아 계셔서 세상을 다스립니다.

그러므로 여호와를 찬송한 데는 무슨 뜻이 있습니까? 그분을 큰 왕으로 고백함을 뜻합니다. 그분이 나는 물론이고, 우리 가정과 교회, 그리고 이 나라를 다스림을 믿고 고백하는 삶의 표현입니다.

헨델(George F. Handel, 1685-1759)은 1741년에 '오라토리오(oratorio)', 즉 성경을 바탕으로 만든 서사적인 대규모 악곡인 "메시아(The Messiah)"를 작곡했습니다. 그는 1743년 3월 23일 처음으로 그것을 무대에 올렸습니다. 영국 왕 조지 2세(George II, 1683-1760)는 그 연주를 현장에서 관람했습니다. 그때 "할렐루야" 소리가 극장에 울려 퍼지자, 그는 자리에서 일어섰습니다. 왜냐하면 그는 자기가 영국을 다스리는 왕이라고 생각했는데, 하나님이 다스리는 왕이심을 깨달았기 때문입니다. 다른 관객도 왕을 따라 일어섰습니다. 그 후부터 "할렐루야"를 들을 때면 모두 일어섭니다. 그것은 하나님께서 오늘도 온 세상을 다스리시는 큰 왕임을 고백하는 믿음의 표현입니다. 하나님은 오늘도 변함없이 거룩한 보좌에 앉아서 뭇 백성을 다스리시는 큰 왕이십니다.

그 결과 어떤 일이 일어났습니까? 9절을 보십시오. "뭇 나라의 고관들이 모임이여 아브라함의 하나님의 백성이 되도다 세상의 모든 방패는 하나님의 것임이여 그는 높임을 받으시리로다." '백성이 되도다.'라는 말을 두 가지로 해석할 수 있습니다. 첫째는, '모여서 백성이 되었다.'라는 뜻입니다. 세상의 작은 왕이 모여서 큰 왕 하나님의 백성이 되었습니다.

둘째는, '백성과 함께 모였다.'라는 뜻입니다. 이방 통치자가 하나님의 백성과 함께 모였습니다. 이제는 이방과 이스라엘의 차이가 없어졌습니다. 하나님의 백성은 혈통이나 국적으로 정해지지 않습니다. 하나님을 큰 왕 여호와로 영접하면 모두 하나님의 백성입니다. 이것은 시내산 언약보다 훨씬 이전에 하나님께서 아브라함에게 주신 약속에서부터 시작했습니다(창 12:2).

어떻게 이런 일이 가능합니까? 세상의 모든 방패는 하나님의 것이기 때문입니다. '모든 방패'는 왕을 가리키는 은유입니다. 세상 왕은 하나님의 것, 즉 하나님의 종입니다. 온 세상의 왕은 하나님께 이미 복종했습니다. 하나님께 복종한 지상의 왕은 그분의 소유가 되었습니다. 세상 왕은 큰 왕이신 주님의 신적 권위와 더는 경쟁하지 않습니다. 세상 왕은 큰 왕이신 하나님의 봉신입니다. 따라서 하나님만 만왕의 왕으로 높임을 받습니다. 하나님만 홀로 땅에서 높임을 받습니다. 그리하여 원래 창조 목적을 회복합니다.

그러므로 오늘 우리와 교회, 그리고 이 세상의 큰 왕은 누구입니까? 여호와 하나님이십니다. 우리는 이미 그분을 나 자신은 물론이고, 우리 가정과 교회, 그리고 이 나라와 온 세상을 다스리는 큰 왕으로 믿고 고백하며 살고 있습니다. 오늘 시편 말씀을 통해 다시 그분을 큰 왕으로 깨닫고 삶으로 찬양하기를 기도합니다.

06
시온, 하나님의 도성

| 말씀 시편 48:1-14 |
| 요절 시편 48:2 |
| 찬송 550장, 210장 |

"터가 높고 아름다워 온 세계가 즐거워함이여 큰 왕의 성 곧
북방에 있는 시온산이 그러하도다."

오늘의 시는 아름다운 시온산의 영광을 노래합니다. 시온산에는
예루살렘 성전이 있고, 하나님이 계십니다. 그래서 그곳을 '하나님의
도성'이라고 부릅니다. 그곳은 어떤 곳입니까?

1절을 보십시오. "여호와는 위대하시니 우리 하나님의 성, 거룩한
산에서 극진히 찬양 받으시리로다." 시인은 위대하신 여호와에 대한
찬양으로 시작합니다. 그분은 주권자이고, 전능하고, 영광스러운 분
입니다. 그분은 하나님의 도성에 계시는데, 그곳은 거룩한 산입니다.
그곳이 거룩한 이유는 거룩하신 하나님이 계시기 때문입니다. 위대
하신 여호와 하나님은 거룩한 산에서 극진히 찬양받으십니다.

거룩한 산은 어떤 곳입니까? 2절을 읽읍시다. "터가 높고 아름다
워 온 세계가 즐거워함이여 큰 왕의 성 곧 북방에 있는 시온산이
그러하도다." 첫째로, 거룩한 산은 온 세상이 즐거워하는 곳입니다.
지질학적으로나 미학적으로 그 산은 주변의 산들만큼 높지도 않고

33

매력적이지도 않습니다. 그러므로 시온산에 대한 이런 묘사는 신학적 개념입니다. 그곳이 아름답고 온 세상이 즐거워하는 이유는 여호와께서 그 안에 사시기 때문입니다. 사람이 그곳에서 여호와를 만나기 때문입니다.

둘째로, 그 산은 큰 왕의 도성입니다. 옛적에 앗수르 왕을 큰 왕으로 불렀습니다. 그는 세상을 크게 다스렸기 때문입니다. 하지만 큰 왕은 하나님이십니다. 하나님은 만왕의 왕이십니다. 왜냐하면 하나님이 온 세상을 다스리기 때문입니다.

그런데 그 도성은 북방에 있습니다. '북쪽'을 히브리어로 '차폰'이라고 하는데, 그 산을 '차폰 산(Zaphon Mountain)'이라고 불렀습니다. 가나안 신화에서 북쪽은 신들이 모이는 장소였습니다. 신들은 '차폰 산'에서 모였습니다. 그 모임에서 바알(Baal)은 최고의 신으로 군림했습니다. 그곳을 시온산으로 불렀습니다.

본래 시온산은 고대 여부스 족의 요새였습니다. 하지만 다윗이 그곳을 빼앗아 '다윗성'이라고 했습니다(삼하 5:7). 그는 그곳에 왕궁을 세웠고, 솔로몬은 성전을 지었습니다. 시온은 이스라엘의 중심지가 되었습니다. 그러므로 북쪽에 바알산이 아닌 시온산, 즉 큰 왕이 사는 산이 있습니다. 그 큰 왕은 앗수르 왕이나 바알 신이 아닙니다. 우주의 유일한 통치자이신 하나님 여호와이십니다. 그분만 홀로 경배받고 찬양을 받아야 합니다.

시온, 하나님의 도성이라는 데서 무엇을 배웁니까? 시온의 핵심 가치를 배웁니다. 시온이 하나님의 도성인 이유는 그곳에 하나님이 사시기 때문입니다. 시온이 아름답고 위대한 도성인 이유는 그곳에 하나님이 계시기 때문입니다.

기독교 2천 년 역사에서 가장 위대한 책 세 권을 말할 때 아래의 책을 말합니다. 아우구스티누스(Sanctus Aurelius Augustinus, 354~430)의 『이교도와 대결하는 하나님의 도성』, *De Civitate Dei contra Paganos/ The City of God Against The Pagans*, 토마스 아퀴나스(St. Thomas Aquinas, 1224/5-1274)의 『신학대전』, *Summa Theologica*, 장 칼뱅(Jean Calvin, 1509~1564)의 『기독교 강요』,

Institutio Christianae Religionis 입니다.

410년 8월 24일은 로마가 멸망한 날입니다. '영원한 도성'으로 믿었던 로마가 망했습니다. 그때 이교도들은 로마가 망한 책임을 그리스도인에게 돌렸습니다. 그때 아우구스티누스는 그 비난에 답을 하기 위해 펜을 들었습니다.

"지상의 도시는 망했다. 혹은 망할는지 모른다. 그게 정말 문제가 되는가? 만일 하늘의 도성이 있다면 그것과는 어떤 관계가 있는가?" 그는 "로마는 하나님의 도성이 아니다."라고 말했습니다. 오히려 "세상의 도성인 로마는 불완전하며, 결핍되어 있고, 욕망과 죄가 가득한 곳이다." "비록 이곳에 일부의 선과 공의가 있다고 할지라도 세상의 도성은 심판받아 마땅한 곳이다."라고 말했습니다. 왜냐하면 사람이 세운 도성은 죄에 근거했으며, 오류와 왜곡으로 가득 차 있기 때문입니다. 반면 하나님의 도성은 하나님의 은혜와 사랑이 지배하며, 겸손과 헌신으로 세워졌습니다. 그러나 사람의 도성과 하나님의 도성은 사람이 명확하게 구분할 수 없으며, 모호하게 뒤섞여 있습니다.

오늘 하나님은 어디에 계십니까? 하나님은 예수 그리스도를 통해 새로운 영적인 도성, 즉 거듭난 영혼이 모이는 교회를 시작했습니다. 교회 공동체는 하나님이 사시는 집입니다. 그 점에서 교회를 하나님의 도성, 시온이라고 할 수 있습니다. 동시에 오늘의 시온은 예수님을 믿은 한 사람입니다. 예수님을 믿는 그 사람 안에 하나님이 계시기 때문입니다. 하나님이 사는 도시를 '하나님의 도성(the Holy City)'이라고 부르고, '하나님이 사는 사람'을 '성도(the Saints)'라고 부릅니다.

그런데 오늘의 교회, 성도의 형편이 어떠합니까? 우뚝 솟은 아름다운 봉우리입니까? 온 세상이 즐거워하는 곳입니까? 현실에서 이런 모습을 나타내는 일이 쉽지 않습니다. 눈에 보이는 교회는 하나님의 도성을 상징적으로 보여 주기는 하지만 일치하지는 않습니다. 하지만 우리는 하나님의 함께하심을 믿고 도전해야 합니다. 성령님께서 나와 우리 교회에 계심을 믿고 그렇게 살도록 해야 합니다. 그러면 나와 우리 교회가 이 세상에서 우뚝 솟은 아름다운 봉우리로 살 수 있습니다. 온 세상이 즐거워하는 공동체를 만들 수 있습니다. 마지막 날에 완전한 하나님의 도성이 이 땅에 임할 겁니다.

시온산은 또 어떤 곳입니까? 3절도 읽읍시다. "하나님이 그 여러 궁중에서 자기를 요새로 알리셨도다." '요새'는 피난처입니다. 시온산은 하나님이 계신 곳인데, 하나님은 당신이 피난처임을 알리셨습니다. 하나님은 당신께 피하는 사람, 시온으로 피하는 사람에게 피난처가 되십니다.

그러므로 오늘의 교회는 어떤 곳입니까? 교회는 삶의 현장에서 가장 안전한 곳입니다. 삶의 무거운 짐에서 벗어나 쉼을 얻을 수 있고, 생명의 위험으로부터 보호받을 수 있는 그곳이 교회입니다. 예수님은 오늘도 초청하십니다. "수고하고 무거운 짐 진 자들아 다 내게로 오라 내가 너희를 쉬게 하리라"(마 11:28). 누구든지 교회로 피하는 사람은 쉼을 누리며, 안전을 보장받습니다.

그런데 그 시온에 무슨 일이 있었습니까? 시온을 반대하는 왕들이 시온을 공격하려고 힘을 합쳐 쳐들어왔습니다(4). 하지만 그들은 큰 왕이신 여호와를 보고 놀랐고, 두려워했고, 도망쳤습니다(5). 그들은 두려움에 사로잡혔습니다. 그 고통은 해산하는 여인의 고통이었습니다(6).

왜 그들은 그런 고통을 겪습니까? 주님께서 동풍으로 다시스의 배를 깨뜨리시기 때문입니다(7). '다시스의 배'는 가장 견고하고 안전하고 호화로움을 상징합니다(사 2:16). 하나님께서 그런 배도 동풍으로 깨뜨리십니다. 이처럼 시온을 쳐들어온 왕의 멸망은 강풍으로 파손된 배가 바다 밑으로 가라앉는 그것과 같습니다. 여호와는 폭풍의 신 '바알-차폰(Baal-Zaphon)'보다 힘과 능력이 지극히 높은 분입니다.

그때 시인과 그 공동체는 무엇을 듣고 보았습니까? 8절입니다. "우리가 들은 대로 만군의 여호와의 성, 우리 하나님의 성에서 보았나니 하나님이 이를 영원히 견고하게 하시리로다(셀라)." 그들이 '듣고', '본' 일은 하나님의 구원 사역입니다. 이방 왕이 함께 시온에 쳐들어왔지만, 하나님의 심판을 받고 망한 일입니다. 하나님께서 그 성을 영원히 세우신 일입니다.

이 사건은 무엇을 말합니까? 주전 701년 앗수르 왕 산헤립 (Sennacherib)이 유다를 침공하여 예루살렘을 포위했던 일을 생각할 수 있습니다. 산헤립은 유다의 46개의 성읍과 작은 여러 성읍을 점령하여 그곳 주민을 사로잡아 갔습니다(왕하 18:13). 오직 예루살렘은 무너지지 않았습니다. 그런데 그 예루살렘이 주전 586년 바벨론한테 무너졌습니다. 따라서 이 사건은 유다의 역사에서 완성된 일보다는 장차 예수님이 오셔서 도성을 세우실 그날을 상징합니다.

시인과 공동체는 무엇을 생각했습니까? 첫째로, 그들은 주님의 전 가운데에서 주님의 인자하심을 생각했습니다(9). 여호와의 도성을 견고하게 하신 일은 그분의 사랑에 기초하기 때문입니다.

둘째로, 그들은 성전에서 하나님의 오른손에 정의가 가득함을 되새겨 보았습니다(10). 하나님의 이름에 어울리게 하나님을 찬양하는 소리가 땅끝까지 들립니다. 세상 끝까지 널리 퍼진 주님의 명성으로 주님이 온 세상에서 찬송을 받으십니다. 주님의 심판으로 시온산은 기뻐하고, 유다의 딸들은 즐거워합니다(11). 왜냐하면 하나님께서 적들을 물리치시고 당신의 도성을 건설하기 때문입니다.

이제 그들은 무엇을 해야 합니까? 12절을 보십시오. "너희는 시온을 돌면서 그곳을 둘러보고 그 망대들을 세어 보라." 그들은 시온을 돌아야 합니다. 둘러봐야 합니다. 망대를 세봐야 합니다. 왜냐하면 최근에 있었던 적의 공격에도 도시가 파괴되지 않았음을 확인해야 하기 때문입니다. 시온은 하나님이 계셔서 적들의 공격에도 안전합니다. 안전과 하나님의 함께하심은 서로 긴밀하게 연결됩니다.

그들이 시온을 살펴야 하는 또 다른 이유는 무엇입니까? 13절을 읽읍시다. "그의 성벽을 자세히 보고 그의 궁전을 살펴서 후대에 전하라." 그들은 성벽을 자세히 생각해야 합니다. 그들은 성채도 거듭해서 검토해야 합니다.

왜 그렇게 자세히 살펴야 합니까? 후대에 전해야 하기 때문입니다. 무엇을 전해야 합니까? 적들의 공격에도 성벽이 무너지지 않았다는 사실입니다. 하지만 그 성벽이 핵심이 아니라, 그 성벽을 지켜주신 하나님이 핵심입니다. 그들이 눈으로 보고 경험한 그 하나님을 다음 세대에 전해야 합니다.

우리가 전해야 할 그 하나님은 어떤 분입니까? 14절입니다. "이 하나님은 영원히 우리 하나님이시니 그가 우리를 죽을 때까지 인도하시리로다." '이 하나님'은 시온의 하나님입니다. 시온에 계시고, 시온을 지켜주신 그분입니다. 그분은 우리 하나님입니다. 그분은 우리의 목자이십니다. 하나님은 목자로서, 목자가 양을 푸른 초원으로 인도하듯이, 우리를 죽을 때까지 인도하십니다. '죽을 때까지'란 '죽음을 넘어'라는 뜻입니다. 우리 하나님은 우리를 영원히 인도하십니다. 우리 하나님은 우리의 영원한 목자이십니다.

시온, 하나님의 도성은 어디에 있습니까? 오늘의 교회 공동체가 하나님의 도성 시온입니다. 교회는 하나님이 사시는 집입니다. 물론 우리 자신과 교회의 현실을 보면 이 사실을 인정하기가 쉽지 않습니다. 그럴지라도 우리는 성경의 렌즈로 교회를 보며 자부심을 느껴야 합니다. 그리고 그렇게 살도록 애써야 합니다. 우리 교회가 하나님의 도성으로 자라도록 도와주시길 기도합니다.

07

재물을 의지하는 자의 어리석음

> 말씀 시편 49:1-20
> 요절 시편 49:6
> 찬송 556장, 310장

"자기의 재물을 의지하고 부유함을 자랑하는 자는."

우리는 이런 말을 압니다. "행복을 돈으로 살 수 없다." 하지만 여기에 토를 단 사람이 있습니다. "행복을 돈으로 살 수 없다면, 돈이 모자란 건 아닌지 확인해 보라." 사실 자본주의 사회에서 돈은 공기처럼 필요한 존재로 자리 잡았습니다. 그런데 오늘 시편은 우리에게 무엇을 가르칩니까?

1절을 보십시오. "뭇 백성들아 이를 들으라 세상의 거민들아 모두 귀를 기울이라." '뭇 백성들'은 이스라엘은 물론이고 온 세상 사람입니다. 시인은 세상 모든 사람을 초대합니다. 시인은 온 세상을 향해 메시지를 전합니다. 세상은 그 메시지를 들어야 하고, 귀를 기울이어야 합니다.

그 세상 사람은 누구입니까? 귀천 빈부를 막론하고 모든 사람입니다(2). '귀'는 중요한 사람이고, '천'은 일반적인 사람입니다. '빈'은 지위가 낮은 사람이고, '부'는 영향력 있는 사람입니다. 시인은 사회의 모든 계층을 다 부릅니다.

왜 모든 사람은 시인의 말을 들어야 합니까? 3절은 말씀합니다. "내 입은 지혜를 말하겠고 내 마음은 명철을 작은 소리로 읊조리리로다." '지혜'는 심오한 지혜, 즉 하나님의 성품으로서 지혜입니다. '명철'은 깊은 깨달음입니다. 시인은 심오한 지혜와 깊은 깨달음을 전합니다. 그러므로 모든 사람은 들어야 합니다.

시인은 어떤 형식으로 전합니까? 4절을 봅시다. "내가 비유에 내 귀를 기울이고 수금으로 나의 오묘한 말을 풀리로다." '오묘한 말'은 수수께끼입니다. 수수께끼는 심오한 지혜와 깊은 깨달음으로 풀어야 하는 어려운 내용입니다. 시인은 비유에 귀를 기울이고, 자신의 수수께끼를 음악에 맞춰 풀어갈 겁니다. 시인은 지혜의 스승으로서 수수께끼 형식으로 인생의 참 의미를 가르칩니다.

그 내용은 무엇입니까? 5-6절을 읽읍시다. "죄악이 나를 따라다니며 나를 에워싸는 환난의 날을 내가 어찌 두려워하랴, 자기의 재물을 의지하고 부유함을 자랑하는 자는." '죄악이 나를 따라다니며'라는 말은 교활하게 공격하는 원수를 뜻합니다. 그 원수들은 자기의 재물을 의지하고 부유함을 자랑합니다. '재물을 의지한다.'라는 말은 하나님보다 돈을 더 믿는다는 뜻입니다. 그들은 하나님을 자랑하기보다 돈을 더 자랑합니다. 그런 사람은 하나님과 관계가 깨졌습니다. 그런데 그런 그들이 시인을 에워쌉니다. 그때는 시인에게 환난의 날입니다. 하지만 시인은 그들을 두려워하지 않습니다. 이것이 시인이 말하는 수수께끼의 내용입니다.

왜 시인은 재물을 의지하는 사람을 두려워하지 않습니까? 7절입니다. "아무도 자기의 형제를 구원하지 못하며 그를 위한 속전을 하나님께 바치지도 못할 것은." 다른 사람의 몸값을 치를 수 있는 사람은 아무도 없습니다. 어떤 인간도 다른 사람을 죽음에서 구속할 수 없습니다. 하나님께 그 몸값을 지급할 사람은 없습니다. 하나님이 사람의 목숨을 요구하시면 대안이 없습니다.

왜 사람은 그 몸값을 치를 수 없습니까? 그들의 생명을 속량하는 값이 너무 엄청나서 영원히 마련하지 못하기 때문입니다(8). 사람이 죽음에서 자유롭기 위해 하나님께 돈을 지급하는 일은 불가능합니다. 왜냐하면 생명은 값을 매길 수 없을 정도로 비싸기 때문입니다. 그러므로 죽음 앞에서 모든 부와 화려함은 무용지물입니다.

그런데 어떤 돈 많은 사람은 돈으로 자기 생명을 이어갈 수 있고, 행복한 삶을 누릴 수 있다고 생각합니다. 하지만 그것은 거짓 확신에 불과합니다. 왜냐하면 영원히 살아서 죽음을 보지 않을 사람은 없기 때문입니다(9). 이 세상에서 자신의 모든 재산을 하나님께 바칠지라도 죽음을 피할 수 없기 때문입니다.

그러므로 모든 사람은 무엇을 보게 됩니까? 10절은 말씀합니다. "그러나 그는 지혜 있는 자도 죽고 어리석고 무지한 자도 함께 망하며 그들의 재물은 남에게 남겨 두고 떠나는 것을 보게 되리로다." 모든 사람은 지혜 있는 사람도 죽는다는 사실을 압니다. 지혜로운 사람이 죽으면 나머지 사람은 말할 것도 없습니다. 의도적으로 하나님의 뜻을 거부하고, 자기 재물을 의지한 어리석은 사람도 죽습니다. 재물로 생명을 살 수 있다고 생각하고, 그 돈을 영원히 가질 수 있다고 생각한 무지한 사람도 죽습니다. 모든 사람이 다 아는 보편적 지식은 "모두가 죽는다."라는 사실입니다. 죽음은 모든 사람을 평등하게 만듭니다. 죽음으로 모든 구별이 없어집니다.

또 하나 모든 사람이 다 아는 사실은 무엇입니까? 아무리 돈이 많은 사람도 죽으면 그 많은 재물을 남겨 둔다는 겁니다. 그 누구도 그 돈을 죽어서 가지고 가지 못합니다. 다른 사람에게 줄 수밖에 없습니다.

어떤 부자가 농사를 정말 잘 지어서 곡식을 쌓아둘 곳이 없을 정도였습니다. 그는 행복에 젖어서 창고를 다시 지었습니다. 그리고 말했습니다. "열심히 일한 당신, 떠나라!" 그러나 그 순간 하나님께서 그에게 말씀하셨습니다. "이 어리석은 바보야, 오늘 밤 너의 영혼을 도로 찾을 것이다. 그러면 그 많은 돈이 누구의 것이 되겠느냐"(눅 12:20)?

그런데도 재물을 의지하는 어리석은 사람은 무엇을 했습니까? 그들은 속으로 그들의 집은 영원할 것으로 생각했습니다. 그들은 자기 이름으로 땅을 등기했습니다(11). 그들은 죽지 않음을 확인하려는 헛된 시도로 땅에 이름을 지었습니다. 하지만 죽은 자들에게는 무덤이 그들의 영원한 집입니다. 그들이 죽은 후에 차지할 수 있는 유일한 땅은 그들이 묻힌 무덤뿐입니다.

이처럼 돈만 믿는 사람은 무엇과 같습니까? 12절을 보십시오. "사람은 존귀하나 장구하지 못함이여 멸망하는 짐승 같도다." 사람이 제아무리 영화를 누린다 해도 죽음을 피할 수는 없습니다. 따라서 그런 사람은 미련한 짐승과 같습니다.

이것이 돈을 믿는 어리석은 사람의 인생 항로입니다(13). 동시에 그들의 말을 인정하며 따르는 사람의 종말입니다. 돈의 매력은 너무 커서 시대마다 이런 어리석은 사람을 따르는 어리석은 사람을 만날 수 있습니다.

그런데 그들은 양처럼 '스올'로 끌려갑니다(14). '스올'은 죽은 사람의 거처입니다. 사망이 그들의 목자입니다. 시인은 어리석은 사람과 그들의 죽음을 양과 목자로 비유했습니다. 시인의 목자는 주님인데, 어리석은 사람의 목자는 죽음입니다. 양은 목자를 따릅니다. 목자는 양을 푸른 초장으로 인도하여 양으로 생명을 얻게 하고 더 풍성히 얻도록 합니다(요 10:10). 그런데 죽음이 목자가 되어 그들을 죽음으로 인도합니다. 밤이 지나고 아침이 오면 정직한 사람이 그들을 다스립니다. 그때 그들의 형상은 시들고, 스올에서 삽니다.

그러나 시인은 어떻게 됩니까? 15절을 읽읍시다. "그러나 하나님은 나를 영접하시리니 이러므로 내 영혼을 스올의 권세에서 건져내시리로다 (셀라)." 하나님이 시인의 영혼을 스올의 권세에서 속량하십니다. 아무리 많은 돈으로도 생명을 구할 수 없습니다. 그러나 하나님은 생명을 구원하십니다. 왜냐하면 하나님은 스올의 권세를 이기기 때문입니다.

그리고 하나님은 그를 영접하십니다. '영접한다.'라는 말은 '운반한다.' '데리고 간다.'라는 뜻입니다. 하나님이 옛적에 에녹을 하늘로 데려가셨습니다(창 5:24). 하나님은 엘리야도 죽음을 보지 않고 하늘로 데려가셨습니다(왕하 2:9). 시인도 이처럼 죽음을 보지 않고 하나님께서 데려가시길 기대합니다. 악인의 종말은 어둠과 파멸입니다.

하지만 의인의 종말은 지금부터 영원까지 영원히 하나님과 함께하는 생명입니다. 이것이 수수께끼에 대한 답입니다.

그러므로 의인은 무엇을 하지 않아야 합니까? 16절을 보십시오. "사람이 치부하여 그의 집의 영광이 더할 때에 너는 두려워하지 말지어다." 어떤 사람이 부자가 되어 그 영광이 더할 때 두려워하지 않아야 합니다. 돈의 위력은 대단하고, 돈의 좋음 또한 매우 매력적입니다. 따라서 돈의 영광을 자랑할 때면 그 앞에서 상대적 빈곤감에 빠지기 쉽습니다. 내 미래를 두려워하기 쉽습니다. 하지만 두려워하지 않아야 합니다.

왜 두려워하지 않아야 합니까? 왜냐하면 아무리 돈이 많은 사람일지라도 죽을 때 아무것도 가져가지 않을 것이기 때문입니다(17). 돈을 의지하는 사람에게 이 사실은 대단히 큰 충격입니다. 비극입니다. 왜냐하면 그들은 가장 중요한 그것을 잃어버리기 때문입니다. 부자도 가난한 사람도 죽을 때는 그 누구도 아무것도 가지고 갈 수 없습니다. 이 세상에서 부자라고 해서 죽어서도 부자일 수 없습니다. 그는 재산은 물론이고 영광도 남겨 두고 떠납니다.

비록 사람이 이 세상에서 흡족하게 살고 성공하여 칭송받는다고 해도(18), 그도 마침내 조상에게로 돌아갑니다. 영원히 빛이 없는 세상으로 돌아갑니다(19). 그는 '무지의 어둠'에서 살다가 '스올의 어둠'으로 돌아갑니다. 그는 어둠에서 살다가 영원한 어둠에 갇힙니다.

그런 그는 무엇과 같습니까? 20절입니다. "존귀하나 깨닫지 못하는 사람은 멸망하는 짐승 같도다." 이 세상에서 아무리 화려하게 살아도 깨닫지 못하는 사람은 멸망하는 짐승과 같습니다. 이런 사람은 짐승처럼 살다가 짐승처럼 죽습니다.

사람과 짐승의 차이는 무엇입니까? 깨달은 정도입니다. 무엇을 깨달아야 합니까? 사람은 죽을 수밖에 없는 존재입니다. 아무리 많은 재물도 사람의 죽음을 해결하지 못합니다. 소유와 권력이 대단할지라도 어떤 사람도 죽음에서 구원하지 못합니다. 사람의 생명은 돈에 달리지 않았고 하나님께 달려 있습니다. 따라서 사람이 자기를 죽을 수밖에 없는 존재로 깨닫지 못하고, 하나님을 깨닫지 못한다면, 그는 멸망하는 짐승처럼 살다가 죽습니다. 왜냐하면 재물을 의지하는 사람은 죽음을 이기지 못하기 때문입니다. 반면 하나님을 의지하는 사람은 지혜롭습니다. 왜냐하면 죽음을 이기기 때문입니다. 오늘 우리는 이 사실을 깨달아야 합니다.

그런데 자본주의 사회에서 이 사실을 깨닫는 일도 쉽지 않지만, 그렇게 사는 일은 더욱 쉽지 않습니다. 돈을 사랑하고 돈에 큰 가치를 부여하는 것은 자본주의 사회를 사는 사람의 일반적 특징입니다. 돈은 어떤 점에서 행복의 필수요소로 자리 잡았습니다. 우리가 돈 자체를 거부할 수는 없습니다. 믿음의 세계에서도 돈은 필요합니다. 우리도 열심히 돈을 벌어야 합니다.

그런데도 우리가 붙들어야 할 한 가지는 무엇입니까? 재물을 의지하는 사람의 어리석음입니다. 그러면 우리는 돈이 아무리 소중해도 돈을 하나님보다 더 낮은 위치에 둘 수 있습니다. 돈으로 뭐든 할 수 있을 것처럼 보여도 돈보다 하나님을 더 의지할 수 있습니다. 우리는 자본주의 한복판에서 살아도, 재물을 의지하는 사람 속에서 살아도, 하나님을 의지하며 살도록 기도합니다.

08

감사로 제사를 지내며

> 말씀 시편 50:1-23
> 요절 시편 50:14
> 찬송 66장, 72장

"감사로 하나님께 제사를 드리며 지존하신 이에게 네 서원을
갚으며."

교회의 특징 중 하나는 주일마다 행하는 예배입니다. '예배'는 우리가 하나님을 인식하고, 그분께 경의를 표하는 행위입니다. 예배에는 기도와 찬양, 그리고 말씀 선포가 있습니다. 구약 시대 때는 제사로 표현했는데, 짐승을 잡아서 드렸기 때문입니다. 그런데 하나님은 그 제사를 받기도 하고, 받지 않기도 하셨습니다. 하나님이 받으시는 제사는 무엇입니까?

1절을 봅시다. "전능하신 이 여호와 하나님께서 말씀하사 해 돋는 데서부터 지는 데까지 세상을 부르셨도다." 시인은 하나님을 "전능하신 이, 하나님, 여호와"라고 부릅니다. '전능하신 이'는 신들 중의 신으로 가나안의 가장 높은 신에 대한 호칭이었습니다. '하나님'은 창조주 하나님을 뜻합니다. '여호와'는 이스라엘을 구원하신 인격적인 하나님입니다. 시인은 이 세 가지 칭호를 통해 한 분 하나님이심을 강조합니다. 강조점은 언약의 하나님 여호와의 위엄에 있습니다.

그분은 무엇을 하셨습니까? 전능하신 여호와 하나님께서 해 돋는

데서부터 지는 데까지 세상을 부르셨습니다. '해 돋는 데서부터 지는 데까지'는 온 세상을 말합니다.

하나님께서 온 세상을 부르신 후에 무엇을 하셨습니까? 온전히 아름다운 시온에서 하나님이 빛을 비추셨습니다(2). 시온은 원래 고대 여부스 족의 요새였습니다. 다윗이 그곳을 빼앗아 '다윗성'이라고 했습니다(삼하 5:7). 시온은 이스라엘의 중심지가 되었습니다. 시온은 완벽한 아름다운 곳입니다. 완벽히 아름다운 그곳에서 하나님이 비추셨습니다. 그 모습은 하나님이 그곳에 오셨음, '출현'을 뜻합니다. 시내산에 오셨던 그 하나님을 생각나게 합니다(출 19:18-19).

그분은 어떻게 오십니까? 그분은 조용히 오시지 않습니다. 그분 앞에는 삼키는 불이 있습니다(3). 그분 주위에는 강력한 폭풍우가 있습니다. 시내산에서 불과 폭풍으로 나타나셨던 그분이 시온으로 오십니다.

그분은 오셔서 무엇을 하십니까? 하나님이 자기 백성을 판결하시려고 위 하늘과 아래 땅을 증인으로 부르십니다. 하나님은 이스라엘과 언약을 맺었을 때 하늘과 땅을 증인으로 삼았습니다(신 32:1). 그 하나님이 이스라엘을 고발하려고 하늘과 땅을 증인으로 부르십니다.

이스라엘은 하나님께 어떤 존재입니까? 그들은 하나님의 성도들입니다(5). 하나님께 헌신하는 사람들입니다. 그들은 제물로 하나님과 언약을 세웠습니다.

고대 근동에서는 언약을 세울 때 엄숙한 의식을 치렀습니다. 아브람은 여러 짐승을 제단으로 가져와 그것들을 둘로 쪼개고 쪼갠 그것을 마주하여 놓았습니다. 해가 져서 어두울 때 연기 나는 화로가 보이며 타는 횃불이 쪼갠 고기 사이로 지나갔습니다. 그날 여호와께서 아브람과 더불어 언약을 세웠습니다(창 15:10, 17-18). 이런 모습은 언약을 맺는 사람 중 어느 한쪽이 언약을 어기면 쪼갠 짐승처럼 될 것을 보여줍니다.

하나님께서 증인으로 부른 하늘은 무엇을 합니까? 하늘은 하나님의 의로움을 선포합니다(6). 왜냐하면 하나님은 스스로 심판하시기 때문입니다. 그분만이 재판장이시기 때문입니다.

재판장이신 하나님은 그 백성에게 무엇을 바라십니까? 7절입니다. "내 백성아 들을지어다 내가 말하리라 이스라엘아 내가 네게 증언하리라 나는 하나님 곧 네 하나님이로다." 하나님은 그 백성에게 말씀하십니다. 그들은 그 말씀을 들어야 합니다. 그분은 하나님이시며, 그 백성의 하나님이시기 때문입니다.

그들은 무슨 말씀을 들어야 합니까? 하나님은 그 백성이 바친 제물을 두고 탓하지는 않습니다(8). 그들은 한 번도 거르지 않고 늘 번제를 바쳤습니다.

그러나 하나님은 그 제물을 어떻게 하셨습니까? 9절입니다. "내가 네 집에서 수소나 네 우리에서 숫염소를 가져가지 아니하리니." '네 집에서', '네 우리에서'를 강조합니다. 왜냐하면 집에서 기른 짐승을 제물로 드려야 했기 때문입니다. 야생동물은 제물로 드릴 수 없었습니다. 그리고 '수소', '숫염소'는 상대적으로 비싼 제물이었습니다. 그들은 하나님께서 이런 비싼 제물을 받을 줄 알았습니다. 그러나 하나님은 그런 제물을 받지 않았습니다.

하나님께서 그 제물을 거절하신 첫 번째 이유는 무엇입니까? 그들의 잘못된 소유관 때문입니다. 10절을 보십시오. "이는 삼림의 짐승들과 뭇 산의 가축이 다 내 것이며." 숲속에 있는 모든 동물과 산짐승이 여호와의 것입니다. '네 집에서', '네 우리에서'와 '내 것이며'를 대조합니다. 그뿐만 아니라, 산의 새들도 하나님이 아는 것이며 들의 짐승도 하나님의 것입니다(11). 여기서도 '네 집에서', '네 우리에서'와 '내가 아는 것이며', '내 것임이로다'를 대조합니다.

제사는 하나님의 소유물을 하나님께 드리는 일입니다. 그런데 그 백성은 자기의 소유물을 하나님께 드린다고 생각했습니다. '이것은 내 집에서 내 우리에서 내가 키운 내 수소이며 내 숫염소입니다.' 그런 생각은 하나님이 만물의 창조주요, 주인임을 부인하는 행위입니다. 그래서 하나님은 그 제사를 거부하셨습니다.

하나님이 제물을 거절하시는 두 번째 이유는 무엇입니까? 그들의 잘못된 신관 때문입니다. 12절을 보십시오. "내가 가령 주려도 네게 이르지 아니할 것은 세계와 거기에 충만한 것이 내 것임이로다." 하나님은 배고플지라도 그 백성에게 달라고 하지 않습니다. 왜냐하면 세상에 있는 모든 그것들이 다 하나님의 것이기 때문입니다. 하나님은 수소의 고기를 먹지도 않고, 염소의 피를 마시지도 않습니다(13).

고대 근동의 사람은 자기 신들이 제물을 먹는다고 생각했습니다(신 32:38). 또 그들은 제사를 통해 신을 조종할 수 있다고 생각했습니다. 이스라엘은 이런 신관에 물들었습니다. 그래서 하나님도 자기들이 바친 제물을 의존하여 산다고 여겼습니다. 그들은 이방 사람처럼 희생 제사를 의무적으로 하루 세끼의 음식을 제공하는 것으로 생각했습니다.

그러나 하나님은 이교도의 신처럼 배고픔을 느끼는 연약한 신이 아닙니다. 하나님은 제물에서 영양분을 공급받지 않습니다. 비록 배가 고플지라도 사람에게 요구하지 않습니다. 왜냐하면 온 누리와 거기에 있는 모든 그것이 다 당신의 것이기 때문입니다.

하나님이 그들에게 원하는 제사는 무엇입니까? 14절을 읽읍시다. "감사로 하나님께 제사를 드리며 지존하신 이에게 네 서원을 갚으며." 하나님께서 원하시는 첫 번째 제사는 감사입니다. '감사 제사'는 찬양 제사이기도 합니다. 감사와 찬양은 같은 뜻입니다. 감사하면 찬양하고 찬양하면 감사합니다. 감사 제사에는 동물 제사를 포함했습니다. 하나님은 동물 제사 자체를 거부하지 않습니다. 제사에 대한 올바른 태도를 요청하신 겁니다.

감사 제사는 무엇을 말합니까? 말 그대로 하나님께 감사하는 마음으로 제사하는 겁니다. 수소와 숫염소와 같은 비싼 제물을 드릴지라도 그 마음에 감사가 없으면 하나님은 받지 않습니다. 제물보다 더 중요한 점은 그 마음에서 나오는 감사입니다.

오늘의 시는 아삽의 시로 알려졌습니다. 아삽은 성가대 우두머리였습니다(대상 15:17, 19). 그는 예배 때마다 성전에서 찬양을 인도하고 섬겼습니다. 삶의 현장에서 좋은 일만 겪는다면 예배 때 얼마든지 찬양할 수 있습니다. 그런데 삶의 현장에서는 좋은 일만 겪지 않습니다. 힘들고 어려운 일도 만납니다. 그런 현실에서는 찬양하기가 쉽지 않습니다. 감사보다는 원망과 불평이 나오기 쉽습니다. 하지만 아삽은 찬양대장으로서 어떤 상황에서도 찬양으로 예배해야 했습니다. 그는 찬양하면서 감사했고, 감사하면서 찬양했습니다. 그런 그는 우리를 향해 감사로 하나님께 예배하도록 권면합니다.

우리도 삶의 현장에서 좋은 일도 만나지만 나쁜 일도 만납니다. 좋은 일을 만날 때면 감사하고 찬양할 수 있습니다. 하지만 힘들고 어려운 일을 만나면 감사하기가 쉽지 않습니다.

어떻게 해야 합니까? 우리가 힘든 일 앞에서도 구원의 은혜를 깨달으면 감사할 수 있습니다. 죄에서 구원하신 하나님, 힘들고 어려운 세상살이에서 인도하신 하나님의 은혜를 기억하면 찬양할 수 있습니다. 그뿐만 아니라, 우리가 상대적 비교의식에서 벗어나면 감사할 수 있습니다. 우리가 어떤 상황에서도 여기까지 인도하신 나의 하나님, 지금 나와 함께하신 나의 하나님을 깨달으면 찬양할 수 있습니다. 그러면 우리도 감사로 예배할 수 있습니다.

기독교는 감사의 종교입니다. 찬양의 종교입니다. 우리는 감사한 만큼 하나님의 은혜를 받으며, 찬양한 만큼 행복합니다. 감사하는 마음으로 설교를 들을 때 하나님의 능력을 체험합니다. 감사하는 마음으로 예배할 때 복을 받습니다. 감사의 예배야말로 산 믿음의 척도입니다. 찬양이 없는 예배는 공허하고, 시간이 지나면 위선이 됩니다. 히브리서는 말씀합니다. "그러므로 우리는 예수로 말미암아 항상 찬송의 제사를 하나님께 드리자 이는 그 이름을 증언하는 입술의 열매니라"(히 13:15). 하나님은 감사의 예배를 받으십니다.

두 번째 제사는 무엇입니까? 서원을 갚는 일입니다. 서원은 하나님께 헌신을 약속하는 행위입니다.

한나는 아들이 없어서 마음이 괴로워서 여호와께 기도하고 통곡하며 서원했습니다(삼상 1:10). "만군의 여호와여 만일 주의 여종의 고통을 돌보시고 나를 기억하사 주의 여종을 잊지 아니하시고 주의 여종에게 아들을 주시면 내가 그의 평생에 그를 여호와께 드리고 삭도를 그의 머리에 대지 아니하겠나이다"(삼상 1:11). 하나님은 한나의 서원을 들으시고 아들을 주셨습니다. 한나는 하나님께 그 서원을 갚았습니다. 하나님은 그 제사를 받으셨습니다.

세 번째 제사는 무엇입니까? 15절입니다. "환난 날에 나를 부르라 내가 너를 건지리니 네가 나를 영화롭게 하리로다." '하나님을 부른다.'라는 말은 하나님을 의지하고 도움을 청하는 일입니다. 우리는 힘들고 어려울 때 하나님께 도움을 청해야 합니다. 사람이 하나님을 의지해야지, 하나님이 사람을 의지하지 않습니다. 우리가 하나님께 도움을 청하면 하나님께서 건지십니다. 그리고 하나님을 부르는 그 일이 하나님을 영화롭게 합니다. 하나님은 그 제사를 받으십니다.

그러면 하나님께서 악인에게 무엇을 말씀하셨습니까? 16절입니다. "악인에게는 하나님이 이르시되 네가 어찌하여 내 율례를 전하며 내 언약을 네 입에 두느냐." '악인'은 율법 교사를 뜻합니다. 그들은 율례를 전파하고 언약을 입에서 읊조립니다. 하지만 그들은 율법을 알면서도 지키지 않았고, 말과 행동이 일치하지 않았습니다. 그들은 겉과 속이 달랐습니다. 왜냐하면 그들은 교훈을 미워했고, 하나님의 말씀을 뒷전으로 흘렸기 때문입니다(17).

그들의 실상은 어떠했습니까? 그들은 도둑을 만나면 그와 친구가 되었습니다(18). 그들은 "도둑질하지 말라."라는 제7계명을 어겼습니다. 그들은 또 간음하는 사람을 만나면 그와 한 패거리가 되었습니다. 그들은 "간음하지 말라."라는 제8계명을 어겼습니다.

그들은 입으로 악을 꾸몄습니다(19). 혀로 거짓을 지어냈습니다. 그들은 "네 이웃에 대하여 거짓 증거하지 말라."라는 제9계명을 어겼습니다. 그들은 가족을 대상으로 고발했습니다(20). 그들은 형제자매의 허물을 들춰냈습니다.

그런 그들은 하나님을 어떻게 오해했습니까? 21절을 읽읍시다. "네가 이 일을 행하여도 내가 잠잠하였더니 네가 나를 너와 같은 줄로 생각하였도다 그러나 내가 너를 책망하여 네 죄를 네 눈앞에 낱낱이 드러내리라 하시는도다." 악인들은 악을 저질러도 하나님께서 아무런 일을 하지 않음을 보고는 하나님이 자기들 편이라고 착각했습니다. 많은 사람은 아주 자주 하나님의 침묵을 그분의 승인으로 생각합니다. 하지만 하나님의 침묵은 승인이 아니라 인내입니다. 하나님은 그들이 회개할 때까지 기다리며 참으십니다. 그들은 그 하나님을 오해했습니다.

그러나 하나님은 때가 되면 그들을 어떻게 하십니까? 하나님은 그들을 호되게 꾸짖습니다. 하나님은 그들의 눈앞에 그들의 죄상을 낱낱이 밝히십니다.

그들은 어떻게 해야 합니까? 22절은 말씀합니다. "하나님을 잊어 버린 너희여 이제 이를 생각하라 그렇지 아니하면 내가 너희를 찢으 리니 건질 자 없으리라." 그들은 하나님을 잊어버렸습니다. 그들은 입으로는 하나님의 말씀을 가르쳤지만, 실제 삶에서는 하나님을 인 정하지 않았습니다. 그러나 이제 그들은 생각해야 합니다. 그렇지 않 으면 하나님께서 그들을 굶주린 짐승이 먹잇감을 찢듯이 찢습니다. 그때는 누구도 건질 사람이 없습니다.

그들이 생각해야 할 바는 무엇입니까? 23절을 읽읍시다. "감사로 제사를 드리는 자가 나를 영화롭게 하나니 그의 행위를 옳게 하는 자에게 내가 하나님의 구원을 보이리라." 시인은 다시 강조합니다. 감사로 제사를 지내는 사람이 하나님을 영화롭게 합니다. 하나님은 행위를 옳게 하는 사람을 구원하십니다. 그들은 이 사실을 알고 제 사를 지내야 합니다.

오늘의 시를 통해 우리는 무엇을 배웁니까? 예배도 중요하지만, 예배하는 자세가 더 중요함을 배웁니다. 예배라고 해서 하나님이 다 받지 않습니다. 하나님이 받으시는 예배는 감사입니다. 서원을 갚는 일입니다. 그리고 환난 날에 하나님을 부르는 일입니다. 우리가 하나 님이 받으시는 예배를 통해 우리는 은혜를 누리고, 하나님께는 영광 돌리기를 기도합니다.

09

정한 마음을 창조하시고

> 말씀 시편 51:1-19
> 요절 시편 51:10
> 찬송 423장, 547장

"하나님이여 내 속에 정한 마음을 창조하시고 내 안에 정직한
영을 새롭게 하소서."

오늘의 시는 다윗이 밧세바와 간음한 후 예언자 나단이 그에게
왔을 때 지은 거로 알려졌습니다. 그는 그 시를 통해 무엇을 고백하
며 기도합니까?

1절을 보십시오. "하나님이여 주의 인자를 따라 내게 은혜를 베푸
시며 주의 많은 긍휼을 따라 내 죄악을 지워 주소서." '인자'는 '한결
같은 사랑'인데, 하나님의 놀라운 성품 중 하나입니다. '긍휼'은 엄마
가 자기 태 안에 있는 아기를 향해 가지는 마음입니다. 그 백성을
향한 하나님의 마음은 아기를 향한 엄마의 마음과 같습니다. '죄악'
은 하나님과의 관계, 공동체 내에서의 관계를 고의로 파괴하는 행위,
즉 반역적 행위를 뜻합니다. 시인은 하나님의 인자를 따라 은혜를
베풀어주시도록 기도합니다. 그리고 그는 주님의 크신 긍휼을 따라
죄악을 지워 주시도록 기도합니다.

시인은 계속해서 무엇을 기도합니까? 2절입니다. "나의 죄악을 말
갛게 씻으시며 나의 죄를 깨끗이 제하소서." '죄악'은 '표준이나 방식

에서 벗어난다.'라는 뜻인데, '표준'은 하나님의 말씀입니다. 시인은 하나님의 말씀에서 벗어나 자기 마음대로 세상 풍조대로 사는 죄악을 철저히 씻겨주시도록 기도합니다.

그리고 그는 자기 죄를 깨끗이 제하여 주시도록 기도합니다. '나의 죄'는 과녁이나 목표에 이르지 못함을 뜻합니다. 그는 하나님께서 바라시는 목표에 이르지 못한 그 죄를 깨끗이 없애주도록 기도합니다.

시인은 죄에 관해 세 가지 용어, 즉 '내 죄악', '나의 죄악', '나의 죄'를 말했습니다. 이 말들은 세 종류의 죄를 뜻하지 않습니다. 하나님을 떠난 자기 모습을 강조한 겁니다. 동시에 자기 죄를 철저하게 고백함을 뜻합니다.

또 시인은 죄를 용서하는 데 네 가지 용어, 즉 '은혜를 베푸시며', '지워 주소서', '씻으시며', '깨끗이 제하소서'를 사용했습니다. 이 네 동사의 공통점은 성소 의식에서 나타납니다. 시인은 죄 용서를 더러운 옷을 빠는 것처럼, 또는 더러운 몸을 씻는 것처럼 말합니다. 하나님이 죄인의 몸을 직접 씻으심을 뜻합니다. 이 기도는 단순히 인간적인 후회나 실패, 또는 좌절에 대해 안타까움을 토로하지 않습니다. 이 기도는 자기를 넘어서 하나님을 바라봅니다. 그는 하나님의 한결같은 사랑과 긍휼을 의지하여 용서를 구합니다.

왜 시인은 용서를 구합니까? 왜냐하면 그는 자신의 죄를 알기 때문입니다(3). 그의 죄는 항상 그 앞에 있습니다.

그 죄와 주님과의 관계는 어떠합니까? 4절을 봅시다. "내가 주께만 범죄하여 주의 목전에 악을 행하였사오니 주께서 말씀하실 때에 의로우시다 하고 주께서 심판하실 때에 순전하시다 하리이다." 시인은 "당신께에 대하여, 당신께만 내가 죄를 지었다."라고 고백합니다. 그렇다고 사람한테는 어떤 영향도 주지 않았다는 말은 아닙니다. 그는 주님과의 관계를 강조합니다.

왜 주님과의 관계를 강조합니까? 죄는 하나님의 말씀에 순종하지 않음에서 시작했기 때문입니다. 죄는 하나님을 알면서도 영화롭게도 아니하며 감사하지 않은 데서 시작했습니다(롬 1:21). 따라서 죄는

본질에서 하나님께 지은 겁니다. 시인은 주님의 눈앞에서 악한 짓을
저질렀습니다. 따라서 주님의 판결은 옳습니다. 주님의 심판은 정당
합니다. 시인은 하나님의 심판을 인정합니다. 따라서 죄 용서는 오직
하나님만이 하십니다.

다윗은 자기 부하 우리야의 아내 밧세바와 간음하고 그 사실을
은폐하기 위해 우리야마저 전장에서 죽게 했습니다. 선지자 나단이
그를 책망하자 고백했습니다. "다윗이 나단에게 이르되 내가 여호와
께 죄를 범하였노라 하매"(삼하 12:13a). 다윗 전에 살았던 요셉은
보디발 아내가 유혹했을 때 고백했습니다. "그런즉 내가 어찌 이 큰
악을 행하여 하나님께 죄를 지으리이까"(창 39:9b).

시인은 죄와의 관계에서 어떤 존재입니까? 5절은 말씀합니다. "내
가 죄악 중에서 출생하였음이여 어머니가 죄 중에서 나를 잉태하였
나이다." 그는 출생뿐만 아니라 잉태의 순간에도 죄인이었습니다. 죄
가 처음부터, 오랫동안 그를 지배했습니다. 그는 잉태의 순간부터 죄
아래에 있었고, 죄의 영향을 받았고, 죄인으로 살았습니다. 왜냐하면
그는 아담의 죄와 죽음을 이어받았기 때문입니다. 따라서 그는 죄를
지을 수밖에 없는 존재입니다. 시인은 단순히 몇 가지 죄를 고백하
지 않습니다. 그는 죄인인 자기를 고백합니다. 그는 특정한 죄에 대
한 책임을 말하지 않습니다. 죄인인 자아를 고백합니다.

아우구스티누스(Augustinus)의 『고백록』, *Confessiones*이라는 유
명한 책이 있습니다. 그는 그 책에서 죄인으로서의 자신을 고백합니
다. "나는 15살까지 여러 가지의 죄, 즉 하라는 것은 하지 않았고
하지 말라는 그것만 했다. 나는 배를 훔쳤는데, 그것을 먹고 싶어서
가 아니라, 그냥 도둑질과 죄악을 향유하고 싶어서였다. 나는 훔친
배를 먹지 않고 돼지에게 던져주었다."

따라서 주님은 무엇을 기뻐하십니까? 주님은 중심이 진실함을 기
뻐하십니다(6). '중심이 진실함'은 흔들리지 않는 든든함입니다. 그래
서 주님은 시인이 올바른 삶을 살도록 지혜를 가르쳐 주십니다. 죄
아래에서 사는 시인에게 내면 깊은 곳에서의 흔들리지 않는 든든함
과 지혜는 하나님께 나가는 힘입니다.

시인은 하나님께 다시 무엇을 기도합니까? 7절을 보십시오. "우슬초로 나를 정결하게 하소서 내가 정하리이다 나의 죄를 씻어 주소서 내가 눈보다 희리이다." '우슬초'는 담벼락에서 자라는 작은 초목으로(왕상 4:33), 정결 의식에서 피와 물을 바르는 데 사용했습니다.

첫째로, 그는 정결하게 해주시도록 기도합니다. 둘째로, 그는 하나님께서 자기 죄를 씻어 주시도록 기도합니다. 그러면 그는 눈보다 하얘질 겁니다. '희다.'라는 말은 내적 외적인 깨끗함을 뜻합니다.

셰익스피어(William Shakespeare)가 쓴 『맥베스』, Macbeth라는 책이 있습니다. 맥베스는 왕을 죽이고 자기가 왕이 되었는데, 마음이 불안했습니다. 병이 들었습니다. 그는 의사에게 "병을 고쳐 달라."라고 했지만, 의사는 "이병은 제가 고칠 병이 아니라 당신 스스로 치료해야 합니다."라고 했습니다. 그때 그는 탄식했습니다. "아라비아 향수를 모두 가져와도 내 손에 있는 죄를 말끔히 씻을 수가 없구나. 어떤 망각제도 죄를 잊게 할 수는 없다." 사람은 자기 죄를 스스로 씻을 수 없습니다. 그래서 고통 속에서 삽니다.

오직 누구만 우리의 죄를 깨끗하게 할 수 있습니까? 하나님만이 우리의 죄를 깨끗이 씻겨주십니다. 그래서 시인은 하나님께 죄 용서를 위해 간절하게 기도했습니다.

세 번째 기도는 무엇입니까? 그는 기쁨과 즐거움의 소리를 들려주시도록 기도합니다(8). 왜냐하면 그는 지금 주님께서 꺾으신 뼈와 같은 고통을 맛보고 있기 때문입니다. '꺾으신 뼈들'이란 죄로 겪는 고통을 뼈가 뭉개짐에 비유한 겁니다. 죄에는 그만큼 큰 고통이 따릅니다. 그러나 이제 그는 주님께서 꺾으신 뼈들도 기뻐하며 춤출 수 있기를 기도합니다.

그는 네 번째로 무엇을 기도합니까? 주님의 얼굴을 죄에서 돌이키시도록 기도합니다(9). '얼굴을 돌이킨다.'라는 말은 하나님의 분노를 나타내거나 죄인을 거절할 때 하는 모습입니다. 그러나 여기서는 '내 허물에서 얼굴을 가려달라.' '내 죄를 보지 말라.'라는 뜻입니다. 이것은 하나님과의 관계 회복을 뜻합니다. 하나님과의 관계 회복은 하나님이 그의 죄에서 얼굴을 가리실 때 가능합니다. 얼굴을 가리심은 모든 죄악을 지워버림과 같습니다.

시인은 다섯 번째로 무엇을 기도합니까? 10절을 읽읍시다. "하나님이여 내 속에 정한 마음을 창조하시고 내 안에 정직한 영을 새롭게 하소서." '내 속에'는 인간의 근본적인 힘을 상징합니다. '정한 마음'은 뜻이 나누어지지 않는 오직 한 가지 마음, 하나님의 뜻을 따를 수 있는 한결같은 마음입니다. 그런데 시인은 그런 마음을 창조해주시도록 기도합니다. '창조한다.'라는 말은 오직 하나님만을 주어로 합니다. 창 1:1에서 "태초에 하나님이 천지를 창조하시니라."라고 했던 그 창조입니다. 이전에 없던 것을 존재하게 하는 그것을 뜻합니다. 시인은 하나님만이 자기를 존재의 근원에서부터 새롭게 창조하실 수 있다고 믿었습니다.

그는 계속해서 "내 안에 있는 정직한 영을 새롭게 하소서."라고 기도합니다. '정직한 영'은 마음과 뜻이 하나님을 향해 굳게 정해진 상태로서 일관성 있게 실천할 수 있는 마음입니다. 정직한 영을 새롭게 할 수 있는 분은 오직 하나님뿐입니다. 하나님은 그 백성에게 새 영과 새 마음을 주십니다(겔 36:26).

'정한 마음을 창조하시고', '정직한 영을 새롭게 하소서.'라고 기도하는 시인을 통해 무엇을 배웁니까? 시인은 "내가 처한 상황, 현실을 바꾸어 주소서."라고 기도하지 않았습니다. 그는 자기 존재가 문제임을 알았기 때문입니다. 그는 자기 존재가 변해야 함을 알았기 때문입니다. 그래서 그는 오히려 '나를 창조하소서, 나를 새롭게 하소서.'라고 기도한 겁니다.

이런 말을 들어본 사람이 있을 겁니다. "나는 젊었을 때, 내가 세상을 변화시킬 수 있는 능력을 주시도록 기도했다. 하지만 중년이 되어 한 사람도 변화시키지 못했음을 알았다. 그래서 나는 가족만이라도 변화시킬 능력을 주시도록 기도를 바꾸었다. 이제 나는 늙었는데, 나의 어리석음을 깨달았다. 나는 내 존재를 변화시켜 주시도록 기도하기 시작했다. 내가 처음부터 이렇게 기도했더라면, 나는 삶을 허비하지 않았을 텐데..."

톨스토이(Leo Tolstoy)가 이런 말을 했다고 합니다. "성자일수록 자신을 죄인의 괴수라고 생각하고 겸손하게 산다. 적당하게 나쁜 사람은 자신을 다른 사람과 비교해서 별로 나쁘지 않다고 생각한다. 아주 악한 사람은 자신이 바르게 산다고 생각한다.”

하나님 앞에서 자기 존재를 아는 사람일수록 세상 환경이나 다른 사람에게 핑계하지 않고 자기가 문제라고 본다는 뜻입니다. 내 주위의 모든 사람이 변해도 내가 변하지 않으면 아무것도 변하지 않습니다. 온 세상이 새로워져도 내가 새로워지지 않으면 세상은 그대로 있습니다. 하지만 내가 변하면 아내와 남편도 변하고, 아들딸도 변합니다. 내가 새로운 존재가 되면 세상도 새로운 존재가 됩니다.

태어날 때부터 죄인인 우리가 어떻게 새로운 존재가 됩니까? 시인의 기도가 우리의 기도여야 합니다. “하나님이여 내 속에 정한 마음을 창조하시고 내 안에 정직한 영을 새롭게 하소서.” 하나님께서 우리 속에 정한 마음을 창조하십니다. 내 안에 정직한 영을 새롭게 하십니다.

우리는 무엇을 해야 합니까? 예수님을 믿어야 합니다. 내 죄를 위해 십자가에서 죽으시고 살아나셨음을 믿어야 합니다. 누구든지 예수님을 믿으면 새로운 피조물로 거듭납니다. 사도 바울은 말했습니다. “그런즉 누구든지 그리스도 안에 있으면 새로운 피조물이라 이전 것은 지나갔으니 보라 새것이 되었도다”(고후 5:17).

그의 여섯 번째 기도는 무엇입니까? 그는 주님 앞에서 자기를 쫓아내지 말도록 기도합니다(11a). 주님한테서 쫓겨남은 주님과의 분리를 뜻합니다. 주님과의 분리는 기쁨과 생명의 원천으로부터 분리를 뜻합니다. 시인에게 가장 중요한 점은 주님과 함께함, 주님과의 사귐입니다. 이를 위해 그는 성령님을 자기한테서 거두지 말도록 기도합니다(11b). ‘성령님을 거두심’은 버림을 뜻합니다.

성령님은 사울과 함께하셨습니다. 그런데 성령님은 사울이 죄를 짓자, 그를 떠났습니다(삼상 15:19; 16:14). 그를 버렸습니다.

일곱 번째로 무엇을 기도합니까? 12절을 봅시다. “주의 구원의 즐거움을 내게 회복시켜 주시고 자원하는 심령을 주사 나를 붙드소서.” 그는 즐거움을 회복해 주시도록 기도합니다. ‘자원하는 심령’은 구속받지 않은 상태에서 스스로 마음이 움직여 행하는 자발성을 뜻합니다. 시인은 주님께서 그에게 자발적인 마음을 주셔서 주님을 기댈 수 있기를 바랍니다.

그리하면 그는 무엇을 하고자 합니까? 먼저, 그는 죄인에게 주님의 길을 가르치고자 합니다. 13절을 봅시다. "그리하면 내가 범죄자에게 주의 도를 가르치리니 죄인들이 주께 돌아오리이다." 그는 죄인에게 주님의 길을 가르쳐서 그들이 주님께로 돌아오도록 합니다. 그는 구원의 기쁨을 혼자만 누리지 않고 다른 죄인과 함께 나누고자 합니다.

다음으로, 그는 주님의 의를 높이 노래하고자 합니다. 14절을 봅시다. "하나님이여 나의 구원의 하나님이여 피 흘린 죄에서 나를 건지소서 내 혀가 주의 의를 높이 노래하리이다." 하나님은 구원의 하나님입니다. 하나님은 죄인이 죽지 않고 그 죽음에서 구원받기를 바라십니다. '피 흘린 죄'란 죄 없는 사람의 피를 흘린 살인을 말합니다. 다윗이 밧세바의 남편 우리야를 죽인 일입니다(삼하 11:17). 시인은 그 죄에서 구원해 주시도록 기도합니다.

그러면 그는 무엇을 할 겁니까? 주님의 의를 높이 노래할 겁니다. 기뻐 소리칠 겁니다. 그가 찬양하려면 주님께서 그 입술을 열어 주셔야 합니다(15). '입술을 열어 주심'은 하나님과의 회복을 뜻합니다. 그는 하나님과 회복하여 주님을 찬양하는 노래를 입술로 전파하려고 합니다.

그런데 주님이 기뻐하지 않은 제사는 무엇입니까? 주님은 희생제물을 기뻐하지 않습니다(16). 물론 하나님께서 제사 자체를 거부하심을 뜻하지 않습니다. 앞에서 배웠듯이 감사 없이 제물만 드리는 제사를 받지 않습니다(50:14).

하나님이 구하시는 제사는 무엇입니까? 17절을 읽읍시다. "하나님께서 구하시는 제사는 상한 심령이라 하나님이여 상하고 통회하는 마음을 주께서 멸시하지 아니하시리이다." '상한 심령'은 '깨진 마음', '회개'를 뜻합니다. 하나님의 희생제물은 깨진 심령, 찢어진 심령입니다. 그것은 자기 자신, 자기 마음을 바치는 제사입니다.

그리고 '상하고 통회하는 마음'은 꺾인 마음과 죄를 깊이 뉘우친 마음입니다. 반대말은 자기만족에 빠진 교만한 마음입니다. 하나님은 찢어지고 짓밟힌 마음을 업신여기지 않습니다. 반면 이런 마음 없이 물질의 제사만 드리면 받지 않습니다. 바른 제사는 바른 마음에서 옵니다.

시인의 마지막 기도는 무엇입니까? 18절입니다. "주의 은택으로 시온에 선을 행하시고 예루살렘 성을 쌓으소서." '시온'은 예루살렘 성전이 있는 곳으로 이스라엘의 중심지입니다. '선을 행하신다.'라는 말은 '좋게 한다.'라는 뜻입니다. 하나님께서 시온을 새롭게 하심을 말합니다. '예루살렘'은 예배의 중심지였고, 바른 제사를 지낼 수 있는 유일한 장소였습니다. 시인은 하나님께서 그 예루살렘 성을 쌓아주시도록 기도합니다. 성을 쌓는 일은 외적으로 보이는 그것 이상을 뜻합니다. 그것은 하나님 백성의 자리를 회복하는 일입니다.

그때 하나님은 무엇을 하십니까? 19절을 읽읍시다. "그 때에 주께서 의로운 제사와 번제와 온전한 번제를 기뻐하시리니 그 때에 그들이 수소를 주의 제단에 드리리이다." 하나님이 시온을 회복하실 때, 이스라엘 성벽을 쌓으실 때 의로운 제사와 번제와 온전한 번제를 기뻐하십니다. 그때 사람들은 주님의 제단에 수송아지를 드릴 수 있습니다. 그때 사람들은 상한 심령, 상하고 통회하는 마음으로 제물을 드리니 하나님께서 기뻐하십니다.

오늘 우리는 무엇을 배웁니까? 첫째로, 죄 용서를 위한 기도입니다. 왜냐하면 우리의 죄를 하나님만이 해결하시기 때문입니다. 둘째로, 내 존재의 변화를 위한 기도입니다. 우리는 주변 환경이나 사람을 원망하는 대신 내 존재가 바뀌도록 기도해야 합니다. 그러면 하나님께서 내 기도와 삶을 기뻐하십니다.

10

인자하심을 영원히 의지하리로다

> 말씀 시편 52:1-9
> 요절 시편 52:8
> 찬송 65장, 304장

"그러나 나는 하나님의 집에 있는 푸른 감람나무 같음이여
하나님의 인자하심을 영원히 의지하리로다."

사람은 태생적으로 누군가를, 또는 무엇인가를 의지하면서 살 수밖에 없습니다. 그런데 그 대상에 따라 그 사람의 삶이 다릅니다. 우리는 누구를 의지하며 살아야 합니까?

오늘 시의 표제는 '다윗의 교훈시'입니다. 에돔 사람 도엑이 사울에게 가서 다윗이 아히멜렉의 집에 왔다고 말했을 때 지은 시로 알려졌습니다.

사울이 이스라엘의 왕이었을 때, 블레셋이 쳐들어왔습니다. 블레셋의 장수 골리앗이 등장하자 이스라엘은 사기가 완전히 꺾였습니다. 그때 다윗이 나타나 그 엄청난 골리앗을 한 방에 제압했습니다(삼상 17:49-50). 사울이 다윗과 함께 개선했는데, 그때 여인들이 춤을 추면서 노래했습니다. "사울은 수천 명을 죽였고, 다윗은 수만 명을 죽였다"(삼상 18:7). 그때부터 사울은 다윗을 시기하고 의심하기 시작했

고, 죽이려고 했습니다. 다윗은 사울을 피해 제사장 아히멜렉에게로 갔습니다. 사울 왕의 목자장이었던(삼상 21:11) 도엑은 그 사실을 사울에게 일렀습니다(삼상 22:9-10). 사울은 도엑의 말을 듣고 제사장 85명을 죽였습니다(삼상 22:18).

이런 시대 배경 가운데서 시인은 무슨 말부터 시작했습니까? 1절을 보십시오. "포악한 자여 네가 어찌하여 악한 계획을 스스로 자랑하는가 하나님의 인자하심은 항상 있도다." '포악한 자'는 '강한 사람'인데, 여기서는 조롱하는 표현으로 '악한 사람'을 뜻합니다. 시인은 포악한 자에게 묻습니다. "너는 왜 악을 자랑하느냐?" 악인은 하나님을 자랑하지 않고 자신의 악행을 자랑하기 때문입니다. 그는 하나님의 능력이 아닌 자신의 능력을 믿기 때문입니다.

그러나 하나님의 인자하심은 항상 있습니다. '인자'는 변하지 않는 사랑(the steadfast love)입니다. 하나님의 변함없는 사랑은 항상 있습니다. 포악한 사람이 악을 자랑하는 일과 하나님의 변함없는 사랑을 대조합니다. 하나님의 변함없는 사랑은 포악한 사람의 자랑을 어리석게 만듭니다.

포악한 자의 악함이 어떻게 나타납니까? 2절입니다. "네 혀가 심한 악을 꾀하여 날카로운 삭도 같이 간사를 행하는도다." '혀'는 '입', '말'을 뜻하는데, 위험한 삭도에 비유했습니다. '삭도'는 면도칼입니다. '간사를 행한다.'라는 말은 '속임수의 명수'라는 뜻입니다. 포악한 사람의 혀는 파멸을 계획합니다. 그의 입은 날카로운 면도칼과 같습니다. 그의 말은 사람을 죽입니다. 그는 속임수의 명수입니다.

사람과 혀의 관계가 어떠합니까? 사람의 인격과 가치관은 혀로 나타납니다. 혀는 사람을 죽이기도 하고 살리기도 합니다. 사람은 입을 잘 놀리면 단것을 실컷 먹지만, 입술을 잘못 놀리면 쓴 것을 들이킵니다(잠 18:20-21). 우리 속담에는 "말로 천 냥 빚을 갚는다."라는 말이 있습니다. 영어로는 "A soft answer turns away wrath(부드러운 말은 진노를 없앤다)."라고 합니다. 말을 얼마나 부드럽게 하는지, 거칠게 하는지에 따라 상대의 마음을 움직일 수도 있고 상처를 줄 수도 있습니다.

포악한 사람의 대표적 인물은 누구입니까? 앞에서 말했던 도엑입니다. 그의 말은 면도칼과 같았습니다. 왜냐하면 그의 말로 많은 사람이 죽었기 때문입니다(삼상 22:18). 포악한 사람과 의로운 사람의 기준은 그 혀로 사람을 죽이느냐 살리느냐에 있습니다. 내 말이 많은 사람에게 면도칼처럼 다가간다면, 나는 포악한 사람입니다. 하지만 내 말로 많은 사람이 산다면, 나는 의인입니다.

현대인은 미디어 홍수 시대에서 삽니다. 미디어 홍수 시대의 역기능 중 하나는 '가짜뉴스(fake news)'입니다. '가짜뉴스'는 사람들의 흥미와 본능을 자극하여 시선을 끕니다. '가짜뉴스'를 만드는 목적 중 하나는 돈벌이에 있습니다. '가짜뉴스'를 만드는 사람은 돈을 벌어서 좋을지 몰라도, 그 상대는 면도칼처럼 다가와 상처를 받고 심하면 죽습니다. 따라서 '가짜뉴스'를 만드는 사람은 이 시대의 포악한 사람입니다.

그 일을 하는 사람의 가치관은 어떠했습니까? 그는 좋은 일보다 나쁜 일을 사랑했고, 진실을 말하기보다는 거짓을 더 좋아했습니다(3). 그의 간사한 혀는 남을 해치는 모든 말을 좋아했습니다(4). 그의 가치관은 완전히 왜곡되었습니다. 왜곡된 가치관에서 면도칼 같은 혀가 나타났습니다.

하나님은 그를 어떻게 하십니까? 5절을 봅시다. "그런즉 하나님이 영원히 너를 멸하심이여 너를 붙잡아 네 장막에서 뽑아내며 살아 있는 땅에서 네 뿌리를 빼시리로다 (셀라)." 하나님은 그를 영원히 무너뜨리십니다. 하나님은 그의 편안한 집에서 그를 빼앗아 찢으십니다. 하나님이 그를 살아 있는 땅에서 뽑으십니다. 좋지 않은 일의 근본 원인을 완전히 없애 버리는 '발본색원(拔本塞源)'이라는 말이 있습니다. 하나님은 악인을 발본색원하여 심판하십니다.

악인을 심판하시는 하나님에 대한 의인의 반응은 어떠합니까? 의인이 보고 두려워합니다(6). 그것은 절망적인 두려움이 아니라 주님을 경외하는 마음입니다. 또 의인은 악인의 파멸을 비웃습니다.

의인은 악인에 관해 무엇을 조롱합니까? 7절입니다. "이 사람은 하나님을 자기 힘으로 삼지 아니하고 오직 자기 재물의 풍부함을 의지하며 자기의 악으로 스스로 든든하게 하던 자라 하리로다." '이 사람'은 포악한 사람(1절)이며, '혀가 면도칼 같은 사람'입니다. '하나님을 자기 힘으로 삼지 않는다.'라는 말은 '하나님을 의지하지 않는다.' '하나님을 피난처로 삼지 않는다.'라는 뜻입니다. 그리고 '자기의 악으로'라는 말은 '그의 파괴적인 일'을 뜻합니다. 악인은 하나님을 피난처로 삼지 않습니다. 그는 자기의 풍부한 재물을 믿습니다. 그리고 그는 다른 사람을 파괴하면서 강해집니다. 겉만 보면 그는 대단한 사람처럼 보입니다. 하지만 시인은 악인의 그런 점을 비웃습니다.

그러나 시인은 자신에 관해서는 무엇을 말합니까? 8절을 읽읍시다. "그러나 나는 하나님의 집에 있는 푸른 감람나무 같음이여 하나님의 인자하심을 영원히 의지하리로다." '하나님의 집'은 성전입니다. '감람나무'는 '올리브나무'입니다. 그 나무는 100년 동안 자랍니다. 그 나무는 어디서나 잘 자라기 때문입니다. 그래서 그 나무는 장수, 번성, 그리고 생명력을 상징했습니다.

그런데 시인은 자신을 '성전에서 자란 푸른 감람나무 같다.'라고 말합니다. 성전은 나무가 자라기에 비옥하고 안전한 곳입니다. 그곳에서 자란 나무는 열매를 잘 맺습니다. 더구나 '푸른 감람나무'라고 했으니, 그만큼 시인은 번성하고, 생명력이 넘침을 강조한 겁니다.

그런 생명력은 어디에서 왔습니까? 하나님의 인자하심을 영원히 의지한 데서 왔습니다. 그는 악인처럼 자기가 이룬 업적을 믿지 않았습니다. 그는 하나님의 변함없는 사랑을 믿었습니다.

여기서 볼 때, 악인의 삶과 시인의 삶이 다른 이유가 무엇입니까? 그들이 의지하는 그것이 달랐기 때문입니다. 포악한 자는 자기를 의지하고, 악을 의지하고, 힘과 재산을 의지했습니다. 그런데 하나님은 그런 그를 나무를 뽑듯이, 발본색원하여 심판하셨습니다. 그러나 시인은 하나님의 인자를 의지했습니다. 그랬을 때 하나님은 시인을 성전에서 자라는 푸른 올리브나무처럼 풍성하게 축복하셨습니다.

오늘 우리의 삶을 풍성하게 하는 힘은 어디에서 옵니까? 재물입니까? 하나님의 인자하심입니까? 우리는 자신만을 위해 살라고 요구하는 문화와 돈과 세상 권력을 믿고 살도록 부추기는 시대 분위기에 둘러싸여 있습니다. 이런 시대에서 어떤 인생길을 선택하느냐에 따라 우리의 삶도 다릅니다.

'버팀목', '걸림돌'이라는 말을 압니다. '버팀목'은 '물건이 쓰러지지 않게 받치어 세우는 나무'라는 뜻입니다. 이 말은 '외부의 힘이나 압력에 굴복하지 않고 맞서 견딜 수 있도록 해주는 사람이나 사물을 비유적으로 이르는 말'이기도 합니다. 반면 '걸림돌'은 '길을 걸을 때 걸려 넘어지게 하는 돌'이라는 뜻입니다. 이 말은 '살아갈 때 걸리거나 막히는 장애물을 비유적으로 이르는 말'이기도 합니다.

그런데 이런 말이 생겼습니다. "내 인생의 버팀목이 걸림돌로 바뀌었다." '버팀목 전세자금'이 서민에게 '디딤돌'처럼 다가왔었는데, 이자율이 높아지면서 부담이 커졌습니다. 사실 세상에서 절대적으로 내 인생의 버팀목이 될 수 있는 그것은 없습니다. 그 모든 것들은 다 태생적 한계가 있기 때문입니다. 우리는 살면서 누군가를, 또는 뭔가를 믿고 의지할 수밖에 없습니다. 그런데 그것이 영원한 나의 버팀목도 디딤돌도 아님을 압니다. 오히려 그것이 나를 걸려 넘어지게 하는 걸림돌로 다가오기도 합니다. 그래서 오늘 내가 누군가를 믿고 의지하느냐의 선택은 내 삶을 결정하는 결정적 일입니다. 내 삶의 생명력, 풍성함은 내가 결정하는 내 삶입니다.

어떻게 결정해야 합니까? 시인은 자기 삶을 기초로 확신 있게 증언합니다. "나는 하나님의 인자하심을 영원히 의지하리로다."

그는 마지막으로 무엇을 합니까? 9절을 읽읍시다. "주께서 이를 행하셨으므로 내가 영원히 주께 감사하고 주의 이름이 선하시므로 주의 성도 앞에서 내가 주의 이름을 사모하리이다." 하나님은, 시인이 당신의 인자하심을 의지했을 때 푸른 감람나무처럼 키워주셨습니다. 시인은 그 일을 하신 주님께 감사합니다. 그리고 그는 주님의 이름을 사모합니다. '이름'은 존재를 나타내고, '사모한다.'라는 말은 '희망한다.'라는 뜻입니다.

그분은 선한 분입니다. 그분은 변하지 않는 사랑을 베푸십니다. 시인은 성도 앞에서 그분께 희망을 둡니다. 그 희망은 악인을 심판하고, 의인을 축복하는 겁니다. 하나님은 돈과 자기 잘난 맛을 의지하는 사람을 심판합니다. 하지만 하나님은 당신의 인자하심을 믿는 사람을 축복합니다.

그러므로 오늘 우리는 누구를 의지하며 살아야 합니까? "그러나 나는 하나님의 집에 있는 푸른 감람나무 같음이여 하나님의 인자하심을 영원히 의지하리로다"(8). 시인의 고백이 우리의 고백이기를 기도합니다.

11
어리석은 사람은

```
말씀 시편 53:1-6
요절 시편 53:1
찬송 541장, 542장
```

"어리석은 자는 그의 마음에 이르기를 하나님이 없다 하도다
그들은 부패하며 가증한 악을 행함이여 선을 행하는 자가
없도다."

영국의 극작가 셰익스피어(William Shakespeare, 1564~1616)는 말
했습니다. "어리석은 사람은 자기를 지혜롭다고 생각한다. 하지만 지
혜로운 사람은 자기가 어리석은 줄 안다(The fool doth think he is
wise, but the wise man knows himself to be a fool)." 세상에서 생각
좀 하는 사람치고 어리석은 사람과 지혜로운 사람에 관해 말하지 않
은 사람이 없습니다. 하지만 그들 대부분은 자기 렌즈에 기초해서
말했습니다. 그러면 시편은 어리석은 사람을 어떻게 말씀합니까?

오늘 시편은 다윗의 시로 알려졌는데, 14편과 거의 닮았습니다.
14편은 이스라엘 안에 있는 어리석은 사람을 말했는데, 53편은 이스
라엘 밖에 있는 어리석은 사람을 말합니다.

어떤 사람이 어리석은 사람입니까? 1절을 읽읍시다. "어리석은 자
는 그의 마음에 이르기를 하나님이 없다 하도다 그들은 부패하며 가

증한 악을 행함이여 선을 행하는 자가 없도다." '어리석은 사람'은 민족을 말할 때도 있고, 개인을 말할 때도 있습니다.

어리석은 사람의 특징은 무엇입니까? 그의 마음에 이르기를 하나님이 없다고 합니다. 여기서 '마음'은 의지 작용의 중심입니다. 고의성을 강조합니다. 그는 단순히 머리로 말하지 않고, 의지로, 즉 고의로 말합니다. 어리석은 사람의 마음에는 어리석은 확신이 있습니다. 그것은 "하나님이 없다."라는 겁니다.

하나님은 누구십니까? 하나님은 천지 만물을 창조하신 창조주 하나님이십니다. 온 세상을 다스리시는 하나님, 세상을 심판하고 구원하시는 하나님이십니다. 그리고 삶의 현장에서 한 사람을 보호하고 인도하는 인격적인 분입니다. 그런데 어리석은 사람은 의지 작용의 중심에서 "하나님은 없다."라고 단정합니다.

따라서 어리석은 사람의 어리석음은 무엇입니까? 하나님의 존재를 부인하는 일입니다. 그들은 '하나님은 세상에 계시지 않는다.' '하나님은 세상에서 일하지 않으신다.'라고 단정합니다. 이것은 철학적 표현이나 일반적 무신론을 말하지 않습니다. 그들은 하나님의 존재 자체는 인정하지만, 그분의 인격성을 부인합니다. 그분이 세상을 창조했지만, 더는 세상을 간섭하지 않는다고 주장합니다. 오늘을 사는 사람에게 전혀 영향을 미치지 않는다고 여깁니다. 그들은 하나님이 존재하지 않는 것처럼 행동합니다. 이런 신관을 '이신론(理神論, deism)'이라고 부릅니다. 그들은 그릇된 세계관으로 하나님이 세상 안에 세워놓은 정의와 질서를 깨닫지 못합니다. 그래서 그들을 '실천적 무신론자(a practical atheist)'라고 말합니다.

어리석음의 반대는 지혜입니다. 성경에서 가르치는 지혜는 무엇입니까? 잠언은 말씀합니다. "여호와를 경외하는 것이 지식의 근본이거늘 미련한 자는 지혜와 훈계를 멸시하느니라"(잠 1:7). 지혜는 여호와를 경외함입니다. 여호와를 경외함은 그분의 살아계심, 인격적으로 일하심, 사랑과 능력을 믿는 삶입니다. 그분의 말씀대로 사는 삶입니다. 우리는 이런 사람을 지혜로운 사람, '참믿음의 사람'이라고 부릅니다.

그러면 어리석은 사람은 어떻게 살았습니까? 어리석은 사람은 첫째로, 부패했습니다. 노아 시대 때 온 땅이 하나님 앞에 부패하여 포악함이 땅에 가득했습니다(창 6:11-12). 이처럼 어리석은 사람이 사는 세상도 도덕적으로 영적으로 부패했습니다.

둘째로, 그들은 죄악을 가증스럽게 행했습니다. 그들은 아무도 선을 행하지 않았습니다. 그들 중에 누구도 선한 일에 관여하지 않았다. 실천적 무신론자나 불신자도 그들의 삶에서 좋은 일을 한다고 말합니다. 하지만 하나님의 렌즈로 보면 그들은 선하지 않았습니다. 왜냐하면 그들은 하나님께 영광을 돌리지 않았기 때문입니다.

역사에서 이런 어리석은 사람을 찾을 수 있습니까? 프랑스의 사상가 볼테르(Voltaire, 1694~1778)가 있습니다. 그는 열 살에 예수회가 운영하던 학교에 들어가 두각을 드러냈습니다. 하지만 그는 가톨릭교회 성직자들에 대한 독설로 가득 찼습니다. 가톨릭교회에 문제가 없지 않았지만, 그는 하나님의 살아계심, 사랑, 그리고 일하심을 부정했습니다. 그의 신앙관은 전형적 '이신론'이었습니다. 그는 교회사에서 몹쓸 일을 했습니다.

프랑스혁명 때 활약했던 미국 사람 토머스 페인(Thomas Paine, 1737~1809)이 있습니다. 그는 『이성의 시대』, *The Age of Reason*이라는 책을 썼습니다. 그는 주장했습니다. "하나님은 존재하지만, 사람과 교류하지는 않는다. 그러므로 계시는 가짜이고, 인간이 하나님을 안다고 할 수 없다." 그는 노년에 '추악한 이신론자'라는 비난을 받았습니다.

이런 사람들과는 그 결이 다른 사람도 있었습니다. 인류역사상 최초로 우주를 다녀왔던 소련의 유리 가가린(Yurii A. Gagarin, 1934~1968)이 있습니다. 어떤 사람은 그를 형편없는 무신론자로 혹평했습니다. 하지만 이런 일화가 있어서 소개합니다. 당시 수상이었던 니키타 흐루쇼프(Nikita S. Khrushchev, 1894~1971)가 가가린이 우주에서 돌아왔을 때 한쪽 구석에서 물었습니다. "우주에 올라가서 하나님을 보았는지 내게 말해줄 수 있겠나(So tell me, Yurii, did you see God up there)?" 가가린은 대답했습니다. "예, 제가 보았습니다(Yes sir, I did)." 순간 흐루쇼프는 얼굴을 찌푸리면서 말했습니다. "아무에게도 그 말을 하지 말게(Don't tell any one)." 몇 분 뒤에 러시아 정교회 대표가 그에게 조용히 물었습니다. "그곳에서 하나님을 보았는지 말해줄 수 있겠나?" 그는 주저주저하다가 말했습니다. "아니요. 보지 못했습니다(No sir, I did not)." 그 대표도 "아무에게도 말하지 말게."라고 했습니다. 소련의 정치적 입김이 가가린을 무신론자로 만들었습니다.

한편 러시아의 문호 도스토예프스키(Fyodor M. Dostoevsky, 1821~1881)는 확신 있게 말했습니다. "만일 하나님이 계시지 않는다면, 무슨 짓이라도 할 수 있다." 그가 인간답게 사는 비결은 하나님의 살아 계심을 믿는 믿음에 있다는 겁니다.

세상에는 여전히 두 종류의 사람이 있습니다. "하나님은 없다."라고 주장하는 어리석은 사람이 있습니다. 반면 "하나님은 살아 계신다."라고 믿고 사는 지혜로운 사람이 있습니다.

어리석은 사람이 부패하며 가증한 악을 행할 때 하나님은 무엇을 하셨습니까? 2절입니다. "하나님이 하늘에서 인생을 굽어살피사 지각이 있는 자와 하나님을 찾는 자가 있는가 보려 하신즉." 하나님은 사람을 내려다보셨습니다. 여호와는 일찍이 사람들이 건설하는 그 성읍과 바벨탑을 보려고 내려오셨습니다(창 11:5). 여호와는 소돔과 고모라에 대해 부르짖음이 크고 그 죄악이 심히 무거움을 아셨습니다. 여호와께서 그 모든 행한 것이 과연 같은지 그렇지 않은지 보려고 오셨습니다(창 19:20-21). 이처럼 하나님은 지혜로운 사람이 있는지, 하나님을 찾는 사람이 있는지를 내려다보셨습니다.

그 결과는 어떠했습니까? 다 잘못된 길로 갔으며 하나같이 더러워졌습니다. 선을 행하는 사람이 없으니 하나도 없었습니다(3). 사도 바울은 이 말씀에 기초하여 말했습니다. "기록된 바 의인은 없나니 하나도 없으며"(롬 3:10).

그들은 어떻게 살았습니까? 4절을 봅시다. "죄악을 행하는 자들은 무지하냐 그들이 떡 먹듯이 내 백성을 먹으면서 하나님을 부르지 아니하는도다." 그들은 무지했는데, 자기가 무엇을 하는지를 몰랐습니

다. 그들은 빵 먹듯이 하나님의 백성을 먹었습니다. 문자적으로는
'사람을 먹는(cannibal)'을 뜻합니다. 그들은 가난하고 힘없는 사람을
착취했습니다. 그들의 착취는 빵을 먹듯이 일상적인 일이었습니다.
그들은 죄의식도 없이 당연하게 그런 일을 했습니다.

그들은 하나님을 부르지 않았습니다. 그들은 하나님께 예배하지
않았습니다. 그들은 하나님을 의지하지 않았습니다. 그들은 하나님의
존재와 사랑과 능력을 부인했습니다.

그런 그들은 무엇을 경험했습니까? 5절입니다. "그들이 두려움이
없는 곳에서 크게 두려워하였으니 너를 대항하여 진 친 그들의 뼈를
하나님이 흩으심이라 하나님이 그들을 버리셨으므로 네가 그들에게
수치를 당하게 하였도다." '두려움이 없는 곳'은 공간적 시간적 의미
를 모두 나타내는데, 악인이 악을 행하고 하나님을 생각하지 않은
곳입니다. 그들은 그곳에서 크게 두려워했습니다.

그 이유는 무엇입니까? 하나님께서 그들의 뼈를 흩으셨기 때문입
니다. 하나님께서 그 원수를 버리셨기 때문입니다. 그들은 패배의 수
치를 당했습니다.

이 사건은 앗수르 왕 산헤립이 예루살렘을 침공했다가 물러간 일
을 생각할 수 있습니다. 여호와께서 당신과 다윗을 위하여 예루살렘
을 보호하여 구원하셨습니다. 여호와께서 앗수르 군인 18만5천 명을
쳐서 모두 주검으로 만들었습니다. 산헤립은 패전의 굴레를 쓰고 고
국으로 돌아가서 그의 신전에서 경배했는데, 그곳에서 살해당했습니
다(왕하 19:32-37). 산헤립의 패배는 하나님을 부인했던 악인들에게는
엄청난 충격이었습니다. 그들은 공포와 파멸로 압도당했습니다.

시인은 이제 무엇을 희망합니까? 6절을 읽읍시다. "시온에서 이스
라엘을 구원하여 줄 자 누구인가 하나님이 자기 백성의 포로된 것을
돌이키실 때에 야곱이 즐거워하며 이스라엘이 기뻐하리로다." '시온'
은 하나님이 그 백성과 함께 계신 곳입니다. 이스라엘을 위한 구원
은 시온으로부터 옵니다. 하나님은 시온에 계시고, 그 시온에서부터
구원 사역은 시작합니다. 시인은 하나님께서 시온을 구원해주시도록
희망합니다.

11 어리석은 사람은(53:1-6)

　그때 시온은 무엇을 합니까? 하나님께서 그 백성의 포로 상태를 돌이킬 때 야곱이 즐거워하며 이스라엘은 기뻐합니다. '야곱'은 시온이고, 이스라엘은 '야곱'입니다. 시온, 야곱, 그리고 이스라엘을 어리석은 사람과 대조합니다. 어리석은 사람은 하나님을 모릅니다. 하지만 시온은 하나님을 압니다. 시온은 하나님께 구원을 희망합니다. 하나님께서 시온을 구원하시는 그때 야곱은 즐거워할 것이고, 이스라엘은 기뻐할 것입니다.

　시편에서 가르치는 어리석은 사람은 누구입니까? 그의 마음에 이르기를 하나님이 없다고 하는 사람입니다. 오늘도 많은 사람은 "하나님이 없다."라고 주장합니다. 그러면서 몹시 지혜로운 사람처럼 뽐냅니다. 하지만 그는 어리석은 사람입니다. 왜냐하면 하나님은 살아계시며 세상을 다스리기 때문입니다. 하나님은 악인을 심판하고 의인을 구원하시기 때문입니다.

　하나님은 우리가 그분을 믿도록 인도하셨습니다. 하나님은 우리가 그분을 증언하도록 키우십니다. 하나님은 우리의 삶을 보호하고 인도하는 좋은 목자이십니다. 그러므로 우리는 그분이 이 세상을 죄의 포로 상태에서 돌이킬 그 날을 희망합니다. 우리도 그날을 기뻐하며 즐거워하기를 기도합니다.

12
나를 돕는 분

말씀 시편 54:1-7
요절 시편 54:4
찬송 73장, 481장

"하나님은 나를 돕는 이시며 주께서는 내 생명을 붙들어 주시는 이시니이다."

'내비게이션(navigation, Global Positioning System)'의 등장으로 운전하는 사람은 길을 잃지 않고 자유롭게 다닐 수 있습니다. 운전하는 사람에게 '내비게이션'만큼 돕는 존재도 없을 겁니다. 이처럼 우리의 삶에서도 돕는 분이 있으면 얼마나 좋을까요?

1절을 보십시오. "하나님이여 주의 이름으로 나를 구원하시고 주의 힘으로 나를 변호하소서." '주의 이름'은 '존재'와 '권능', 그리고 '구원과 심판의 행위'를 뜻합니다. 시인은 하나님의 존재와 권능, 그리고 하나님의 구원과 심판의 행위로 자신을 구원해주시도록 기도합니다. 또 그는 '주님의 힘으로' 자기를 변호해달라고 기도합니다. '변호'는 '정당함을 입증한다.'라는 뜻입니다. 그는 하나님께서 자기의 정당함을 입증해 주시도록 기도합니다.

그는 계속해서 무엇을 기도합니까? 그는 하나님께서 자기의 기도를 들으시고, 그 입으로 아뢰는 말씀에 귀를 기울여 주시도록 기도합니다(2).

왜 그는 기도합니까? 3절입니다. "낯선 자들이 일어나 나를 치고 포악한 자들이 나의 생명을 수색하며 하나님을 자기 앞에 두지 아니하였음이니이다 (셀라)." 시인이 기도하는 이유는 낯선 사람이 그를 치려고 일어났기 때문입니다. '낯선 사람'은 포악한 사람입니다. '포악한 사람'은 무자비하게 공격하는 사람입니다. 그들은 시인의 생명을 수색했습니다. 그들은 하나님을 자기 눈앞에 모시지 않았습니다. 그들은 하나님께 관심이 없었습니다. 그들은 하나님을 두려워하지 않았고, 하나님의 뜻을 따르지 않았습니다. 그들은 교활한 수단과 폭력을 사용하여 시인을 공격했습니다. 시인은 위기에 처했습니다.

시인을 공격한 낯선 사람은 누구입니까? 표제가 있는 성경을 보면 오늘 시편은 이렇게 시작합니다. "다윗의 교훈시. 십 사람들이 사울에게 가서 다윗이 그들 가운데 숨어 있다고 말했을 때 지은 것. 성가대 지휘자를 따라 부른 노래."

여기서 '낯선 사람'은 다윗 시대 때 십 사람입니다. 사울은 다윗을 죽이려 했고, 다윗은 그런 사울을 피해 도망 다녔습니다. 다윗이 십 광야 수풀에 있었습니다(삼상 23:15). 그때 십 사람 몇이 다윗이 숨어 있는 장소를 사울에게 밀고했습니다. 사울은 십 사람들을 대단히 좋게 여기고, 그들과 다윗을 잡을 합동 작전을 준비했습니다. 십 사람들이 먼저 가서 다윗을 포위했고, 사울도 부하를 이끌고 그곳으로 갔습니다(삼상 23:19-25). 다윗은 위기에 처했습니다.

그때 시인은 어떤 확신이 있었습니까? 4절을 읽읍시다. "하나님은 나를 돕는 이시며 주께서는 내 생명을 붙들어 주시는 이시니이다." 시인은 위기에 처했을 때 하나님을 보았습니다. 그가 본 하나님은 시인을 돕는 분입니다. 그는 하나님의 도움을 확신합니다. 주님은 시인을 돕는 분이고, 붙드는 분입니다. 그는 위기의 순간에 하나님을 '옹호하는 분'이며, 그 삶의 '후원자'로 확신했습니다. 그래서 그는 그분께 기도했고, 의지했습니다.

우리는 무엇을 배웁니까? 우리는 어떤 위기의 순간에도 하나님은 나를 돕는 분이고, 붙드는 분임을 확신해야 합니다. 우리도 폭력적이고 파괴적인 원수를 만날 때가 있습니다. 우리 육신의 생명을 수색하는 사람은 없을지라도, 믿음의 길을 위협적으로 공격하는 원수는 있습니다. 삶의 현장에서 어려움에 빠져서 어찌할 바를 모를 때가 있습니다. 그때 우리는 하나님을 확신해야 합니다. 그분은 나를 돕는 분이고, 붙드는 분임을 확신해야 합니다. 그러면 우리는 그분의 이름을 믿고 기도할 수 있습니다.

현대인은 치열한 경쟁 속에서 살고 있습니다. 그 경쟁에서 조금이라도 앞서려면 다른 사람이 가지고 있지 않은 뭔가를 나는 가지고 있어야 합니다. 상대에겐 없고 나에겐 있는 그것이 있다면 한 걸음을 앞설 수 있습니다. 그중 하나를 들라면 '인맥', 또는 '돕는 사람'일 겁니다. 내가 길을 알지 못하여 헤맬 때 안내자가 있으면 큰 도움을 받습니다. 내가 공부할 때 옆에서 가르쳐주는 사람이 있으면 앞서 나갈 수 있습니다. 내가 어려움을 만날 때 언제든지 달려와서 돕는 사람이 있다면 행복한 사람입니다.

일본에는 '이야기 상대(話し相手, 하나시아이테)'라는 서비스가 있다고 합니다. 전화를 걸어 자기가 하고픈 이야기를 하면 상대방은 돈을 받고 그 이야기를 들어주는 겁니다. 이야기를 들어주는 것만으로 전화한 사람의 고통이 덜어지고, 심지어 마음의 상처가 아물기도 한답니다. 그런데 이 '이야기 상대'는 얘기를 들어줄 누군가를 바라는 간절한 소망과 그 바람이 좌절되고 있는 현실의 단면을 드러낸 거라고 합니다. 가족이든 친구든 단 한 사람이라도 그런 상대가 있다면, 사는 게 크게 힘들지는 않을 겁니다. 그런데 그런 사람이 없으니 현대인의 삶이 팍팍합니다. 삶의 현장에서 쉽게 좌절을 맛보기도 합니다.

하지만 다른 한편에서는 이렇게 꼬집습니다. "도와줄 사람이 없는 그것이 문제가 아니라, 누군가에게 도움을 청하지 않는 그것이 더 심각한 문제이다." 현실에서 문제를 만났을 때 많은 사람은 도움을 청하지 않는다는 겁니다. 그래서 아무도 도와줄 수가 없습니다. 그런데도 어떤 사람은 "도와주는 사람이 없다."라고 하면서 절망합니다.

또 어떤 사람은 도움을 청하지 않으면서 불평을 쏟아냅니다. 심지어 어떤 사람은 그 누구에게도 도움을 청하지 않아서 외롭고 쓸쓸하고 숨이 끊어질 정도의 괴로움을 겪기도 합니다. 우리는 정말로 누군가에게 도움을 청하면 그 누구라도 도와준다는 사실을 알아야 합니다.

그런데 그 돕는 사람이 누구입니까? 현실에서 나보다 뭔가를 가지고 있는 사람일 수 있습니다. 사회적 지위가 높고, 권세가 있고, 돈이 있는 사람일 수 있습니다. 하지만 그 사람조차도 한계가 있습니다. 따라서 우리를 본질에서 돕는 분은 하나님뿐입니다. 하나님만이 우리의 돕는 분입니다. 하나님만이 우리를 붙드는 분입니다. 무엇보다도 그분은 우리가 도움을 청할 때 언제 어디서 도와주십니다. 우리가 삶에서 이 사실을 확신할 때 그분께 도움을 청할 수 있습니다. 그분께 기도할 수 있습니다.

시인은 원수가 어떻게 되도록 기도합니까? 5절입니다. "주께서는 내 원수에게 악으로 갚으시리니 주의 성실하심으로 그들을 멸하소서." 시인은 원수들이 행하는 그 악을 그들에게 돌려주시도록 기도합니다. 그리하여 하나님께서 그들을 끝내기를 바랍니다.

시인은 이제 하나님께 무엇을 합니까? 6절입니다. "내가 낙헌제로 주께 제사하리이다 여호와여 주의 이름에 감사하오리니 주의 이름이 선하심이니이다." '낙헌제'는 자발적으로 드리는 감사제입니다. 그는 자발적으로 제물을 바칩니다. 그는 여호와의 이름에 감사합니다. 왜냐하면 주님의 이름이 선하기 때문입니다. 주님의 존재, 능력, 하신 일이 좋기 때문입니다. 시인은 주님의 존재와 능력을 좋게 여겨서 자발적으로 제사하고 찬양합니다.

왜 주님의 이름은 선합니까? 7절을 읽읍시다. "참으로 주께서는 모든 환난에서 나를 건지시고 내 원수가 보응 받는 것을 내 눈이 똑똑히 보게 하셨나이다." 주님은 시인을 온갖 어려움에서 건져주셨기 때문입니다. 시인은 눈으로 원수의 패망을 의기양양하게 보도록 하셨습니다. 그분은 돕는 이며 붙드는 분입니다.

시인은 그 사실을 어떻게 보았습니까? 사울이 다윗을 잡으려고 그를 포위했습니다. 하지만 그때 사울에게 전령이 와서 "블레셋이 쳐들어왔으니 어서 돌아가야 한다."라고 보고했습니다. 사울은 다윗을 추격하다 말고 돌아가서 블레셋과 싸워야 했습니다. 다윗은 사울을 피해 엔게디 산성으로 올라갔습니다(삼상 23:26-29).

베드로는 감옥에 갇혔습니다. 그런데 성령님께서 그를 위협에서 보호하셨고, 구원하셨습니다(행 12:5, 7). 사도 바울도 감옥에 갇혔는데, 구원하셨습니다(행 16:23-26).

사실 원수가 득세하는 세상에서 하나님이 원수를 심판하실 것이라는 확신은 쉽지 않습니다. 그러나 하나님은 그 일을 하십니다. 정의는 지연될 수 있습니다. 하지만 정의가 최종 결과입니다.

삶의 현장에서 내가 힘들고 어려울 때 누구를 생각합니까? 나를 돕는 사람은 누구입니까? 사랑하는 엄마 아빠일 수 있고, 아들딸일 수 있습니다. 좋은 친구일 수 있고, 좋은 스승일 수 있습니다. 하지만 본질에서 나를 돕는 분은 우리의 하나님 여호와이십니다. 우리가 어떤 상황에서도 '하나님만이 나를 돕는 분'임을 믿고 기도할 수 있기를 기도합니다.

13

네 짐을 여호와께 맡겨라

> 말씀 시편 55:1-23
> 요절 시편 55:22
> 찬송 83장, 337장

"네 짐을 여호와께 맡기라 그가 너를 붙드시고 의인의 요동함을
영원히 허락하지 아니하시리로다."

많은 사람이 인생의 짐을 '천근만근(千斤萬斤)'으로 비유합니다.
'천근만근'은 '무게가 천 근이나 만 근이다.'라는 뜻으로, '아주 무거
움'을 이르는 말입니다. 산다는 것은 어쩌면 이런 짐을 지고 사는
것이라고 할 수 있습니다. 많은 사람이 삶의 현장에서 이 짐을 지고
버겁게 삽니다. 그런데 시인은 오늘 우리에게 무엇을 가르칩니까?

오늘의 시는 다윗의 시인데, 아들 압살롬이 다윗의 고문인 아히도
벨과 함께 다윗에게 반역했을 때를 배경으로 합니다(삼하 15:12). 그
냥 반역도 감당하기가 쉽지 않은데, 아들의 반역을 감당해야 하는
다윗의 마음은 천근만근이었을 겁니다.

그는 먼저 무엇을 합니까? 1절과 2절을 보십시오. "하나님이여 내
기도에 귀를 기울이시고 내가 간구할 때에 숨지 마소서, 내게 굽히
사 응답하소서 내가 근심으로 편하지 못하여 탄식하오니." 시인은

'귀를 기울이시고', '숨지 마소서', '내게 굽히사', '응답하소서.'라는 말을 통해 하나님의 응답을 간절히 바랍니다.

왜 그는 간절히 바랍니까? 그는 근심으로 편하지 못하여 탄식하기 때문입니다. '탄식한다.'라는 말은 '방랑한다.'라는 뜻입니다. 그는 불평하면서 안절부절못하고 방랑하고 있습니다.

그 이유는 무엇입니까? 그것은 원수의 고함과 압제 때문입니다(3). 그들이 죄악을 시인에게 더하며 시인을 박해하기 때문입니다. 그 결과 시인의 마음은 심히 아픕니다(4). 그 아픔은 산모가 진통하듯 뒤틀려 찢기는 아픔입니다. 죽음의 공포가 그를 엄습했습니다. 두려움과 떨림이 그를 덮었습니다(5).

압살롬이 반역했을 때 이스라엘의 인심이 다 압살롬에게로 돌아섰습니다. 그때 다윗은 예루살렘에 함께 있는 신하에게 말했습니다. "일어나 도망하자 그렇지 아니하면 우리 중 한 사람도 압살롬에게서 피하지 못하리라 빨리 가자 두렵건대 그가 우리를 급히 따라와 우리를 해하고 칼날로 성읍을 칠까 하노라"(삼하 15:13-14).

다윗은 죽음의 두려움으로부터 어떻게 하고자 합니까? 6절입니다. "나는 말하기를 만일 내게 비둘기같이 날개가 있다면 날아가서 편히 쉬리로다." '비둘기'는 멀리 날아가 접근하기 어려운 벼랑 틈새에 둥지를 틉니다. 시인은 비둘기같이 날개가 있다면 날아가서 쉬려고 합니다. 그는 안식처로 날아가려는 상상력을 펼칩니다. 그는 탈출구를 찾습니다.

그는 멀리 날아가서 광야에서 살려고 합니다(7). '광야'는 사람은 없고 짐승만 있습니다. 밤의 추위와 낮의 더위로 사람이 살 수 없는 황량한 곳입니다. 폭풍과 광풍이 있는 곳입니다. 그러나 여기서는 '멀고 안전한 곳'을 상징합니다. 시인은 멀고 안전한 곳으로 가서 살려고 합니다. 그는 피난처를 그리워합니다(8). 시인은 공포의 도시보다는 피난처에서 살려고 합니다. 그는 원수와 함께 도시에서 사느니 차라리 광야에서 '자연인으로' 살고자 합니다.

그는 하나님께서 악인을 어떻게 하기를 바랍니까? 9절입니다. "내가 성내에서 강포와 분쟁을 보았사오니 주여 그들을 멸하소서 그들의 혀를 잘라 버리소서." '성내'는 시인이 사는 공동체입니다. 강포와 분쟁이 그가 사는 성을 지배하고 있습니다. 시인은 그들을 멸하시고, 그들의 혀를 잘라버리도록 기도합니다. '혀'는 '강포와 분쟁의 말'입니다. 시인은 그런 말 하는 사람을 잘라버리도록 기도합니다.

왜냐하면 폭력과 다툼이 성벽을 돌아다니기 때문입니다(10). 성안에는 죄악과 재난이 있기 때문입니다. 악독이 그중에 있고, 압박과 속임수가 거리를 떠나지 않습니다(11). 그 모든 뿌리는 혀, 즉 말입니다. 폭력적인 말과 다툼의 말은 사람을 괴롭히고, 죽음에 이르게 합니다. 인간관계를 끊습니다. 하나님과의 관계를 파괴합니다. 그래서 시인은 하나님께서 그들을 멸하시도록 기도합니다.

이 시는 바벨탑을 생각나게 합니다. 처음에 세상에는 언어가 하나뿐이어서, 모두가 같은 말을 썼습니다. 그런데 사람들이 도시를 세우고 그 안에 탑을 쌓고 탑 꼭대기가 하늘에 닿게 하여, 자기 이름을 날리고 온 땅 위에 흩어지지 않도록 했습니다. 그들은 하나님한테서 멀어졌습니다. 그러자 여호와께서 그들의 말을 뒤섞어서 서로 알아듣지 못하도록 하셨습니다. 그들을 온 땅으로 흩으셨습니다(창 11:1-8).

예나 지금이나 말이 문제입니다. 어떤 사람은 거칠게 말해놓고, 또는 상대에게 상처 주는 말을 해놓고 변명합니다. "나는 그런 뜻이 아니었다. 내 말을 오해했다." 우리는 갈수록 아름다운 말, 덕스러운 말, 격려하는 말이 그립습니다.

그런데 당시 시인을 비난하는 사람은 누구입니까? 시인을 비난하는 사람은 원수가 아닙니다(13). 시인을 비난하는 사람이 차라리 원수였다면 견딜 수 있었을 겁니다. 시인을 미워하는 자가 차라리 자기가 잘났다고 자랑하는 원수였다면, 시인은 그들을 피해서 숨기라도 했을 겁니다.

그러면 누구입니까? 13절입니다. "그는 곧 너로다 나의 동료, 나의 친구요 나의 가까운 친우로다." 시인을 비난하는 사람은 바로 '너', 시인의 동료입니다. 시인의 친구요, 가까운 친구입니다. 시인을 모욕하고 거드름을 피운 사람은 외부의 적이 아니었습니다. 가장 친한 친구가 배신자였습니다. 시인은 친구가 자기를 배신할 줄 몰라서 그 친구를 피해 숨지 못했습니다.

시인은 그 친구와 어떤 시절을 보내고 있습니까? 그들은 함께 달콤한 조언을 하곤 합니다(14). 하나님의 집, 즉 성전에서 함께 예배합니다. 그들은 단순한 친구 사이가 아니라, 영적인 동역자입니다. 그들은 아들 압살롬과 다윗의 고문인 아히도벨입니다. 그들이 다윗을 배신했습니다.

시인은 그들이 어떻게 되기를 바랍니까? 시인은 죽음이 그들을 훔치도록 기도합니다(15). 그들이 살아서 스올로 내려가기를 바랍니다. 시인은 원수의 단순한 몰락을 바라지 않습니다. 하나님의 공의로운 심판을 기대합니다. 왜냐하면 악이 그들의 거처와 마음에 있기 때문입니다.

그러나 시인은 무엇을 합니까? 16절을 봅시다. "나는 하나님께 부르짖으리니 여호와께서 나를 구원하시리로다." 시인은 하나님께 기도하고, 여호와는 그를 구원하십니다. 그는 저녁과 아침과 정오에 근심하여 탄식합니다(17). 그는 온종일 기도합니다. 여호와는 그의 탄식을 들으십니다. 시인에게는 대적하는 자가 많았습니다(18). 그런데 여호와께서 그 생명을 구원했습니다.

하나님은 악인을 어떻게 하십니까? 예부터 계시는 하나님이 들으시고 그들을 낮추십니다. "셀라"(19). 그들은 하나님 앞에서 변하지 않고, 하나님을 두려워하지 않기 때문입니다. 그는 손을 들어 자기와 화목한 사람을 치고, 언약을 배반했습니다(20). 그의 입은 우유 기름보다 미끄럽습니다(21). 하지만 그의 마음은 전쟁터와 같습니다. 그의 말은 기름보다 부드러우나 실상은 뽑힌 칼입니다. '뽑힌 칼'은 '사람을 헤친다.'라는 뜻입니다. 그의 말은 '예리하고 짧은 칼'인 '비수'와 같습니다. 그는 말로 사람을 죽이기 때문입니다.

그러나 시인은 무엇을 말합니까? 22절을 읽읍시다. "네 짐을 여호와께 맡기라 그가 너를 붙드시고 의인의 요동함을 영원히 허락하지 아니하시리로다." '네 짐'은 '짐(burden)', '염려(care)', 그리고 '하나님께서 그에게 준 것'을 뜻합니다. 그러니까 강포와 분쟁, 속임과 배신이 가득한 세상에서 의인으로 살면서 겪는 고통, 아픔, 배신 등입니다. 그것은 하나님께서 주신 겁니다. '맡긴다.'라는 말은 '던진다.'라는 뜻입니다.

시인은 이 말씀을 누구에게 하는 겁니까? 시인 자신입니까? 아니면 일반적인 의인입니까? 시인 자신을 포함한 의인입니다.

그러면 '네 짐을 여호와께 맡기라.'라는 말은 무슨 뜻입니까? 의인으로서 겪는 짐, 염려, 하나님께서 주신 그것을 여호와께 던지는 것을 뜻합니다. 그것은 여호와를 믿고, 기도하는 겁니다. 시인은 강포와 분쟁, 속임과 배신의 시대에서 믿음으로 사느라 아픔, 고통, 두려움, 그리고 상처를 겪었습니다. 그 짐을 스스로 해결할 수 없었습니다. 그러나 이제 그는 그 짐을 지느라 더는 슬퍼하거나 화내지 않아야 합니다. 무거운 짐에 눌려 낙심하지 않아야 합니다. 그는 친구마저 배반하고 세상의 모든 관계가 다 변해도 여호와만은 변하지 않음을 믿어야 합니다. 그는 모든 염려를 여호와께 던져야 합니다.

여호와는 어떻게 하십니까? 그분은 당신께 짐을 던진 사람을 붙드십니다. '붙든다.'라는 말은 '힘을 준다.'라는 뜻입니다. 여호와께서 "그 짐을 없앤다."라고 말하지 않습니다. 여호와는 힘을 주셔서 그 짐을 지도록 도와주십니다. 그분은 믿음의 사람이 흔들리는 일을 절대 허락하지 않습니다.

'네 짐을 여호와께 맡기라.'라는 말씀을 통해 우리는 무엇을 배웁니까? 우리가 이 부조리한 세상을 살아가는 지혜를 배웁니다. 우리가 삶에서 배신과 두려움의 롤러코스터를 만날 때 어떻게 해야 하는지를 배웁니다. 강포와 분쟁, 속임과 배신의 시대에서 오직 여호와만이 의와 평화와 신뢰를 세우십니다. 그분은 어떤 상황에서도 일하십니다. 그리고 그분은 우리에게 그 일을 하신다고 약속하셨습니다. 역경의 때에 도와주신다는 하나님의 약속은 무거운 짐을 진 우리에게 큰 위로이며 희망을 줍니다.

그런데 현실에서 우리의 짐을 여호와께 맡기는 일이 쉽지 않습니다. 한국교회에 이런 예화가 내려오고 있습니다. "우리나라에 자동차가 없었을 때 한 미국인 선교사가 지프를 타고 시골길을 달렸습니다. 그때 머리에 보따리를 이고 가는 할머니를 보고 차를 세우고 타도록 했습니다. 할머니는 계속 거절했는데, 결국 차에 탔습니다. 그런데 할머니는 보따리를 차 안에서도 머리에 이고 있었습니다. 선교사가 말합니다. '무거운데 보따리를 의자에 내려놓으세요.' 할머니가 뭐라고 대답했을까요? '내가 자동차에 탄 건만도 고마운데, 어떻게 보따리까지 내려놓아요.'" 보따리는 이미 차 안에 있어서 머리에 이고 있으나 의자에 내려놓으나 같습니다.

이처럼 우리도 하나님께 내 짐을 맡기면서 내가 머리에 이고 있을 때가 있습니다. 염려를 주님께 던졌다고 하면서도 염려하고 있습니다. 할머니처럼 미안해서 그럴 수 있습니다. 하지만 그것은 실존적으로 맞지 않습니다. 이왕 자동차에 탔으면 보따리도 탄 것이니 그냥 다 맡겨야 합니다.

우리가 비행기를 타면, 먼저 수속하고 짐도 부칩니다. '짐을 부친다.'라는 말은 항공사에 내 짐을 완전히 맡긴 겁니다. 나는 가벼운 짐만 들고 비행기 안으로 들어갑니다. 비행기 안에서 내가 맡긴 짐을 걱정하지 않습니다. 목적지에 도착하면 짐이 나올 줄 믿기 때문입니다. 우리가 하나님께 짐을 맡길 때 이런 마음이 필요합니다. 우리가 하나님께 짐을 맡겼다면, 다 맡겨야 합니다. 완전히 맡겨야 합니다. 사도 베드로도 말했습니다. "너희 염려를 다 주께 맡기라 이는 그가 너희를 돌보심이라"(벧전 5:7).

이 대목에서 새찬송가 337장이 생각납니다. "내 모든 시험 무거운 짐을 주 예수 앞에 아뢰이면 근심에 싸인 날 돌아보사 내 근심 모두 맡으시네 무거운 짐을 나 홀로 지고 견디다 못해 쓰러질 때 불쌍히 여겨 구원해 줄 이 은혜의 주님 오직 예수." 우리는 삶의 현장에서 문제를 만날 때, 모든 일을 주님께 맡기고 기도해야 합니다. 그러면 여호와께서 우리를 붙드십니다. 우리가 요동함을 영원히 허락하지 않습니다. 따라서 이것이 이 시대를 사는 유일한 대안입니다.

하나님께서 악인을 어떻게 하십니까? 23절을 봅시다. "하나님이여 주께서 그들로 파멸의 웅덩이에 빠지게 하시리이다 피를 흘리게 하며 속이는 자들은 그들의 날의 반도 살지 못할 것이나 나는 주를 의지하리이다." 하나님은 악인을 멸망의 구덩이로 내려가게 하십니다. 피를 흘리게 하며 속이는 사람은 인생의 반을 살지 못하도록 하십니다. 그러나 시인은 주님을 의지합니다. 주님에 대한 확신은 이제까지 그를 지탱한 힘이었습니다. 앞으로 살아갈 힘입니다. 누구든지 주님을 의지하면 주님께서 그 사람을 붙드십니다.

그러므로 오늘 우리는 어떻게 살아야 합니까? 경제적 어려운 가운데 많은 사람이 인생의 짐을 지고 버거운 삶을 삽니다. '천근만근'을 실감합니다. 그러나 시인은 우리에게 그 짐에서 벗어날 대안을 제시합니다. "네 짐을 여호와께 맡기라 그가 너를 붙드시고 의인의 요동함을 영원히 허락하지 아니하시리로다"(22).

14
내가 하나님을 의지하고

말씀 시편 56:1-13
요절 시편 56:4
찬송 556장, 312장

"내가 하나님을 의지하고 그 말씀을 찬송하올지라 내가
하나님을 의지하였은즉 두려워하지 아니하리니 혈육을 가진
사람이 내게 어찌하리이까."

사람은 실존적으로 삶의 현장에서 어려움을 겪습니다. 어려움을 겪으면 두렵습니다. 그래서 우리는 늘 두려움을 안고 삽니다. 그런데 이 대목에서 중요한 점은 무엇입니까? '내가 두려울 때 누구를 의지하는가?'라는 점입니다. 나는 두려울 때 누구를 의지합니까?

1절을 보십시오. "하나님이여 내게 은혜를 베푸소서 사람이 나를 삼키려고 종일 치며 압제하나이다." 시인은 하나님께서 불쌍히 여겨 주시도록 기도합니다. 왜냐하면 사람이 그를 짓밟았기 때문입니다. 사람이 그를 공격하면서 압박하기 때문입니다. 사람은 시인을 힘과 권력으로 괴롭히고 있습니다.

그 사람은 시인의 원수인데, 그가 하나님의 위치에까지 올라가서 시인을 종일 삼켰습니다(2). 그 원수가 많습니다. 시인은 극심한 괴로움을 겪고 있습니다.

84

여기서 시인은 다윗을 말합니다. 다윗은 사울을 피해 가드로 도망쳤습니다. '가드'는 블레셋의 5대 도시 중 하나였습니다. 그런데 그때 가드 왕 아기스의 신하들이 다윗을 알아보았습니다. 다윗은 심히 두려워서 그들 앞에서 미친 체했습니다(삼상 21:10-15). 사울은 힘과 권력을 동원하여 다윗을 종일 삼키려 했습니다. 다윗은 그런 두려움에서 이 시를 지은 것으로 알려졌습니다.

그때 시인은 무엇을 합니까? 3절을 읽읍시다. "내가 두려워하는 날에는 내가 주를 의지하리이다." 그는 두려움에 빠졌을 때 주님을 의지합니다. 두려움이 그를 온통 휩싸는 그날에 주님을 의지합니다. 그의 두려움은 하나님을 의지함으로 바뀝니다.

그가 하나님을 의지하니 무엇을 합니까? 4절을 읽읍시다. "내가 하나님을 의지하고 그 말씀을 찬송하올지라 내가 하나님을 의지하였은즉 두려워하지 아니하리니 혈육을 가진 사람이 내게 어찌하리이까." 그는 하나님을 의지하고 그분의 말씀을 찬송합니다. 하나님은 세상에서 활동하는 모든 권세 위에 뛰어난 주권자이십니다. 그분은 말씀하시고, 그 말씀을 통해서 일하십니다. 그분의 말씀은 반드시 이루어집니다. 따라서 그분을 의지함은 그분의 말씀을 믿음을 뜻합니다. 그분의 말씀을 믿음은 그분의 말씀을 찬양함으로 나타납니다. 그리고 시인은 하나님을 의지하고 두려워하지 않습니다.

그는 사람에 대해 어떤 렌즈를 가집니까? "혈육을 가진 사람이 내게 어찌하리이까?" '혈육'은 피조물인 인간의 태생적 한계를 나타냅니다. 본질에서 연약한 존재임을 말합니다. 시인은 육체에 불과한 사람이 자신을 어찌할 수 없음을 확신합니다. 그는 창조주 하나님과 피조물인 사람을 대조합니다. 하나님과 사람은 전혀 상대가 안 됩니다. 따라서 하나님을 의지하는 사람은 사람을 두려워하지 않습니다.

사울은 다윗을 죽이려고 쫓고 쫓았습니다. 다윗은 그때마다 이곳저곳으로 피했습니다. 그런데 다윗은 사울을 죽일 수도 있었습니다. 하지만 그는 여호와의 기름 부음을 받은 사울을 죽이지 않았습니다(삼상 24:10). 왜냐하면 그는 자기와 함께하신 하나님, 말씀을 통해 일하시는 하나님을 믿었기 때문입니다. 그는 혈육에 불과한 사울이 자기를 어찌할 수 없음을 알았기 때문입니다. 그랬을 때 사울은 그런 다윗을 인정했습니다. "사람이 그의 원수를 만나면 그를 평안히 가게 하겠느냐 네가 오늘 내게 행한 일로 말미암아 여호와께서 네게 선으로 갚으시기를 원하노라. 보라 나는 네가 반드시 왕이 될 것을 알고 이스라엘 나라가 네 손에 견고히 설 것을 아노니"(삼상 24:19-20). 하나님을 의지하는 사람을 사람이 어찌하지 못합니다.

요즘 지구촌은 몇 가지 현실 문제로 두려움이 큽니다. 첫째는, '코로나19'가 주는 전염병의 두려움입니다. 둘째는, 기상 이변이 주는 두려움입니다. 우리나라에서 가장 좋은 동네인 강남대로에서 멀쩡한 사람이 희생했습니다. 셋째는, 잊힐만하면 일어나는 나라와 나라의 전쟁이 주는 공포입니다. 아프가니스탄의 전쟁이 끝나자 지구촌의 전쟁이 끝난 줄로 알았는데, 러시아와 우크라이나가 싸웁니다. 금방 끝날 줄 알았지만, 기약이 없어 보입니다. 여기에 중국과 대만 사이도 불안합니다. 이런 영향으로 세계 경제는 매우 나쁩니다. 이런 현상을 보면서 어떤 사람은 지구의 종말까지 생각합니다.

이런 두려움의 현실에서 우리는 누구를 의지해야 합니까? 꽤 많은 가수가 "아버지"라는 노래를 불렀습니다. 그 공통점은 '아버지에 대한 그리움', '아버지를 의지하는 마음' 등입니다. 아들딸이 생각할 때 아버지는 힘들고 어려울 때 의지하는 첫 번째 대상입니다. 그런데 어떤 사람에게는 의지할 아버지가 있지만, 그 아버지가 없기도 합니다. 아버지가 있는 것과 없는 것은 정말로 큰 차이입니다. 아버지가 그냥 곁에만 있어 주는 것만으로도 큰 힘을 얻습니다.

하물며 하나님 아버지가 내 곁에 계신다는 사실을 안다면, 어떠할까요? 내가 두려울 때, 내가 의지할 수 있는 대상이 없다면 어떨까요? 삶에서 만나는 두려움도 문제이지만, 의지할 대상이 없는 그것이 더 심각한 일입니다. 하지만 우리에게는 언제든지, 무슨 일이 있든지 의지할 아버지 하나님이 계십니다. 이 얼마나 든든한 일입니까? 아무리 큰 두려움이 몰려와도 아버지 하나님을 의지함으로 능히 이길 수 있습니다. 히 13:6은 오늘 말씀을 인용했습니다. "그러므로 우리가 담대히 말하되 주는 나를 돕는 이시니 내가 무서워하지 아니하겠노라 사람이 내게 어찌하리요 하노라."

그런데 사람은 시인을 어떻게 했습니까? 그들이 시인의 말을 종일 곡해합니다(5). 그들의 모든 생각은 시인을 대적하여 악을 행합니다. 그들이 시인의 생명을 엿보았던 것과 같이 모여 숨어서 시인의 발자취를 지켜봅니다(6). 원수는 시인의 목숨을 없앨 기회를 노리고 있습니다.

그때 시인은 하나님께 무엇을 기도합니까? 그는 그들이 죄를 지었으니 구원받을 수 없음을 강조합니다(7). 하나님께서 진노하셔서 원수를 엎드러뜨리도록 기도합니다.

그는 자신에 관해서는 무엇을 믿습니까? 8절을 읽읍시다. "나의 유리함을 주께서 계수하셨사오니 나의 눈물을 주의 병에 담으소서 이것이 주의 책에 기록되지 아니하였나이까." '유리함'은 '정처 없는 도망자의 방랑'을 뜻합니다. 시인은 하나님께서 자신의 방황을 관찰하고 고려하심을 알았습니다. 그래서 그는 하나님께서 자신의 눈물을 병에 담아달라고 기도합니다. 하나님께서 고통 속에서 흘리는 눈물을 귀중한 포도주 부대에 보관하듯 소중히 여겨달라는 겁니다. 시인은 자신의 삶이 책에 기록되었다고 믿습니다. 하나님은 시인이 흘린 눈물을 가죽 부대에 담아 두시고, 그 사정을 책에 기록하십니다.

말 3:16은 말씀합니다. "그 때에 여호와를 경외하는 자들이 피차에 말하매 여호와께서 그것을 분명히 들으시고 여호와를 경외하는 자와 그 이름을 존중히 여기는 자를 위하여 여호와 앞에 있는 기념책에 기록하셨느니라." 주님은 그 백성의 고통을 소중히 기억하는 '가장 위대한 기억하는 분'입니다.

시인은 무엇을 알았습니까? 시인은 하나님께 기도하는 날에 원수가 물러갈 줄 알았습니다(9). 그것으로 하나님이 자기 편인 줄을 알았습니다. 하나님이 시인의 편이어서 원수는 물러갈 수밖에 없습니다. 원수의 패배는 하나님이 시인을 위해 행동하신다는 확실한 증거입니다. 바울 사도는 말했습니다. "그런즉 이 일에 대하여 우리가 무슨 말 하리요 만일 하나님이 우리를 위하시면 누가 우리를 대적하리요"(롬 8:31).

그러므로 시인은 무엇을 합니까? 10절을 읽읍시다. "내가 하나님을 의지하여 그의 말씀을 찬송하며 여호와를 의지하여 그의 말씀을 찬송하리이다." 그는 4절에서 했던 말을 다시 반복합니다. 그가 의지하는 하나님은 여호와, 즉 인격적인 분입니다. 그는 하나님을 의지하고 그분의 말씀을 찬송합니다. 그는 여호와를 의지하고 그분의 말씀을 찬양합니다.

하나님을 의지하는 그는 무엇을 고백합니까? 11절을 보십시오. "내가 하나님을 의지하였은즉 두려워하지 아니하리니 사람이 내게 어찌하리이까." 그는 삶에서 만나는 문제로 두려웠습니다. 도망자로 사는 일이 두려웠습니다. 하지만 이제는 두려워하지 않습니다. 왜냐하면 그는 하나님을 의지했기 때문입니다. 하나님은 '두려움'을 '두려움 없음'으로 바꾸십니다. 그가 하나님을 의지하니 사람이 어찌하지 못합니다. 혈육을 가진 사람은 하나님을 의지하는 사람을 어찌하지 못합니다.

시인은 하나님께 무엇을 드리려 합니까? 12절을 보십시오. "하나님이여 내가 주께 서원함이 있사온즉 내가 감사제를 주께 드리리니." 시인은 과거 고통 가운데서 하나님께 했던 서원을 갚고자 합니다. 그는 서원한 그대로 감사제를 지내고자 합니다.

왜 그는 감사제를 지내려고 합니까? 13절을 읽읍시다. "주께서 내 생명을 사망에서 건지셨음이라 주께서 나로 하나님 앞, 생명의 빛에 다니게 하시려고 실족하지 아니하게 하지 아니하셨나이까." 주님께서 그의 생명을 죽음에서 건지셨기 때문입니다. 주님께서 그의 발이 실족하지 않도록 건지셨기 때문입니다.

주님께서 그렇게 하신 목적은 무엇입니까? 시인이 하나님 앞, 즉 생명의 빛에서 걸을 수 있도록 하신 겁니다. '하나님 앞에서 생명의 빛 가운데 다닌다.'라는 말은 '주님 앞에서 산다.' '주님과 사귐을 즐긴다.'라는 뜻입니다. 하나님은 시인이 하나님 앞에서 살도록, 생명의 빛 가운데 다니도록 죽음에서 건지셨습니다. 그는 그 하나님을 의지함으로 모든 두려움을 이겼습니다. 그래서 그는 하나님께 감사제를 지냅니다.

14 내가 하나님을 의지하고(56:1-13)

　내가 두려울 때 무엇을 해야 합니까? 누구를 의지해야 합니까? 내가 두려운 일을 만나면 두려움에 시달리기 쉽습니다. 하지만 바로 그 순간 나는 하나님을 의지해야 합니다. 왜냐하면 하나님의 말씀이 나와 함께하고, 하나님은 두려움을 없애는 분이기 때문입니다. 내가 하나님을 의지하면 사람이 나를 어찌하지 못하기 때문입니다. 내가 하나님을 의지하여 두려움을 이기고, 그분의 말씀을 찬양하며 생명의 빛 안에서 살도록 기도합니다.

15

굳건한 마음

| 말씀 시편 57:1-11 |
| 요절 시편 57:7 |
| 찬송 212장, 214장 |

"하나님이여 내 마음이 확정되었고 내 마음이 확정되었사오니
내가 노래하고 내가 찬송하리이다."

오늘의 시는 다윗이 사울을 피하여 굴에 숨어 있을 때 지은 시입니다. 다윗은 아돌람 굴로 피했습니다(삼상 22:1). 그는 또 소금 바다 근처의 엔게디 요새로도 피했습니다(삼상 23:29). 왜냐하면 사울은 그를 찾아서 죽이려고 했기 때문입니다. 그는 죽음의 두려움에 시달렸습니다. 그때 그는 무엇을 했습니까?

1절을 보십시오. "하나님이여 내게 은혜를 베푸소서 내게 은혜를 베푸소서 내 영혼이 주께로 피하되 주의 날개 그늘 아래에서 이 재앙들이 지나기까지 피하리이다." 다윗은 위기의 순간에 전능하신 하나님께 기도합니다. 그는 살아 계신 하나님을 의지합니다. 그리고 기도합니다. "하나님이여, 내게 은혜를 베푸소서, 은혜를 베푸소서!" '은혜를 베푼다.'라는 말은 '죽음의 두려움에서 건져달라.'라는 뜻합니다. 시인은 하나님만이 자기를 죽음에서 구원하실 줄 믿었습니다.

15 굳건한 마음(57:1-11)

왜 그는 하나님만이 자기를 구원하신 줄 믿은 겁니까? 왜냐하면 그는 주님 안에서 피난처를 찾았기 때문입니다. 그는 안전하게 머물 곳이 필요했는데, 주님의 날개 그늘에서 찾았습니다. '날개 그늘'은 자기 새끼를 날개 아래로 모아 보호하는 암탉의 표상입니다. 성전 언약궤 앞에서, 그리고 그림자를 드리우는 '스랍'의 날개 아래에서 보호소를 찾는 그것과 연결할 수 있습니다. 그는 파멸의 폭풍이 지날 때까지 주님의 날개 그늘로 피합니다.

그래서 그는 지존하신 하나님께 부르짖습니다(2). '지존하신 하나님'은 지극히 높으신 분입니다. 그분은 온 세상을 지으셨고, 다스리십니다. 시인은 그분 같은 분은 세상에 없다고 믿었습니다. 그분은 가나안 신전에서 최고의 하나님이시고, 유일하신 분입니다. 그분은 적대적인 세력으로부터 시인을 보호하십니다. 그분은 시인을 위해 복수하시는 하나님이십니다. 그는 하나님께서 신실하심과 언약적 사랑으로 개입하셔서 현재의 파멸에서 구원하실 줄 믿습니다. 그래서 그는 그분께 부르짖습니다.

하나님은 시인을 어떻게 구원하십니까? 3절입니다. "그가 하늘에서 보내사 나를 삼키려는 자의 비방에서 나를 구원하실지라 (셀라) 하나님이 그의 인자와 진리를 보내시리로다." 그분은 하늘에서 보내셔서 시인을 조롱하는 사람한테서 구원하십니다. 그분은 인자와 진리, 즉 한결같은 사랑과 신실함을 보내십니다. 인자와 진리는 하나님을 경호하는 두 경호원과 같습니다. 두 경호원은 하나님한테 피신한 사람을 보호합니다.

시인은 어떤 상태에 있습니까? 그는 사자들 가운데 삽니다(4). 사자들이 그를 둘러싸고 있습니다. 그는 몹시 굶주린 사자들의 으르렁거리는 소리를 들으면서 짓밟힌 느낌입니다. 사자 굴에 던져진 다니엘이 생각납니다(단 6:16). 또 시인은 불사르는 사람 중에 누웠습니다. 그의 모습은 유다 사람 사드락과 메삭과 아벳느고가 우상을 거절하자 극렬히 타는 풀무 불에 던져졌던 모습을 생각나게 합니다(단 3:19-20). 시인은 죽음의 위기에 처했습니다. 사람이 시인을 창과 화살로 공격하고, 그들의 혀는 날카로운 칼과 같았습니다.

그때 그는 누구에게, 무엇을 기도합니까? 5절을 봅시다. "하나님이여 주는 하늘 위에 높이 들리시며 주의 영광이 온 세계 위에 높아지기를 원하나이다." 시인은 하나님께 기도합니다. 하나님께서 하늘 높이 높임을 받으시도록 기도합니다. 또 주님의 영광을 온 땅 위에 떨치시도록 기도합니다. 하나님은 하늘과 땅의 위대한 왕이십니다. 시인은 온 세상의 왕이신 하나님께서 오셔서 원수를 심판하시도록 기도합니다. 하나님이 악한 사람을 심판하고 그 백성을 구원하시면, 그분의 위엄과 영광이 온 세상에 나타나기 때문입니다.

악인은 어떻게 되었습니까? 그들이 시인의 걸음을 막으려고 그물을 준비했습니다(6). 또 그들은 시인 앞에 웅덩이를 팠습니다. 악인은 사냥꾼 같았습니다. 시인은 위기에 처했습니다. 하지만 원수들이 그곳에 빠졌습니다. 그들은 자기들이 놓은 덫에 걸렸습니다.

그때 시인의 마음은 어떠합니까? 7절을 읽읍시다. "하나님이여 내 마음이 확정되었고 내 마음이 확정되었사오니 내가 노래하고 내가 찬송하리이다." '확정되었다.'라는 말은 '굳건하다.' '든든하다.'라는 뜻입니다. '마음이 확정되었다.'라는 말은 '마음이 굳건하다.' 즉 '굳건한 마음'을 뜻합니다.

'굳건한 마음'은 무슨 뜻입니까? 굳건한 믿음입니다. 하나님을 향한 시인의 흔들리지 않는 믿음입니다.

그러면 그의 굳건한 믿음은 어디에서 왔습니까? 기도의 응답에서 왔습니다. 그는 죽음의 두려움 앞에서 사람을 의지하지 않았습니다. 세상을 의지하지 않았습니다. 무엇보다도, 그는 우상을 섬기지 않았습니다. 그는 오직 하나님을 믿었고, 그분께만 기도했습니다. 그런데 하나님은 그의 기도를 들으셨습니다. 그는 삶에서 하나님의 구원을 체험했습니다. 원수가 덫을 놓았는데, 그 덫에 원수가 걸렸습니다(6). 하나님께서 시인을 죽음의 두려움에서 건져주시니, 그는 굳건한 믿음을 가집니다.

오늘 우리는 두려움 앞에서 무엇을 해야 합니까? 물론 우리는 시인처럼 직접적으로 죽음의 두려움에 쫓기며 살지는 않습니다. 우리는 사자 굴이나 풀무 불에 던져지지도 않습니다. 그런데 우리는 삶의 현장에서 크고 작은 일을 겪으면서 두려움을 만납니다. 두려움 앞에서 '누구에게 도움을 청하는가?' '누구를 의지하는가?'라는 문제는 대단히 중요합니다. 그것에 따라 그 결과가 다르기 때문입니다.

어떤 사람은 '사람'에게 도움을 청합니다. 어떤 사람은 '권세'나 '돈'을 의지합니다. 최근에는 정치계에 '무속'이 등장했습니다. 무속을 의지하는 사람이 있기 때문일 겁니다. 누군가는 말했습니다. "현대인은 믿지 않아야 할 것을 믿고, 믿어야 할 것을 믿지 않는 이상한 사람으로 산다." 믿지 않아야 할 것이란 사람이나, 돈이나, 무속입니다. 사람의 위기, 즉 죽음의 두려움 앞에서 사람이나, 돈이나, 무속이 구원할 수 있습니까? 우리는 어떤 상황에서도 하나님을 향한 굳건한 마음을 가져야 합니다. 굳건한 믿음이 있어야 합니다.

사도 베드로는 믿음에 굳게 서서 대적하는 세력과 맞서 싸우도록 말했습니다. 그는 모든 은혜를 주신 하나님께서 우리를 친히 온전하게 하시고, 굳게 세워 주시고, 강하게 하시고, 기초를 튼튼하게 하여 주실 줄 믿었습니다(벧전 5:9-10). 하나님을 향한 굳건한 마음은 두려움에 휩싸인 우리의 현실을 이길 수 있는 유일한 길입니다. 그리고 하나님을 노래하고 찬양하게 합니다.

어떻게 시인은 노래합니까? 8절입니다. "내 영광아 깰지어다 비파야, 수금아, 깰지어다 내가 새벽을 깨우리로다." '내 영광'은 '내 영혼'을 뜻하고, '깰지어다.'라는 말은 '아침에 일어나라.'라는 뜻입니다. '비파'와 '수금'은 현악기입니다. 그는 성전에서 기도하면서, 그리고 하나님의 구원 약속을 기다리면서 온 밤을 보냈습니다. 그런데 그는 노래로 새벽을 깨웁니다. '새벽'은 새날이며, 생명과 희망을 상징합니다. 그는 생명과 희망을 품고 만민 가운데서 주님께 감사합니다. 많은 민족 가운데서 주님을 찬양합니다(9).

왜 시인은 찬양합니까? 왜냐하면 주님의 인자는 커서 하늘에 미치고, 주님의 진리는 궁창에 이르기 때문입니다(10). 주님의 한결같은 사랑은 측량할 수 없이 커서 하늘에 이릅니다. 주님의 신실함은 구름까지 닿습니다. 그러므로 그는 그분을 찬양합니다.

그는 계속해서 어떻게 찬양합니까? 11절입니다. "하나님이여 주는

15 굳건한 마음(57:1-11)

하늘 위에 높이 들리시며 주의 영광이 온 세계 위에 높아지기를 원하나이다." 그는 하나님은 하늘 높이 높임을 받으시고, 하나님의 영광 온 땅 위에 떨치도록 기도합니다. 하나님이 영광중에 오르시면 악인은 사라지고, 하나님을 향해 굳건한 마음을 가진 사람은 인정받습니다.

우리는 두려움을 만날 때 어떻게 해야 합니까? 하나님께 기도해야 합니다. 굳건한 마음을 가져야 합니다. 그리하여 하나님을 노래하고 찬송할 수 있기를 기도합니다.

16
심판하시는 하나님이 계신다

> 말씀 시편 58:1-11
> 요절 시편 58:11
> 찬송 9장, 594장

"그 때에 사람의 말이 진실로 의인에게 갚음이 있고 진실로
땅에서 심판하시는 하나님이 계시다 하리로다."

많은 사람은 묻습니다. "하나님은 정말 계시는가?" "하나님이 계
신다면, 왜 세상에는 악과 고통이 있는가?" "이런 세상에서 믿음의
길을 가는 사람에게 보상은 있는 것인가?" 그러면 이 질문 앞에서
오늘의 시는 무엇이라고 대답합니까?

1절을 보십시오. "통치자들아 너희가 정의를 말해야 하거늘 어찌
잠잠하냐 인자들아 너희가 올바르게 판결해야 하거늘 어찌 잠잠하
냐." "통치자들아 너희가 정의를 말해야 하거늘 어찌 잠잠하냐?"라는
말을 두 가지로 해석할 수 있습니다. "신들이여, 당신은 참으로 정의
를 선언하는가?" "너희 통치자들은 참으로 정의롭게 말하는가?" 우
리말의 '통치자들'은 '세상의 통치자들', 또는 '이방의 신들'을 뜻합니
다. 여기서는 신처럼 막강한 권력을 가진 세상 통치자입니다. '정의'
는 윤리적, 도덕적 표준을 뜻합니다. 특별히 진실하고 편견 없는 재

판, 부자이든 가난한 사람이든 법을 똑같이 적용하는 그것을 말합니다. 그런데 세상에서 막강한 권력을 가진 통치자들은 정의를 실천하지 않았습니다.

또 "인자들아 너희가 올바르게 판결해야 하거늘 어찌 잠잠하냐?"라는 말도 두 가지로 해석할 수 있습니다. "사람의 아들들아, 네가 공의롭게 판단하느냐?" "당신은 사람들을 올바르게 재판하는가?" 우리말의 '인자들아'를 호격으로 볼 수 있고, 목적어로 볼 수 있습니다. 여기서는 목적어로 "세상의 신들만큼 막강한 세상의 통치자들은 사람들을 올바르게 재판하는가?"라는 뜻입니다. 그들은 사람들을 올바르게 재판하지 않았습니다. 그래서 시인은 냉소적으로 묻습니다.

그들의 실상이 어떠합니까? 2절입니다. "아직도 너희가 중심에 악을 행하며 땅에서 너희 손으로 폭력을 달아 주는 도다." '중심'은 마음인데, 마음은 무슨 일을 결정하는 곳입니다. 그런데 그들은 그곳이 병들어서 악을 만듭니다. '손'은 죄를 행하는 곳인데, 손으로 폭력을 일삼습니다. 세상에는 폭력이 가득하고 정의가 없습니다.

그들은 어떤 존재입니까? 3절을 봅시다. "악인은 모태에서부터 멀어졌음이여 나면서부터 곁길로 나아가 거짓을 말하는도다." '악인'은 '통치자들'입니다. 그들은 엄마 배 속에 있을 때부터 잘못되었고, 태어날 때부터 거짓말을 하면서 곁길로 나갔습니다. 그들은 태생적으로 악했습니다.

그런 그들을 무엇에 비유합니까? 그들은 뱀의 독과 같은 독을 가지고 있습니다. 거짓말은 독을 품고 있는데, 사람을 해치기 때문입니다. 그들은 고의로 귀를 막는 독사와 같습니다. 그들은 말씀에 순종하기를 의도적으로 거부합니다. 그들은 스데반의 메시지 앞에서 "큰소리를 지르며 귀를 막고 일제히 달려들었던" '부형들'과 같습니다(행 7:2, 57).

그들은 얼마나 악한지, 술사의 홀리는 소리도 듣지 않고, 능숙한 술객의 요술도 따르지 않는 독사입니다(5). 고대에서 마법사는 홀리는 소리로 독사를 사로잡았습니다. 하지만 귀먹은 독사는 홀리는 소리를 듣지 못합니다. 능숙한 술객의 요술도 먹히지 않습니다. 악인은 너무나 악해서 그 누구의 말도 듣지 않습니다. 악인이 저지르는 악을 보면 가슴이 아프지만, 그 누구도 어떻게 하지 못합니다.

이런 가슴 아픈 현실을 누가 바꿀 수 있습니까? 6절을 봅시다. "하나님이여 그들의 입에서 이를 꺾으소서 여호와여 젊은 사자의 어금니를 꺾어 내시며." '이를 꺾고 어금니를 꺾는다.'라는 말은 '힘을 없앤다.'라는 뜻입니다. 독사의 이를 깨뜨리면 독사는 물뱀이 됩니다. 사자의 어금니를 깨뜨리면 종이 사자에 불과합니다. 시인은 하나님께서 뱀과 사자의 힘을 없애도록 기도합니다. 하나님만이 그 일을 하실 수 있기 때문입니다.

시인은 그들이 물이 흘러 없어지듯이 흔적도 없이 사라지기를 기대합니다(7). 또는 평소에는 물이 흐르지 않지만, 큰비가 내리면 일시적으로 큰물이 흐르는 '와디(wadi)'에서 급류가 금방 사라지듯이 악인도 금방 사라지기를 기대합니다. 시인은 그들이 겨누는 화살이 꺾인 화살처럼 되도록 기도합니다. 시인은 그들이 움직이기만 하면 점점 녹아 없어지는 달팽이 같고, 햇빛을 보지 못하고 죽어서 나오는 사산아 같도록 기도합니다(8). 그리고 시인은 가시나무 불이 가마를 뜨겁게 하기 전에 생것과 불붙은 것을 강한 바람에 휩쓸려가게 하듯이, 그들을 그렇게 하도록 기도합니다(9). 강한 바람은 생나무이든 마른나무든 가리지 않고 쓸어버립니다.

악인이 심판받을 때 의인은 무엇을 합니까? 10절을 보십시오. "의인이 악인의 보복 당함을 보고 기뻐함이여 그의 발을 악인의 피에 씻으리로다." 의인은 악인이 보복당함을 보고 기뻐합니다. 의인은 악인의 피로 발을 씻습니다. 이 표현은 과장법입니다. 악인은 패배하고 의인은 승리함을 뜻합니다. 악인은 심판받고 의인은 구원받음을 뜻합니다.

그때 사람은 무엇을 말합니까? 11절을 읽읍시다. "그 때에 사람의 말이 진실로 의인에게 갚음이 있고 진실로 땅에서 심판하시는 하나님이 계시다 하리로다." 그때 사람들은 두 가지를 말합니다.

첫째로, "진실로 의인에게 갚음이 있고." '갚음이 있고'란 '열매가 있다.' '상이 있다.'라는 뜻입니다. 악인이 득세할지라도 믿음의 길을

16 심판하시는 하나님이 계신다(58:1-11)

걸은 사람에게는 반드시 열매가 있습니다. 의인에게는 반드시 상이 있습니다. 하나님은 악인을 제거하고 의인의 헌신을 보상하십니다. 그 상은 끝까지 믿음의 길을 완주하는 일입니다. 이 세상에서의 승리이고, 하나님 나라에서의 면류관입니다. 사도 바울은 고백했습니다. "이제 후로는 나를 위하여 의의 면류관이 예비되었으므로 주 곧 의로우신 재판장이 그 날에 내게 주실 것이며 내게만 아니라 주의 나타나심을 사모하는 모든 자에게도니라"(딤후 4:8).

오늘은 정말로 오랜만에 우리 중에서 단국대를 졸업하는 자매가 있었습니다. 그녀는 우리 2세로는 첫 졸업생입니다. 저는 그의 졸업을 보면서 하나님께서 아브라함에게 주셨던 "내가 너로 큰 민족을 이루고 네게 복을 주어 네 이름을 창대하게 하리니 너는 복이 될지라"(창 12:2)라는 말씀을 함께 나누며 감사 기도했습니다. 그는 졸업하기까지 나름 애를 많이 썼습니다. 동아리 회장으로 섬기느라 수고도 했습니다. 그런데 하나님께서 그에게 진실로 상을 주셨다고 믿습니다. 누구든지 믿음의 길을 걸으면 반드시 상을 주십니다.

둘째로, "진실로 땅에서 심판하시는 하나님이 계시다." 이 세상에는 반드시 심판하시는 하나님이 계십니다. 세상의 통치자들은 그릇되게 심판했습니다(1절). 하지만 하나님은 의롭고 공평하게 다스립니다. 하나님은 세상의 불의와 악행을 심판하시는 심판장이십니다. 하나님은 불의한 세상에 정의를 실현하는 분입니다. 시인은 세상의 악보다도 심판하시는 하나님, 정의를 실행하시는 하나님께 희망을 둡니다. 왜냐하면 그 하나님이 시인 곁에 계시기 때문입니다. 그 하나님께서 시인의 기도를 들으시기 때문입니다.

그러면 이 말씀 앞에서 오늘 우리의 세상을 보면 어떤 생각이 듭니까? 세상 렌즈로 세상을 보면 정의롭지 못합니다. '반지하', '옥탑방'을 정의롭지 못한 사회의 한 현상으로 보기도 합니다. 그런데 어떤 사람은 '아파트'에 살면서도 우리 사회가 정의롭지 않다고 여깁니다. 우리 사회는 "정의"라는 말을 참 많이 합니다.

옛적에 어떤 대통령은 역설적이지만, "정의 사회 구현"을 국정 목표 중 하나로 제시했습니다. 다른 대통령은 취임사에서 "기회는 평등하고, 과정은 공정하고, 결과는 정의로울 것이다."라고 말했습니다. 그런데 다음 대통령도 "공정과 상식"을 외쳤습니다.

여러 대통령이 통치 철학으로 이런 말은 한 것을 보면, 우리 사회가 정의롭지 못함을 보여줍니다. 우리 사회가 그만큼 정의를 갈망함을 보여줍니다. 왜냐하면 정의가 무너지면 사회가 무너지고, 사회가 무너지면 세상이 무너지기 때문입니다. 따라서 정의를 세우는 일은 모든 사람에게 정말로 중요합니다. 믿음의 길을 가는 우리에게도 중요합니다.

왜냐하면 믿음의 길을 가는 우리도 이 세상이 정의롭지 않다고 생각하기 때문입니다. 믿음으로 사는 우리보다 세상 사람이 더 잘나가는 것처럼 보이기 때문입니다. 믿음으로 사는 우리는 헌신하는 만큼 보상이 따르지 않는 것처럼 보이기 때문입니다. 심지어 세상을 심판하시는 하나님이 계시지 않은 것처럼 보입니다. 그래서 우리도 질문합니다. '정말로 심판하시는 하나님은 계시는가? 믿음의 길을 가는 우리에게 정말로 보상이 있는가?'

하지만 오늘 시인은 확신 있게 말합니다. "진실로 의인에게 갚음이 있고, 진실로 땅에서 심판하시는 하나님이 계시다." 믿음으로 사는 우리에게 보상이 있습니다. 정의가 없어 보이는 세상에 하나님이 정의를 세우십니다. 심판하시는 하나님이 계시기 때문입니다. 정의는 사람이 세우지 않습니다. 정치 지도자가 세울 수 없습니다. 세상의 신들이 하지 못합니다. 오직 하나님만이 세우십니다.

그러므로 누가 중요합니까? 진실로 의인에게 상을 주시는 하나님을 믿는 우리가 중요합니다. 이 세상에 심판하시는 하나님이 계심을 믿는 교회가 중요합니다. 내가 그분을 믿고 믿음으로 살면 나로부터 정의를 세울 수 있습니다. 우리 가정과 교회, 그리고 이 사회에 정의를 세울 수 있습니다. 이 하나님이 우리 곁에 계시기 때문입니다. 그리고 이 하나님이 우리의 기도를 들으시기 때문입니다. 따라서 우리도 시인처럼 "진실로 의인에게 갚음이 있고, 진실로 땅에서 심판하시는 하나님이 계시다."라고 고백할 수 있기를 기도합니다.

17 나의 힘이시여(59:1-17)

17

나의 힘이시여

> 말씀 시편 59:1-17
> 요절 시편 59:17
> 찬송 377장, 419장

"나의 힘이시여 내가 주께 찬송하오리니 하나님은 나의
요새이시며 나를 긍휼히 여기시는 하나님이심이니이다."

오늘의 시도 다윗의 시입니다. 다윗은 사울이 죽이려고 하자 사울
의 딸이면서 자기 아내인 미갈의 집에 숨었습니다. 그런데 사울은
그 정보를 알고는 다윗을 죽이려고 자객을 보냈습니다(삼상 19:11).
그때 다윗은 이 시를 지었습니다. 이 시는 위기의 순간에서 구원받
기를 바라는 기도입니다. 그는 어떻게 기도합니까?

1절을 보십시오. "나의 하나님이여 나의 원수에게서 나를 건지시
고 일어나 치려는 자에게서 나를 높이 드소서." 시인은 가장 먼저
원수한테서 건져주시도록 기도합니다. 그리고 '높이 들어달라.'라고
기도합니다. 이 말은 '도달하기 어려울 정도로 높여달라.'라는 뜻입니
다. 높은 곳은 원수가 올 수 없어서 안전한 장소입니다. 그는 일어
나 자신을 치려는 사람한테서 보호해달라고 기도합니다.
그는 계속해서 악을 행하는 자에게서 건져주시도록 기도합니다(2).

100

마지막으로 그는 피 흘리기를 즐기는 자에게서 구원해 주시도록 기도합니다. '피 흘리기를 즐기는 자'는 목적을 이루기 위해 수단을 가리지 않는 파렴치한 사람입니다. 시인은 위기에 처했는데, 하나님께 구원을 호소합니다.

왜 그는 그렇게 호소합니까? 3절입니다. "그들이 나의 생명을 해하려고 엎드려 기다리고 강한 자들이 모여 나를 치려 하오니 여호와여 이는 나의 잘못으로 말미암음이 아니요 나의 죄로 말미암음도 아니로소이다." 왜냐하면 원수들이 시인의 생명을 기다리고 있기 때문입니다. 강한 자들이 시인을 치려고 모였기 때문입니다. 그런데 이런 위기를 맞은 이유는 시인이 반역해서가 아닙니다. 시인이 죄를 지어서도 아닙니다.

그는 하나님께서 무엇을 하시도록 기도합니까? 시인에게는 아무런 잘못이 없습니다(4). 그런데도 그들이 달려와서 싸울 준비를 합니다. 그러니 주님께서 자신을 만나려고 깨어나시고, 살펴달라고 기도합니다. 그는 그만큼 하나님을 믿습니다.

그가 믿는 하나님은 어떤 분입니까? 5절을 읽읍시다. "주님은 만군의 하나님 여호와, 이스라엘의 하나님이시오니 일어나 모든 나라들을 벌하소서 악을 행하는 모든 자들에게 은혜를 베풀지 마소서(셀라)." '만군의 하나님'은 '가장 강한 용사 하나님'을 뜻합니다. 그리고 그분은 이스라엘의 하나님이십니다. 시인은 그 하나님을 믿고 기도합니다. 시인은 그 하나님께서 깨어나셔서 악한 나라를 벌하시고, 악을 행하는 사람에게 은혜를 베풀지 말도록 기도합니다.

악인은 언제, 어떻게 활동합니까? 악인은 해가 지면 돌아와서 개처럼 울며 성을 두루 다닙니다(6). 악인은 들개와 같습니다. 그들의 입으로는 악을 토합니다(7). 그들의 입술에는 칼이 있습니다. 들개가 이빨로 공격하듯이, 악인은 악한 말로 공격합니다. 그들은 큰소리칩니다. "흥, 누가 들으랴?" 그들은 자신들의 공격적이고 폭력적인 말을 들을 수 있는 사람은 없다고 생각합니다. 그들은 그 누구도 자기 말에 도전할 수 없다고 생각합니다. 심지어 하나님도 듣지 않을 줄 생각합니다.

그러나 하나님은 어떤 분입니까? 8절입니다. "여호와여 주께서 그들을 비웃으시며 모든 나라들을 조롱하시리이다." 악인은 하나님이 듣지 않는다고 생각했지만, 시인은 그들의 생각과는 달리 하나님은 들으신다고 믿습니다. 하나님은 악인의 폭력적인 말이나 시인의 기도를 다 듣습니다.

그 하나님은 누구십니까? 9절에서 시인은 고백합니다. "하나님은 나의 요새이시니 그의 힘으로 말미암아 내가 주를 바라리이다." 다른 번역본은 이렇게 표현합니다. "나의 힘이여, 내가 당신만 쳐다봅니다. 하나님은 나의 요새, 나의 사랑." 악인도 힘이 있습니다. 하지만 주님은 그 악인의 힘과 비교할 수 없는 힘입니다. 원수는 강한 자였지만, 하나님은 그 원수와 비교할 수 없을 정도로 강합니다. 따라서 시인은 그분만 바라봅니다. 시인은 새벽을 기다리는 파수꾼처럼(시 130:6) 하나님을 기다립니다. 그는 하나님께서 일하심을 믿고 지켜봅니다. 비록 원수가 의인을 공격할지라도 하나님은 시인의 요새입니다. 사랑의 하나님께서 일하심으로 그 백성이 번성할 줄을 기대합니다.

시인은 어떤 확신이 있습니까? 시인은 하나님께서 인자로 자신을 영접하실 줄 확신합니다(10). 시인은 원수가 하나님한테 보응 받는 일을 볼 줄 확신합니다.

시인은 원수가 어떻게 되도록 기도합니까? 11절을 보십시오. "그들을 죽이지 마옵소서 나의 백성이 잊을까 하나이다 우리 방패 되신 주여 주의 능력으로 그들을 흩으시고 낮추소서." 시인은 원수를 죽이지 말도록 기도합니다. 왜냐하면 원수가 갑자기 죽으면 다른 사람에 대한 경로고서 잊어버릴 수 있기 때문입니다. 하나님은 악인을 심판할 때 경고로 삼으십니다. 하나님은 애굽의 바로를 치실 때 말씀하셨습니다. "내가 너를 세웠음은 나의 능력을 네게 보이고 내 이름이 온 천하에 전파되게 하려 하였음이니라"(출 9:16).

그러면 시인은 원수를 어떻게 하기를 바랍니까? 방패인 주님께서 주님의 능력으로 그들을 흩으시도록 기도합니다. 그들을 낮추도록 기도합니다. 그래야 그들이 하나님을 깨닫기 때문입니다.

17 나의 힘이시여(59:1-17)

또 그들이 어떻게 되기를 바랍니까? 그들 입술의 말은 곧 그들 입의 죄입니다(12). 그들은 말로 죄를 짓습니다. 그들은 저주와 거짓말만 늘어놓습니다. 시인은 그들의 교만이 그들을 사로잡는 덫이 되도록 기도합니다.

그런데 이제 시인은 주님의 진노로 그들을 멸하도록 기도합니다(13). 하나도 남김없이 멸하도록 기도합니다. 앞에서는 "그들을 죽이지 마옵소서"라고 기도했지만(11), 원수는 사라져야 합니다. 왜냐하면 그들은 저주와 거짓말을 하기 때문입니다(12). 하나님의 심판을 통해 그분의 다스림이 야곱에게 나타나고, 땅끝까지 알려지기를 바랍니다. (셀라).

원수는 무엇을 합니까? 14절입니다. "그들에게 저물어 돌아와서 개처럼 울며 성으로 두루 다니게 하소서." 원수는 저녁만 되면 돌아와서 개처럼 짖어 대면서 성안을 이리저리 쏘다닙니다. 그들은 먹을 것을 찾아서 돌아다니다가 배를 채우지 못하면 밤새도록 으르렁거립니다(15). 앞에서는 무섭던 개(6-7)가 여기서는 먹을 것을 찾아 헤매는 불쌍한 존재로 나타납니다.

그러나 시인은 무엇을 합니까? 16절을 읽읍시다. "나는 주의 힘을 노래하며 아침에 주의 인자하심을 높이 부르오리니 주는 나의 요새이시며 나의 환난 날에 피난처심이니이다." 원수는 들개처럼 싸돌아다닐지라도, 시인은 주님의 힘을 노래합니다. '힘'은 하나님의 본질적 속성입니다. 하나님은 당신의 백성을 위해 그 원수에게 그 힘을 나타내십니다. 시인은 그 힘을 아침에 노래합니다. 들개는 저물 때 활동하지만, 시인은 아침에 활동합니다. 시인은 주님의 변함없는 사랑을 크게 소리칩니다. 왜냐하면 주님은 시인의 요새였기 때문입니다. 환난의 날에 피난처였기 때문입니다.

그는 계속해서 무엇을 합니까? 17절도 읽읍시다. "나의 힘이시여 내가 주께 찬송하오리니 하나님은 나의 요새이시며 나를 긍휼히 여기시는 하나님이심이니이다." 하나님은 원수의 공격을 막아줄 힘입니다. 시인은 하나님이 자기 힘의 원천임을 믿습니다. 그는 힘인 하나님을 찬송합니다. 왜냐하면 하나님은 그의 요새이기 때문입니다.

하나님은 당신의 한결같은 사랑을 보여 주시기 때문입니다.

'나의 힘이시여'라고 찬송하는 시인으로부터 무엇을 배웁니까? 다윗은 사울의 공격을 받을 때마다 두려웠고, 절망했습니다. 왜냐하면 그 공격에서 벗어날 힘이 없었기 때문입니다. 그런데 그때마다 그가 두려움과 절망을 이길 수 있었던 힘은 그의 힘인 하나님이셨습니다. 비록 그는 힘이 없어도 자기와 함께하시는 하나님은 힘이 있음을 믿었습니다. 그 힘을 받으면, 어떤 원수도 이길 수 있음을 믿었습니다. 그래서 그는 그분께 기도했고, 그분을 체험했습니다. 그는 그분을 찬양했습니다. 힘인 하나님은 의인을 괴롭히는 악하고 교만한 사람을 심판함으로 그 힘을 나타내십니다. 여호와는 진실로 영적 용사(the Divine warrior)이십니다.

우리는 삶의 현장에서 늘 좋은 일, 신나는 일만 있으면 좋겠다고 생각합니다. 하지만 세상살이가 그렇지 않습니다. 힘든 일도 있고, 피곤한 일도 만납니다. 육체뿐 아니라 경제적으로나 심리적으로, 또 영적으로도 힘들어 지칠 때가 있습니다. 심지어 죽음의 두려움에 시달릴 때도 있습니다. 우리는 2학기 때는 캠퍼스에 올라가서 몇 사람을 만나고 싶습니다. 새로운 생명 사역을 이루었으면 좋겠습니다.

하지만 다른 한편으로는 그럴 힘이 없다는 생각이 듭니다. 내 마음을 방해하는 세력은 정말로 강한데, 나는 그 세력에 비해 약합니다. 나만 특별히 약한 존재는 아닙니다. 인간 존재 자체가 약한 존재입니다. 인간은 힘이 강한 것처럼 보여도 실은 약한 존재입니다.

어떻게 연약함을 이길 수 있습니까? 어떻게 나보다 강한 세력을 이길 수 있습니까? 시인처럼 우리에게도 힘들 때나, 두려울 때나 나의 힘인 하나님이 계십니다. 그리고 그분은 위기의 때 나의 요새입니다. 무엇보다도 나를 한결같이 사랑하십니다. 그러므로 우리도 그분께 기도할 수 있습니다. 그분의 힘을 체험할 수 있습니다. 그분을 찬양할 수 있습니다. 우리는 삶의 현장에서 어려움을 만날 때마다 시인의 기도로 기도하고, 시인의 찬양으로 찬양하기를 기도합니다.

18

우리를 도와주소서

말씀 시편 60:1-12
요절 시편 60:11
찬송 71장, 383장

"우리를 도와 대적을 치게 하소서 사람의 구원은 헛됨이니이다."

우리는 삶의 현장에서 내 능력으로는 어찌할 수 없는 문제를 자주 만납니다. 그러면 대부분 사람은 '나를 도와줄 사람이 누구인지'를 생각합니다. '금수저' 출신이거나 '인맥'이 있는 사람은 그 문제를 해결하기도 합니다. 그래서 많은 사람은 '사람의 구원'을 중요하게 여깁니다.

그런데 오늘 시인은 전혀 다르게 말합니다. "사람의 구원은 헛됨이니이다." 그러면 누구의 구원이 진짜입니까?

오늘 시인도 다윗인데, 그는 교훈하기 위해 오늘의 시를 지었습니다. 그는 주변 나라들인 에돔, 모압, 암몬, 그리고 블레셋과 싸웠습니다. 그는 '소금 골짜기'에서 에돔 사람 18,000명을 죽이고 돌아와서 이름을 떨쳤습니다(삼하 8:13). 그 숫자에 관해서는 시편은 12,000명으로 읽지만, 삼하에서는 18,000명으로 읽습니다. 또 삼하에서는 크게 이겼는데, 이곳에서는 큰 패배를 전제합니다. 그 패배를

18 우리를 도와주소서(60:1-12)

1-3절에서 7가지 동사를 통해 설명합니다.

1절을 보십시오. "하나님이여 주께서 우리를 버려 흩으셨고 분노하셨사오나 지금은 우리를 회복시키소서." 첫째로, 하나님은 그들을 버리셨습니다. 이스라엘이 전쟁에서 크게 졌다는 겁니다. 이스라엘이 전쟁에서 졌다는 사실은 하나님께서 그들을 거절했음을 뜻합니다. 그들은 전쟁에서 이기고 짐이 하나님한테서 온다고 믿었습니다. 어떤 상황에서도 하나님이 함께하시면 싸움에서 이기지만, 하나님이 그들을 버리면 싸움에서 집니다.

둘째로, 하나님은 그들의 방어선을 무너뜨렸습니다. 하나님이 그들을 거절했기 때문입니다. 셋째로, 하나님은 그들에게 화를 냈습니다. 화를 내셨음 또한 버리셨음을 뜻합니다.

그러나 시인은 무엇을 합니까? "지금은 우리를 회복시키소서!" 그는 하나님께서 그들을 회복시켜 주시도록 기도합니다. 하나님께서 그 백성을 버리셨지만, 완전히 버리지는 않았습니다. 시인은 그 사실을 알기에 회복을 위해 기도합니다.

주님께서 땅을 어떻게 하셨습니까? 2절입니다. "주께서 땅을 진동시키사 갈라지게 하셨사오니 그 틈을 기우소서 땅이 흔들림이니이다." 넷째로, 하나님은 땅을 흔드셨습니다. 다섯째로, 하나님은 땅을 찢어서 갈라지게 하셨습니다. 이것은 지진을 뜻합니다. '지진'은 하나님의 심판을 상징합니다. 하나님께서 그 백성을 버리심은 지진으로 나타났습니다.

그러나 시인은 무엇을 합니까? "그 틈을 기우소서!"라고 기도합니다. '틈'은 '파괴', '파멸'이고, '기우소서'라는 말은 '치료하소서'라는 뜻입니다. 시인은 땅의 파멸을 치료해 주시도록 기도합니다. 그것은 하나님과 그 백성의 회복을 뜻합니다.

그 백성은 어떤 상태였습니까? 3절은 말씀합니다. "주께서 주의 백성에게 어려움을 보이시고 비틀거리게 하는 포도주를 우리에게 마시게 하셨나이다." 여섯째로, 하나님은 그 백성에게 어려움을 겪도록 하셨습니다. '그 어려움'은 이스라엘이 애굽에서 겪었던 그 어려움입니다. 일곱째로, 하나님은 그들에게 포도주를 마시게 하셨습니다. 그들이 겪는 어려움은 술에 취한 사람처럼 비틀거리는 겁니다. 그들은 마치 옛적 조상이 애굽에서 방황했던 때처럼 삶의 방향과 목적을 잃고 방황했습니다.

시인은 그런 중에도 어떤 확신이 있었습니까? 4절입니다. "주를 경외하는 자에게 깃발을 주시고 진리를 위하여 달게 하셨나이다 (셀라)." '깃발'은 전장에서 '가시성'을 위해 나타내는 표시입니다. '하나님의 좋은 선물'을 뜻합니다. 모세는 애굽에서 나왔을 때 "여호와 닛시", 즉 '여호와는 깃발'(출 17:15)이라고 선언했습니다. 하나님은 당신을 경외하는 사람에게 깃발을 주셨습니다.

왜 주셨습니까? "진리를 위하여 달게 하셨나이다." 이 말씀을 두 가지로 해석합니다. 하나는, "진리를 위해 깃발을 달도록 하심이었다."입니다. 하나님은 당신을 경외하는 사람이 진리를 드러내도록 깃발을 달게 하신 겁니다. 다른 하나는, "그들이 활을 피하여 도망하도록 함이었다."입니다. 하나님은 당신을 경외하는 사람이 화살을 피하도록 깃발을 달도록 하셨습니다. 우리는 둘 다 받습니다.

시인은 무엇을 기도합니까? 5절을 보십시오. "주께서 사랑하시는 자를 건지시기 위하여 주의 오른손으로 구원하시고 응답하소서." '주께서 사랑하시는 자'는 '하나님께서 사랑하는 이스라엘 공동체'를 뜻합니다. 이스라엘은 고통 속에서도 하나님의 사랑을 받는 존재입니다. 그래서 시인은 기도합니다. "건져주십시오." "구원해 주십시오." "응답해 주십시오."

하나님은 시인의 기도에 어떻게 응답하셨습니까? 6절입니다. "하나님이 그의 거룩하심으로 말씀하시되 내가 뛰놀리라 내가 세겜을 나누며 숙곳 골짜기를 측량하리라." '그의 거룩하심'은 '성소'를 뜻합니다. 하나님은 시인의 기도를 들으시고 성소에서 말씀으로 응답하셨습니다.

그 내용은 무엇입니까? 첫째로, 하나님은 땅의 주인이십니다. 하나님은 매우 기뻐하십니다. 그 모습은 전쟁에서 이길 때 기뻐하는 겁니다. 그 하나님은 요단강 서쪽에 있는 세겜을 나누며, 요단강 동쪽에 있는 숙곳 골짜기를 측량하십니다. '땅을 나누고, 측량한다.'라는 말은 '땅을 나눠준다.'라는 뜻입니다. 하나님은 정복한 땅을 그 백성에게 나눠주십니다. 하나님은 그 땅의 주인이십니다. 하나님은 가나안 땅과 그 주변 모든 나라의 주인이십니다.

둘째로, 하나님은 세상을 지배하는 분이십니다. 길르앗도 하나님의 것이고, 므낫세도 하나님의 것입니다(7). '길르앗', '므낫세'는 사람이면서 그들이 사는 지역을 말합니다. 길르앗 땅, 므낫세 땅은 다 하나님의 소유입니다.

또 북이스라엘을 대변하는 에브라임은 하나님의 투구입니다. '투구'는 군인이 머리를 보호하기 위해 쓰는 안전모입니다. 하나님은 이스라엘을 안전모로 삼았습니다. 남쪽 유다는 하나님의 규입니다. '규'는 '지휘봉', '통치자'를 뜻합니다. 하나님은 유다를 지휘봉으로 삼았습니다. 그리고 모압은 하나님의 목욕통입니다(8). '목욕통'은 전장에서 돌아와서 목욕하는 그릇입니다. 에돔에는 하나님의 신발을 던집니다. 이 말은 소유권을 뜻합니다. 에돔은 하나님의 소유입니다. 하나님은 블레셋을 이기고 승리를 외칩니다. 당시 최강이었던 블레셋도 그 하나님께 복종했습니다. 이 하나님은 이스라엘은 물론이고 주변 나라를 다스리십니다. 하나님은 세상의 주인님이면서, 세상을 다스리는 만왕의 왕이십니다.

그런데 시인의 안타까움은 무엇입니까? 9절입니다. "누가 나를 이끌어 견고한 성에 들이며 누가 나를 에돔에 인도할까." '견고한 성'은 에돔의 수도인데, 암벽으로 이루어진 천연 요새였습니다. 그는 견고한 성 에돔을 공격하려고 합니다. 하지만 그는 안타깝게 묻습니다. "누가 나를 인도할 것인가?" 그를 견고한 성으로 데려갈 장군이 없습니다. 그를 에돔으로 인도할 사람이 없습니다.

왜냐하면 이스라엘은 하나님께서 그들을 버리셨다고 생각했기 때문입니다(10). 그들은 하나님께서 그들을 인도하지 않는다고 여겼기 때문입니다.

그러나 그는 하나님께 무엇을 요청합니까? 11절을 읽읍시다. "우리를 도와 대적을 치게 하소서 사람의 구원은 헛됨이니이다." 시인은 "우리가 대적과 맞서도록 도와달라."라고 기도합니다. 시인은 에돔이 강하다고 해서 피하지 않습니다. 그는 오히려 에돔과 맞서도록 도움을 청합니다.

왜 그는 하나님께 도움을 청합니까? 왜냐하면 사람의 구원은 헛되기 때문입니다. 사람의 도움으로 에돔과 싸워서 이길 수 없기 때문입니다. 전쟁에서 이기고 짐은 무기가 좋고 나쁨에 있지 않습니다. 하나님께 달려 있습니다. 하나님의 도움 없이는 전쟁에서 이길 수 없습니다. 그러므로 사람의 힘을 의지하는 일은 헛된 일입니다. 구원과 승리는 오직 하나님한테서 옵니다.

우리는 다윗이 양치던 목동 시절에 블레셋 장군 골리앗과 싸우려고 할 때 했던 말을 기억합니다. 골리앗의 키는 거의 3m나 되고, 놋으로 만든 투구를 쓰고, 무게가 57kg이나 되는 놋으로 만든 갑옷을 입고, 다리에는 놋으로 만든 각반을 찼습니다. 그는 놋으로 만든 창까지 들었는데, 그 창자루는 베틀 채만큼 두꺼웠고, 그 창날의 쇠무게는 약 7kg이나 되었습니다. 심지어 호위병 하나가 그의 큰 방패를 들고 걸어 나왔습니다(삼상 17:4-7).

그러나 목동 다윗은 시냇가로 가서 매끄러운 돌 다섯 개를 골라 그의 목양 주머니에 넣었습니다. 그가 양을 칠 때 사용하던 지팡이와 물매만 가지고 골리앗과 대적했습니다. 골리앗은 그런 그의 모습을 보고 비웃으며 말했습니다. "네가 나를 개로 알고 막대를 가지고 나왔느냐?" 그리고 골리앗은 자기 신들의 이름으로 다윗을 저주했습니다(삼상 17:40, 43).

그때 다윗은 무엇을 했습니까? 그는 그 블레셋 사람에게 크게 말했습니다. "너는 칼과 창을 가지고 나왔지만 나는 전능하신 여호와, 곧 네가 모욕하는 이스라엘 군대의 하나님 이름으로 나왔다." "그리고 이곳에 있는 모든 사람도 여호와께서 자기 백성을 구원하는 데 창이나 칼이 필요하지 않음을 알게 될 것이다! 전쟁은 여호와께 속한 것이므로 그분이 너희를 우리 손에 넘겨주실 것이다"(삼상 17:45, 47).

그 다윗은 예나 지금이나, 환경이 바뀔지라도 하나님을 향한 믿음에는 변함이 없습니다. 그는 오늘도 변함없이 기도합니다. "우리를 도와 대적을 치게 하소서!"

그들은 하나님이 도와주시면 무엇을 할 수 있습니까? 12절을 보십시오. "우리가 하나님을 의지하고 용감하게 행하리니 그는 우리의 대적을 밟으실 이심이로다." 하나님께서 그들을 도와주시면, 그들은 하나님을 의지하고 용감하게 행할 수 있습니다. 왜냐하면 그분이 대적을 짓밟을 것이기 때문입니다. 그러므로 시인은 하나님께 간절하게 매달립니다. "우리를 도와주소서!"

'우리를 도와주소서!'라고 기도하는 시인으로부터 무엇을 배웁니까? 모든 일이 실패한 것처럼 보이는 그 압박의 시기에도 하나님께 도움을 청해야 함을 배웁니다. 하나님이 계시지 않고, 아무 일도 하지 않으신 것처럼 보일 때도 그분을 믿고 도움을 청해야 합니다. 하나님의 사람은 그분과 함께하면 어떤 대적과도 맞서서 용감하게 싸울 수 있습니다. 우리를 도울 수 있는 유일한 분은 하나님뿐이십니다. 오직 하나님만이 우리의 기도에 응답하십니다.

우리는 삶의 현장에서 아무리 준비할지라도 우리 힘으로 어떻게 할 수 없는 문제를 만납니다. 이번 홍수 앞에서 국가적 차원에서 정말로 단단히 준비했습니다. 그런데 엉뚱한 곳에서, 그것도 가장 안전한 곳처럼 보이는 아파트 지하 주차장에서 인명 사고가 났습니다. 이런 국가적 재난은 물론이고 가정적으로, 또는 개인적으로 어찌할 수 없는 일을 더러 만납니다.

그런데 많은 사람은 그런 일 앞에서 주장합니다. "사람이 사람을 구원할 수 있다." 돈과 권세, 새로운 지식 등이 "사람을 구원한다."라고 외칩니다. 그래서 현대인은 '인맥 쌓기', '돈 쌓기'에 집중합니다. 물론 어떨 때는 이런 사람을 통해서 문제를 쉽게 해결합니다. 하지만 어떤 문제는 풀릴 듯하면서 점점 꼬일 때가 있습니다. 급기야는 실타래처럼 엉켜서 헤쳐나오기 버거울 때도 있습니다. 그래서 많은 사람이 '인맥'과 '돈', 그리고 '새로운 지식' 앞에서 한계를 느낍니다. 낙심하고 고통을 겪습니다. 왜냐하면 사람의 도움은 헛되기 때문입니다. 사람은 엄밀하게는 자기 자신도 구원하지 못합니다. 사람의 구원은 하나의 구호로 끝납니다.

　그러므로 우리는 삶의 현장에서 스스로 어찌할 수 없는 일을 만날 때 어떻게 해야 합니까? 낙심하지 않아야 합니다. 세상을 원망하지 않아야 합니다. '금수저 출신'이 아님에 대해 불평하지 않아야 합니다. 우리는 이렇게 기도해야 합니다. "하나님, 우리를 도와주소서! 사람의 구원은 헛됩니다." 어떤 분은 이렇게 말했습니다. "바로 그분이다! 그리고 그분의 도움으로 충분하다!"

19

나보다 높은 바위

> 말씀 시편 61:1-8
> 요절 시편 61:2
> 찬송 70장, 402장

"내 마음이 약해 질 때에 땅끝에서부터 주께 부르짖으오리니
나보다 높은 바위에 나를 인도하소서."

오늘의 시인은 마음이 약해졌습니다. 그는 하나님한테서 멀리 떨어졌다고 느꼈습니다. 그런데도 그는 무엇을 했습니까?

1절을 보십시오. "하나님이여 나의 부르짖음을 들으시며 내 기도에 유의하소서." 시인은 하나님을 부름으로 부르짖음을 시작합니다. '부르짖음'은 외침입니다. 기도입니다. '유의하소서'라는 말은 '청종하소서'라는 뜻입니다. 그는 하나님께서 그의 부르짖음을 들으시고, 그의 기도를 청종하시기를 바랍니다. 그는 그만큼 다급하고 간절하기 때문입니다.

왜 그는 그렇게 다급하고 간절합니까? 2절을 읽읍시다. "내 마음이 약해질 때에 땅끝에서부터 주께 부르짖으오리니 나보다 높은 바위에 나를 인도하소서." '마음이 약해질 때'란 절망, 소외를 느끼고

낙심하고 있음을 뜻합니다. '땅끝에서'란 '장소로 멀리 떨어져 있다.' '심리로 멀리 떨어져 있다.'라는 뜻입니다. 그는 성전에서 멀리 떨어져 있고, 하나님한테서 멀리 떨어져 있습니다. 그는 '자기 능력이 한계에 도달했고, 더는 어찌할 수 없는 상황'을 비유적으로 표현하고 있습니다. '마음이 약할 때'와 같은 뜻입니다.

그가 그렇게 다급하고 간절한 이유는 그의 마음이 약해졌기 때문입니다. 그가 땅끝에 있기 때문입니다.

그때 시인은 무엇을 합니까? 그는 주님께 부르짖습니다. 그는 마음이 약할 때, 땅끝에서부터 주님께 기도합니다.

무엇을 기도합니까? "나보다 높은 바위에 나를 인도하소서!" '높은 바위'는 '보호', '피난처'를 뜻합니다. 적으로부터 도망한 사람에게 안전을 보장하는 높이 솟은 장소, 요새입니다. 그곳은 원수가 올 수 없습니다. '나보다 높은 바위'란 '내 힘으로 오를 수 없는 바위'를 뜻합니다. '높은 바위'는 시인의 힘으로 오를 수 없습니다. 그곳은 '성소'이며, '여호와'를 상징합니다. 시인은 여호와께 스스로 갈 수 없습니다. 오직 하나님만이 그를 안전한 그곳으로 인도하실 수 있습니다. 그는 여호와 외에는 누구의 보호도 바라지 않습니다. 그래서 그는 가장 안전한 곳인 하나님의 품으로 하나님께서 인도해 주시도록 기도합니다.

'나보다 높은 바위'라고 고백하는 시인을 통해 우리는 무엇을 배웁니까? 첫째로, 내 마음이 약할 때 주님을 불러야 합니다. 보통 사람은 마음이 약할 때 하나님을 부르기보다 세상으로 가기 쉽습니다. 환경을 탓하고, 자신의 약함을 불평하기 쉽습니다. 하지만 그때야말로 우리가 하나님을 부를 때입니다. 하나님은 우리가 약할 때, 하나님한테서 멀어졌다고 생각할 때 우리를 찾으십니다. 우리의 기도를 들으십니다.

우리는 삶의 현장에서 낙심할 때가 있습니다. 우리의 의지와 상관없이 거세게 몰아치는 비바람을 맞을 때가 있습니다. 우리의 삶이 주변 환경에 완전히 압도당함을 느낄 때가 있습니다. 그때 우리는 안타까운 현실에서 도망치지 않아야 합니다. 주님을 불러야 합니다.

둘째로, 하나님은 나보다 높은 바위이심을 믿어야 합니다. 이 세상에서 그 누구도, 그 무엇도 우리를 안전하게 보호할 수 없습니다. 돈도, 사람도, 권력도 태생적 한계가 있습니다. 오직 우리의 하나님 여호와만이 가장 높은 바위이십니다. 가장 안전하게 우리를 보호하실 수 있습니다. 그러므로 우리는 안전과 보호가 필요할 때 그분이 나를 인도해 주시도록 기도해야 합니다. 왜냐하면 우리 스스로는 그 높은 바위로 오를 수 없기 때문입니다. 우리의 힘으로는 그분께 갈 수 없기 때문입니다.

그런데 만일 그 높은 바위로 피하지 않으면 어떻게 됩니까? 그 돌에 걸려 넘어집니다. 왜냐하면 하나님께서 시온에 부딪히는 돌과 걸려 넘어지게 하는 바위를 두셨기 때문입니다. 그 돌은 예수님이십니다. 누구든지 예수님께로 가지 않으면, 그분을 믿지 않으면 심판을 받습니다. 하지만 그분, 예수님을 믿는 사람은 부끄러움을 당하지 않습니다(롬 9:32-33). 그러므로 오늘 우리는 어떤 상황을 만날지라도 '나보다 높은 바위로 인도해 달라.'라고 기도해야 합니다.

우리는 그동안 '코로나19' 상황으로 캠퍼스에 도전하지 못했습니다. 외적 상황도 문제이지만, 우리의 마음이 약해진 그것이 더 큰 문제입니다. 우리는 매 학기 '동아리 등록'을 할 때면 안타까운 마음을 느낍니다. 그렇다고 우리가 그 현실을 피할 수는 없습니다. 우리는 먼저 하나님께서 우리를 인도해 주시도록 기도해야 합니다. 그리고 어떤 모양으로든지 이 가을에는 캠퍼스에 도전하기를 바랍니다.

왜 시인은 '나보다 높은 바위로 인도해 달라.'라고 기도합니까? 3절입니다. "주는 나의 피난처시요 원수를 피하는 견고한 망대이심이니이다." 왜냐하면 여호와는 과거에 그의 피난처이셨기 때문입니다. 여호와는 과거에 그의 망대, 즉 '방어 탑'이셨기 때문입니다. '망대'는 도시 안에서 사람에게 피신처를 제공하여 보호하고, 적을 공격하도록 기회를 주는 곳입니다. 시인은 현재의 고통 속에서 주님께서 함께하셨던 과거를 회상합니다. 과거에 피난처였고, 망대였던 그분을 기억합니다.

그러므로 시인은 어떻게 하려고 합니까? 4절을 봅시다. "내가 영원히 주의 장막에 머물며 내가 주의 날개 아래로 피하리이다 (셀라)." 시인은 피난처이셨던 주님의 장막에 계속해서 머물려고 합니다. 견고한 망대이셨던 주님의 날개 아래로 피하려고 합니다.

왜 그는 그리로 피하려고 합니까? 5절입니다. "주 하나님이여 주께서 나의 서원을 들으시고 주의 이름을 경외하는 자가 얻을 기업을 내게 주셨나이다." '서원'은 어려운 일을 만날 때 주님께 하는 맹세입니다. 시인이 하나님한테 피하려고 하는 이유는 하나님께서 그의 서원을 들으셨기 때문입니다. 하나님의 이름을 경외하는 사람이 얻을 기업을 그에게 주셨기 때문입니다. 하나님은 오늘도 당신께 피하는 사람의 기도를 들으시고, 기업을 주십니다.

시인은 이제 누구를 위해 기도합니까? 6절을 보십시오. "주께서 왕에게 장수하게 하사 그의 나이가 여러 대에 미치게 하시리이다." 시인은 이제 왕을 위해 기도합니다. '왕에게 장수하게 하사'라는 말은 '왕의 날을 더하소서!' '왕의 수명을 연장하소서.'라는 뜻입니다. '그의 나이가 여러 대에 미치게 하소서'라는 말은 '그의 해가 모든 세대에 지속되기를'이라는 뜻입니다.

시인은 계속해서 무엇을 기도합니까? 그는 왕이 하나님 앞에서 왕위에 영원히 앉아 있도록 기도합니다(7). 하나님께서 인자와 진리로 왕을 지켜주시도록 기도합니다.

왜 시인은 왕을 위해 이렇게 기도합니까? 나라의 현재와 미래는 왕의 현재와 미래에 달려 있기 때문입니다. 왕이 건강하고 오래 살면 그 나라도 건강하게 오래 갑니다. 왕이 하나님의 사랑과 진리 안에 살면 그 나라도 하나님의 사랑과 진리 안에서 삽니다. 왕은 곧 그 나라를 대변합니다. 왕을 위한 기도는 그 나라, 그 공동체를 위한 기도입니다.

후에 영국 국가(British National Anthem: God Save the Queen/King)는 이 시에서 가사를 따왔습니다. "God save our gracious King(하나님, 우리의 은혜로운 왕을 지켜주시고)/ Long live our noble King(우리의 고귀한 왕을 오랫동안 살게 하소서)/ God save the King(하나님, 왕을 지켜주소서)/ Send him victorious(왕에게 승리를

주소서)/ Happy and glorious(행복과 영광을 주소서)/ Long to reign over us(오랫동안 우리를 다스리게 하소서)/ God save the King(하나님, 왕을 지켜주소서)!" 새찬송가 70장의 곡은 영국 국가의 곡을 그대로 사용했습니다. 그 점에서 우리의 대통령을 위한 기도는 나라와 민족을 위한 기도입니다.

시인은 주님이 기도를 응답하시면 무엇을 할 것입니까? 8절입니다. "그리하시면 내가 주의 이름을 영원히 찬양하며 매일 나의 서원을 이행하리이다." 시인은 주님이 기도를 응답하시면 그분의 이름을 영원히 찬양합니다. '주님의 이름'은 '안전하고 높은 바위', '강한 탑', 그리고 '안전한 피난처'입니다. 그리고 시인은 매일 그의 서원을 이행합니다. '서원을 이행하는 일'은 성전에서 희생 제사를 지내면서 공적으로 하는 행위입니다. 시인은 하나님께서 왕을 오랫동안 지켜주시면, 날마다 서원을 지키면서 하나님을 계속해서 찬양할 겁니다.

유다의 히스기야 왕은 병들어 죽게 되었습니다. 그런데 하나님은 히스기야의 기도를 들으시고 수명을 15년 더 연장하셨습니다. 히스기야는 병에서 회복된 후에 이런 시를 지었습니다(사 38:1, 5, 6). "죽은 사람이 주님을 찬양할 수 없고, 무덤에 들어간 사람이 주님의 신실하심을 바랄 수 없습니다. 아버지가 자기 아들딸에게 주님의 신실하심을 말해 주듯이 오늘 나처럼 주님을 찬양할 수 있는 사람은 오직 살아 있는 사람뿐입니다. 여호와께서 나를 구원하실 것이니 우리가 평생 여호와의 성전에서 수금으로 노래하며 찬양하리라."(사 38:18-20). 하나님을 찬양하는 일은 하나님한테 기도를 응답받은 사람의 특권입니다.

우리가 삶의 현장에서 마음이 약해질 때 무엇을 해야 합니까? 주님께 부르짖어야 합니다. 나보다 높은 바위로 인도해 주시도록 기도해야 합니다. 가을학기에 한 영혼을 만나도록 인도해 주시기를 기도합니다.

20

하나님만 바람이여

> 말씀 시편 62:1-12
> 요절 시편 62:1
> 찬송 543장, 343장

"나의 영혼이 잠잠히 하나님만 바람이여 나의 구원이 그에게서
나오는 도다."

보통 사람은 삶의 현장에서 어려움을 만날 때 '누구를', 또는 '무
엇을' 바랍니까? 믿음의 길을 가는 우리는 어떠합니까? 오늘 시편에
서 시인은 어떻게 했습니까?

오늘의 시는 다윗이 그의 아들 압살롬의 반란으로 피난할 때 지
은 시로 알려졌습니다(삼하 15:14). 다윗은 그때가 그 삶에서 가장
어렵고 힘든 시기였습니다. 그런데도 그는 인생의 벼랑길에서 주저
앉지 않았습니다. 포기하지 않았습니다. 원망하지 않았습니다. 스스
로 그 문제를 해결하려고 큰소리치지 않았습니다.

그는 무엇을 했습니까? 1절을 읽읍시다. "나의 영혼이 잠잠히 하
나님만 바람이여 나의 구원이 그에게서 나오는 도다." '잠잠히'는 '조
용히 기다린다.'라는 뜻입니다. 하나님의 도움에 대한 기대와 신뢰의
침묵을 나타냅니다. '하나님만 바람이여'라는 말은 '하나님만 오직'이

라는 뜻입니다. 시인의 영혼은 오직 하나님만을 위하여 잠잠히 기다립니다. 그는 근심과 걱정을 하나님께 맡겼습니다. 그런 그는 하나님 안에서 평안합니다. 그런 모습은 아기가 엄마 품에 있는 그것과 같습니다.

그는 어떻게 그 위기의 순간에도 하나님만 바랄 수 있었습니까? "나의 구원이 그에게서 나오는 도다." 그는 그분한테서 구원이 나옴을 믿었습니다. 그는 하나님만이 자기를 구원하실 줄 믿었습니다.

왜 그분께서 구원하십니까? 2절을 보십시오. "오직 그만이 나의 반석이시요 나의 구원이시요 나의 요새이시니 내가 크게 흔들리지 아니하리로다." 오직 그분만이 흔들리지 않는 바위입니다. '흔들리지 않는 바위'는 안전과 힘을 상징합니다. 그는 바위인 그분께 불안과 근심을 내려놓았습니다. 그분은 구원입니다. 하나님은 위험과 어려움, 그리고 환난에서 구원하는 분입니다. 또 그분은 요새입니다. 그분은 억눌린 사람을 보호하고, 약한 사람에게 피신처를 제공합니다. 그러므로 그분을 의지하는 시인은 어떤 어려움에서도 그 믿음이 흔들리지 않습니다. 하나님을 향한 기다림이 흔들리지 않습니다. 그는 바위, 구원, 그리고 요새인 하나님을 잠잠히 바라기 때문입니다.

그런데 우리가 삶에서 '잠잠히 그분을 바란다.'라는 말은 무슨 뜻입니까? 그냥 아무 일도 하지 않고 '넋 놓는 것'을 뜻하지 않습니다. '아티스틱 스위밍(Artistic Swimming)', 즉 수영과 발레가 어우러져 수영장에서 음악에 맞추어 아름답게 연기하는 스포츠가 있습니다. 그것을 연기하는 사람들은 물 밖과 물속을 드나들며 수영 기술과 발레 기술을 합친 우아하고 힘찬 안무를 펼칩니다. 그들은 물 밖에서 아름답고 화려한 고난도 기술을 보이려고 물속에서는 치열하게 손을 움직입니다. 이런 모습을 '잠잠히 그분을 바란다.'라는 말씀에 연결할 수 있습니다. 겉으로는 잠잠하지만, 우리의 내면은 그분만을 바라보기 위해 치열한 싸움을 싸워야 합니다. 그래야 끝까지 그분을 바라볼 수 있습니다.

이스라엘이 애굽에서 나왔을 때, 애굽의 바로는 특수 부대를 동원하여 그들을 추격했습니다. 이스라엘은 크게 두려워하며, 모세를 원망했습니다. "애굽에는 묫자리가 없어서 우리를 이 광야에다 끌어내어 죽이려 합니까? 광야에서 죽는 것보다 애굽 사람을 섬기는 것이 더 나으니, 애굽 사람을 섬기게 그대로 내버려 두라고 하지 않았습니까?" 그때 모세가 대답했습니다. "너희는 두려워하지 말고 가만히 서서 여호와께서 오늘 너희를 위하여 행하시는 구원을 보라 너희가 오늘 본 애굽 사람을 영원히 다시 보지 아니하리라, 여호와께서 너희를 위하여 싸우시리니 너희는 가만히 있을지니라"(출 14:10-14). 여기서 볼 때 '가만히 있는 그것'은 두려워하지 않고, 원망하지 않고, 하나님을 믿는 겁니다.

우리는 무엇을 배웁니까? 보통 사람은 삶의 현장에서 어려움을 만날 때 '누구를', 또는 '무엇을' 바랍니까? 어떤 사람은 "돈이다."라고 말합니다. 어떤 사람은 "인생은 바라는 그것을 소유하고, 경제적으로 풍요를 누리는 그것이다."라고 말합니다. 그러나 시인은 고백합니다. "우리가 우여곡절의 삶을 만났을 때 요새와 희망을 줄 수 있는 분은 오직 하나님뿐이시다." 시인은 구원의 수단으로서 사회적 지위, 부 등을 거부합니다. 그는 오직 하나님만을 바랍니다. 오직 하나님만을 의지하는 그곳에 구원이 있기 때문입니다.

사도 바울도 말씀했습니다. "아무것도 염려하지 말고 다만 모든 일에 기도와 간구로 너희 구할 것을 감사함으로 하나님께 아뢰라. 그리하면 모든 지각에 뛰어난 하나님의 평강이 그리스도 예수 안에서 너희 마음과 생각을 지키시리라"(빌 4:6-7). 하나님만이 믿는 자를 파괴적인 원수로부터 구원하십니다. 안전하게 보호하십니다. 왜냐하면 그분만이 구원자이고 심판장이시기 때문입니다.

우리가 내 삶의 어려움에서, 복음 사역의 어려움에서 어떻게 해야 합니까? 환경이나 조건을 두려워하지 않고, 원망하지 않고, 하나님만 바라야 합니다.

그런데 원수는 무엇을 합니까? 3절입니다. "넘어지는 담과 흔들리는 울타리같이 사람을 죽이려고 너희가 일제히 공격하기를 언제까지 하려느냐." '넘어지는 담과 흔들리는 울타리같이 사람을'은 두 가지로 해석할 수 있습니다. 하나는, 원수가 시인을 공격하는데, 넘어지는 담과 흔들리는 울타리처럼 공격한다는 뜻입니다. 다른 하나는, 원수는, 기우는 담과 같고 넘어지는 울타리 같은 시인을 죽이려고 다 함께 공격한다는 뜻입니다. 둘 다, 원수는 자기를 방어할 수 없는 연약한 존재를 공격합니다. 그들은 시인을 그 높은 자리에서 떨어뜨릴 궁리만 하고, 거짓말만 즐겨 합니다(4). 그들은 입으로는 축복하지만, 마음으로는 저주를 퍼붓습니다. (셀라).

그때 시인은 무엇을 합니까? 5절입니다. "나의 영혼아 잠잠히 하나님만 바라라 무릇 나의 소망이 그로부터 나오는 도다." 시인은 잠잠히 하나님만 바랍니다. 그의 소망이 하나님으로부터 오기 때문입니다. 여기서 '소망'은 1절에서 말했던 '구원'입니다. 그는 하나님께서 자기를 구원할 줄 소망하기에 잠잠히 하나님만 바랍니다.

하나님은 누구십니까? 오직 그분만이 반석이고, 구원이고, 요새입니다(6). 따라서 시인은 흔들리지 않습니다.

그 이유는 무엇입니까? 시인의 구원과 영광이 하나님께 있기 때문입니다(7). 그 힘의 반석과 피난처도 하나님께 있습니다. 하나님은 원수의 공격에서 시인을 보호합니다.

그러므로 백성은 어떻게 해야 합니까? 백성은 언제든지, 무슨 일을 겪든지 하나님만 믿어야 합니다(8). 그분께 속마음을 털어놓고, 그분께 모든 소원과 희망을 말해야 합니다. 그분은 우리 모두의 피난처입니다. 누구든지 어려움을 겪을 때 하나님께로 가면 그분께서 피난처가 되십니다.

반면 인생은 어떤 존재입니까? 9절을 보십시오. "아, 슬프도다 사람은 입김이며 인생도 속임수이니 저울에 달면 그들은 입김보다 가벼우리로다." '사람'은 낮은 지위에 있는 사람을 말합니다. 그런 사람은 숨에 불과합니다. '인생'은 높은 지위에 있는 사람을 말합니다. 그런 사람은 거짓에 불과합니다. 그들 모두를 저울에 올려놓아도 입김보다 가볍습니다. 시인은 인간을 바위이며 요새인 하나님과 대조합니다. 하나님은 견고하며 무겁고 영원합니다. 하지만 인생은 신분과 귀천을 떠나서 본질에서 덧없고, 숨결보다 가벼운 존재에 불과합니다.

그러므로 사람은 무엇을 의지하지 않아야 합니까? 사람은 강압을 의지하지 않아야 합니다(10). 도둑질에 헛된 희망을 두지 않아야 합니다. 그리고 재물이 늘어도 그것에 마음을 두지 않아야 합니다. 오직 하나님만 완전히 의지해야 합니다.

그 이유는 무엇입니까? 11절입니다. "하나님이 한두 번 하신 말씀을 내가 들었나니 권능은 하나님께 속하였다 하셨도다." '한두 번 하신 말씀을 내가 들었나니'라는 말은 '하나님은 한번 말씀하셨고, 시인은 두 가지를 들었다.'라는 뜻입니다.

그 내용은 무엇입니까? 첫째로, 권세는 하나님께 속했습니다. 원수도 권세가 있습니다. 하지만 하나님의 권세와는 비교할 수 없습니다. 그들의 권세는 아무것도 아닙니다.

둘째는, 무엇입니까? 12절입니다. "주여 인자함은 주께 속하오니 주께서 각 사람이 행한 대로 갚으심이니이다." '인자함'은 한결같은 사랑입니다. 한결같은 사랑은 하나님께 속했습니다. 그러니까 권세도 한결같은 사랑도 다 하나님께 속했습니다.

무슨 말입니까? 권세와 사랑은 동전의 양면과 같습니다. 권세의 절정은 사랑입니다. 진정한 권세는 사랑에서 나옵니다. 사랑이 없는 권세는 폭력입니다. 하나님은 권세와 사랑을 모두 가지셨습니다.

그것으로 무엇을 하십니까? "주께서 각 사람이 행한 대로 갚으심이니이다." 하나님은 권세와 사랑으로 사람이 행한 대로 갚으십니다. 하나님은 권세와 사랑으로 믿는 사람을 구원하고, 믿지 않는 사람을 심판하십니다.

우리가 구원을 사랑의 행위로 받기는 쉽습니다. 하지만 심판을 사랑의 행위로 받기는 쉽지 않습니다. 어떤 사람은 말합니다. "하나님은 사랑이시니 심판하지 않는다. 따라서 지옥은 없다." 하지만 하나님은 한결같은 사랑으로 믿는 자를 구원하고, 믿지 않는 사람을 심판합니다. 사랑의 하나님 안에는 구원만 있지 않고 심판도 있습니다. 하나님은 사람을 구원할 수 있는 권세도 있고, 심판할 권세도 있습니다.

20 하나님만 바람이여(62:1-12)

  그러므로 우리는 삶의 현장에서 힘들고 어려운 일을 만날 때 어떻게 해야 합니까? 우리는 잠잠히 하나님만 바라야 합니다. 우리가 복음 사역을 어떻게 섬길 수 있습니까? 하나님만을 바라야 합니다. 우리가 하나님께 도움을 청하고 도전하여, 그 권세와 사랑을 체험하기를 기도합니다.

의 영역을 넘어서는 해석입니다.

21 내 영혼이 주를 갈망하며(63:1-11)

21
내 영혼이 주를 갈망하며

말씀 시편 63:1-11
요절 시편 63:1
찬송 309장, 362장

"하나님이여 주는 나의 하나님이시라 내가 간절히 주를 찾되
물이 없어 마르고 황폐한 땅에서 내 영혼이 주를 갈망하며 내
육체가 주를 앙모하나이다."

오늘의 시도 다윗의 시인데, 그가 유다 광야에 있을 때 지었습니다. 그는 어떤 상황에 있었으며, 무엇을 기도합니까?

1절을 읽읍시다. "하나님이여 주는 나의 하나님이시라 내가 간절히 주를 찾되 물이 없어 마르고 황폐한 땅에서 내 영혼이 주를 갈망하며 내 육체가 주를 앙모하나이다." 시인은 하나님을 부름으로 시작합니다. 하나님은 시인의 하나님이십니다. 그분은 강한 분입니다. 강하신 하나님과 시인의 관계는 인격적입니다.

그는 그 하나님께 무엇을 합니까? 그는 주님을 간절하게 찾습니다. 왜냐하면 물이 없어 마르고 황폐한 땅에 있기 때문입니다. 이런 모습은 시인의 현재 삶을 상징합니다.

당시 다윗은 블레셋 사람이 그일라를 치고 타작한 곡식을 마구 약탈한다는 소식을 들었습니다. 그는 주님께 기도했습니다. 주님은

123

"블레셋을 치고 그일라를 구하라."라는 방향을 주셨습니다. 하지만 부하들이 반대했습니다. 왜냐하면 지금 그들은 힘이 없어서 조용히 사는데, 출전하여 블레셋과 마주치면 위험에 빠질 수 있었기 때문입니다. 다윗은 다시 기도했습니다. 주님은 똑같이 대답하셨습니다. 그래서 다윗은 출전하여 블레셋과 싸워 크게 이겼습니다(삼상 23:1-5).

그런데 사울이 그 소식을 듣고 말했습니다. "이제는 하나님이 다윗을 내 손에 넘겨주셨다. 그는 독 안에 든 쥐다." 사울은 군대를 소집하여 그일라로 가서 다윗과 그 부하들을 포위했습니다. 하지만 다윗은 하나님의 도움으로 그일라를 벗어났고, 광야의 산성을 찾아다니며 숨어서 살았습니다. 사울은 날마다 다윗을 찾았는데, 하나님이 다윗을 사울의 손에 넘겨주지 않으셨습니다(삼상 23:7-13). 그런데도 다윗은 광야에서 쫓기느라 물이 없어 마르고 황폐한 삶을 살아야 했습니다.

그런 중에 그는 무엇을 했습니까? 그는 하나님을 원망하지 않았습니다. 그는 자기 스스로 고난을 헤쳐나가기 위해 인간적 수단을 부리지 않았습니다. 그는 오히려 위기의 순간에 하나님을 간절히 찾았습니다. 그의 영혼은 주님을 갈망했습니다. '갈망한다.'라는 말은 '애타게 그리워한다.'라는 뜻입니다. 그의 육체는 주님을 앙모했습니다. '앙모한다.'라는 말은 '열망하여 약해진다.'라는 뜻입니다. 그는 몸이 약해질 정도로 주님을 애타게 그리워했습니다.

그래서 그는 무엇을 했습니까? 2절을 보십시오. "내가 주의 권능과 영광을 보기 위하여 이와 같이 성소에서 주를 바라보았나이다." '주의 권능과 영광'은 주님께서 하셨던 사역을 말합니다. 시인은 주님이 예전에 하셨던 그 사역을 보려고 성소에서 주님을 바라보았습니다. 그는 지난날 주님께서 하셨던 그 일을 성소에서 회상했습니다. 그는 과거에 일하셨던 그 하나님을 바라보면서 오늘도 그분께서 일하심을 믿고 갈망합니다.

하나님을 갈망하는 시인으로부터 무엇을 배웁니까? 삶의 어려움 앞에서 하나님을 갈망했다는 점입니다. 살기가 팍팍하면 하나님보다도 세상을 갈망하기 쉽습니다. 그러나 시인은 하나님을 애타게 찾았습니다. 그는 과거에 자신을 도우셨던 하나님이 오늘도 도와주실 줄 믿었습니다. 그래서 그는 비가 오지 않아 메마른 땅이 간절히 비를 기다리듯이, 하나님의 도움을 애타게 갈망했습니다.

그런데 현대인은 어떠합니까? 그들은 삶에서 하나님을 갈망하기보다는 사람을 갈망하기 쉽고, 세상 풍조를 따르기 쉽습니다. 자기가 돌파구를 찾으려고 몸부림치기도 합니다.

예전과 비교하면 오늘의 사람은 살아가는 환경도 좋고, 삶의 질도 나아졌습니다. 그런데도 상대적 빈곤감은 더 커졌습니다. 그런 현상 중 하나는 자살률의 증가로 나타납니다. 고령화도 문제인데, 젊은 층의 자살률 증가는 더 심각한 문제입니다. 그들이 하나님을 찾으면 문제의 본질을 해결할 수 있는데도, 몰라서, 또는 그렇게 하기 싫어서 하나님 대신 다른 무엇을 갈망합니다. 그런 그들은 물이 없어 마르고 황폐한 땅에서 살 수밖에 없습니다. 이런 사회 현상을 보면 안타까운 마음이 큽니다. 우리가 이 세상의 모든 사람의 문제를 해결할 수는 없습니다. 하지만 가까운 몇 사람의 안타까움이라도 해결할 수 있다면, 얼마나 좋을까요?

우리는 어떻게 해야 합니까? 우리는 먼저, 오늘의 시인처럼 어떤 상황에서도 하나님을 갈망해야 합니다. 우리도 지난날을 돌아보면 하나님께서 나를 도와주셨음을 확신할 수 있습니다. 따라서 오늘 우리가 겪는 어려움에서도 하나님을 간절히 찾아야 합니다. 우리의 영혼이 주님을 갈망하고, 우리의 육체가 주님을 앙모해야 합니다. 그러면 이런 우리를 통해서 '나비 효과'가 생깁니다. 우리 주변으로 하나님의 살아 계심이 번질 겁니다. 그 점에서 내 삶과 내 역할의 중요성이 있습니다. 우리가 이런 역할을 할 수 있다는 데서 우리의 정체성과 자긍심을 찾으면 좋겠습니다.

시인은 계속해서 무엇을 합니까? 3절입니다. "주의 인자하심이 생명보다 나으므로 내 입술이 주를 찬양할 것이라." '주의 인자하심'은 한결같은 사랑입니다. 시인은 한결같은 사랑이 생명보다 더 좋기에 하나님을 찬양합니다.

왜 시인은 '하나님의 인자가 자기 생명보다 더 좋다.'라고 찬양할

까요? 사람의 생명은 시간과 함께 환경에 따라 계속해서 변합니다. 하지만 하나님의 한결같은 사랑은 어제나 오늘이나, 어떤 상황에서도 변하지 않습니다. 사도 요한은 그분의 사랑을 이렇게 표현했습니다. "유월절 전에 예수께서 자기가 세상을 떠나 아버지께로 돌아가실 때가 이른 줄 아시고 세상에 있는 자기 사람들을 사랑하시되 끝까지 사랑하시니라"(요 13:1). 예수님은 당신의 형편은 물론이고, 제자들의 형편에 따라 그 사랑을 바꾸지 않으셨습니다. 심지어 가룟 유다는 예수님을 배신하려고 했는데도, 끝까지 사랑하셨습니다. 시인은 그 사랑을 체험했기에 자기 생명보다 그 사랑이 더 좋다고 찬양합니다.

일찍이 믿음의 선배들은 그 사랑의 좋음을 실제로 목숨 걸고 증언하기도 했습니다. 어떤 분은 하나님의 한결같은 사랑을 지키기 위해 자기 목숨을 버렸습니다. 그것을 우리는 '순교'라고 부릅니다.

이러므로 시인은 무엇을 합니까? 그는 평생에 주님을 송축하며, 주님의 이름으로 그의 손을 듭니다(4). '손을 든다.'라는 말은 기도를 뜻합니다. 그는 송축하며 기도합니다.

그런 그는 골수와 기름진 음식을 먹음같이 영혼이 만족합니다(5). 그는 최고의 음식을 먹고 배부른 그런 만족감을 누립니다. 하나님을 목말라했던 그가 그분 안에서 만족합니다. 그는 기쁨에 가득 찬 입술로 주님을 찬양합니다.

그는 침상에서 무엇을 합니까? 6절을 읽읍시다. "내가 나의 침상에서 주를 기억하며 새벽에 주의 말씀을 작은 소리로 읊조릴 때에 하오리니." 보통 옛적에는 잠자는 시간을 원수한테 공격받을 수 있는 때로 여겼습니다. 그런데 시인은 그런 침상에서 하나님을 기억했습니다. 그는 하나님께서 과거에 하신 일을 기억했습니다. 그리고 새벽에 주님의 말씀을 작은 소리로 읊조립니다. '새벽에'는 '경(更, watch)'을 말합니다. '경'은 해 뜰 때부터 해 질 때까지를 나누어 일컫는 시간의 이름입니다. 구약에서는 밤을 4시간 단위로 '3경'으로 나누었습니다. 따라서 '새벽에'는 '밤을 새워가며'를 뜻합니다. 그는 밤을 새우면서 말씀을 작은 소리로 읊조립니다.

21 내 영혼이 주를 갈망하며(63:1-11)

왜 그는 그렇게 했습니까? 왜냐하면 주님께서 그를 도우셨기 때문입니다(7). 주님은 시인이 어려울 때 돕는 분이셨습니다. 그는 주님의 날개 그늘에서 즐거이 노래합니다. 그의 영혼이 주님을 가까이 따랐습니다(8). 주님의 오른손이 그를 붙드셨습니다.

그러나 어떤 사람이 있습니까? 9절입니다. "나의 영혼을 찾아 멸하려 하는 그들은 땅 깊은 곳에 들어가며." 시인의 영혼을 찾아 멸하려는 사람이 나타납니다. 하지만 그들은 땅 깊은 곳으로 들어갑니다. '땅 깊은 곳'은 죽어서 가는 지하 세계입니다. 시인은 생명의 위험 속에서도 원수가 죽어서 지하 세계로 갈 줄 압니다. 원수의 주검은 승냥이의 먹이가 됩니다(10). 시신이 묻히지 못하고 짐승의 밥이 되는 그것은 끔찍한 저주 가운데 하나였습니다. 원수는 죽어서도 안식을 얻지 못합니다.

그러나 왕은 어떠합니까? 11절을 봅시다. "왕은 하나님을 즐거워하리니 주께 맹세한 자마다 자랑할 것이나 거짓말하는 자의 입은 막히리로다." 여기서 '왕'은 시인 자신이면서 동시에 시인의 왕을 말합니다. 그 왕은 하나님을 즐거워합니다. 그리고 하나님의 이름으로 맹세한 사람은 자랑합니다. 왜냐하면 거짓말쟁이의 입은 막힐 것이기 때문입니다. '거짓말쟁이'는 시인의 영혼을 찾아 멸하려 했던 원수입니다. 찬양하는 입은 열리지만, 거짓말하는 입은 닫힙니다.

그러면 우리가 메마르고 황폐한 광야 같은 삶을 살 때 무엇을 해야 합니까? 하나님을 간절히 찾아야 합니다. 내 영혼이 주님을 갈망하고, 내 육체가 주님을 앙모해야 합니다. 그러면 우리도 하나님을 즐거워하며 자랑할 수 있습니다. 더 나아가, 이런 우리를 이 시대에 물이 없어 마르고 황폐한 땅에서 사는 영혼들이 하나님을 갈망하는 그 일에 써 주시도록 기도합니다.

22

다 자랑하리로다

> 말씀 시편 64:1-10
> 요절 시편 64:10
> 찬송 41장, 573장

"의인은 여호와로 말미암아 즐거워하며 그에게 피하리니 마음이
정직한 자는 다 자랑하리로다."

성경은 언제나 두 종류의 사람에 관해 말합니다. 그것은 의인과
악인입니다. 오늘 우리의 삶의 현장에도 의인과 악인이 있습니다. 예
수님을 믿고 말씀대로 사는 사람이 있고, 세상 풍조대로 사는 사람
이 있습니다. 그런데 악인이 의인을 독한 말로 공격합니다. 그때 의
인은 어떻게 해야 합니까?

1절을 보십시오. "하나님이여 내가 근심하는 소리를 들으시고 원
수의 두려움에서 나의 생명을 보존하소서." 이 시는 하나님을 급하
게 부름으로 시작합니다. 시인은 하나님께 '들어주시도록' 기도합니
다. 왜냐하면 그는 원수의 공격으로 생명의 위협을 받기 때문입니다.
그는 하나님께서 그 공격에서 생명을 '보존해주시도록' 기도합니다.
시인은 계속해서 무엇을 기도합니까? 2절입니다. "주는 악을 꾀하
는 자들의 음모에서 나를 숨겨 주시고 악을 행하는 자들의 소동에서

22 다 자랑하리로다(64:1-10)

나를 감추어 주소서." '악을 꾀하는 자들의 음모'는 '나쁜 비밀 모임'입니다. 시인은 나쁜 사람의 비밀 모임에서 숨겨 주시도록 기도합니다. '악을 행하는 자들의 소동'은 '거짓을 만드는 사람'입니다. 시인은 거짓을 만드는 사람들로부터 숨겨 주시도록 기도합니다.

시인은 1절과 2절에서 세 가지 동사를 통해서 현재의 위급한 상황을 강조했습니다. "들으소서", "보존하소서", "숨겨 주소서." 그는 하나님께서 자기의 기도를 들으시고 행동하시길 바랍니다. 그는 원수에 대한 두려움을 호소하고, 그 두려움에서 보호받고자 합니다. 그는 하나님의 사랑과 능력을 믿기 때문입니다.

악한 사람은 무엇으로 시인을 공격합니까? 3절을 보십시오. "그들이 칼같이 자기 혀를 연마하며 화살같이 독한 말로 겨누고." 그들은 혀로 시인을 공격합니다. 그들은 자기 혀를 칼처럼 연마합니다. 그들의 말은 날카로운 칼과 같았습니다. 그들의 말은 독화살처럼 날아갔습니다.

그들은 어떻게 공격합니까? 그들은 은밀한 장소에서 온전한 자를 쏩니다(4). '온전한 자'는 시인을 말합니다. 시인은 비록 악인의 공격을 받을지라도 온전한 사람입니다. 시인이 공격받는 것은 죄가 있어서가 아니라, 악인이 악해서 공격하기 때문입니다. 악인은 아무 경고도 없이 은밀한 곳에서 나타나 갑자기 공격합니다. 원수는 하나님을 두려워하지 않기 때문입니다.

그들은 얼마나 교만합니까? 그들은 악한 일을 두고 서로 격려합니다(5). 그들은 남몰래 올가미를 치려고 모의합니다. 그리고 큰소리 칩니다. "누가 눈치를 채랴?"

그들은 죄악을 꾸미며 또 말합니다(6). "우리가 묘책을 찾았다." 그들은 스스로 감탄합니다. "사람의 속마음은 깊다." 원수는 자기 지혜에 스스로 놀랍니다. 그들은 그만큼 교만합니다.

그러나 하나님께서 그 교만한 악인을 어떻게 하십니까? 7절을 읽읍시다. "그러나 하나님이 그들을 쏘시리니 그들이 갑자기 화살에 상하리로다." 원수가 의인을 갑자기 공격했던 것처럼, 그들도 갑자기 상처를 입습니다. 왜냐하면 하나님도 그들을 돌연히 공격하기 때문

129

입니다.

그들은 어떻게 쓰러집니까? 이러므로 그들이 기우뚱거립니다(8). 그들은 그들의 혀 위에 넘어집니다. 하나님은 그들이 의인을 공격할 때 사용했던 그 무기, 즉 혀로 그들을 상하게 합니다. 그들이 의인을 공격했을 때 했던 그 말이 그들을 무너지게 하는 원인입니다. 그들을 보는 모든 사람은 머리를 흔들었습니다. 그들은 의인을 은밀하게 공격했지만, 공개적으로 조롱을 당했습니다.

모든 사람의 반응은 어떠합니까? 9절입니다. "모든 사람이 두려워하여 하나님의 일을 선포하며 그의 행하심을 깊이 생각하리로다." '모든 사람'은 악인을 포함한 일반 사람입니다. 그들은 두려움에 사로잡힙니다. 목에 힘주며 잘나갈 것만 같았던 악인이 꼬꾸라지는 것을 보면 두려워하지 않을 사람은 없습니다. 특히 그 일이 하나님의 심판이라는 사실을 알면 더욱 그러합니다. 모든 사람은 악인이 갑자기 꼬꾸라지는 것을 보면서 하나님이 그들을 심판하셨음을 선포합니다. 그리고 그분이 하셨던 일을 깊이 생각했습니다. 누구든지 심판 앞에 서면 하나님을 깊이 생각하지 않을 수 없습니다.

의인의 반응은 어떠합니까? 10절을 읽읍시다. "의인은 여호와로 말미암아 즐거워하며 그에게 피하리니 마음이 정직한 자는 다 자랑하리로다." 의인은 여호와께서 악인을 심판하셨음을 믿고, 그분 안에서 기뻐합니다. 그분이 악인을 심판했다는 사실보다도 하나님이 의인의 기도를 들으셨기 때문입니다. 하나님이 일하심으로써 당신의 공의를 드러내셨기 때문입니다. 의인의 기도가 헛되지 않고, 의인의 삶이 헛되지 않음을 드러내셨기 때문입니다.

따라서 의인은 그분에게 피합니다. 그분만이 영원한 안식처요, 최후 승리를 주시기 때문입니다. 그러므로 마음이 정직한 사람은 다 자랑합니다. '마음이 정직한 자'는 '의인'을 말하고, '자랑한다.'라는 말은 '찬양한다.' '크게 기뻐한다.'라는 뜻입니다. 의인은 여호와 안에서 즐거워하고, 그분께로 피하고, 그분을 찬양합니다.

이 시는 '들으시고'(1절)로 시작하여 '자랑하리로다'로 끝났습니다. 시인은 여호와께 기도로 시작하여 여호와를 찬양함으로 끝났습니다.

오늘의 시를 통해 무엇을 배웁니까? 첫째로, 악한 사람의 독한 말의 파괴력입니다. 독한 말은 강력한 무기와 같습니다. 거짓말은 사람에게 치명상을 입힙니다. 어떤 사람은 "막대기와 돌은 내 뼈를 부러뜨릴 수 있지만, 말은 나를 해치지 못한다."라고 합니다. 그러나 현실에서 악한 말은 강력히 퍼집니다. 사람들은 그런 말로 고난을 겪습니다. 우리 사회가 겪는 갈등의 절반은 악한 말에서 비롯했을 겁니다. '색깔 논쟁'이나 '이념 프레임이 담긴' 악한 말은 온 나라를 피곤하게 합니다.

우리도 어떨 때는 내 삶에서는 일어나지 않았으면 하는 일을 경험합니다. 그중 하나는 말로 상처받는 일입니다. 칼과 화살은 아닐지라도 독한 말은 정말로 독합니다. 독한 말로 한번 받은 상처는 쉽게 풀리지 않습니다. 물론 우리는 아직 성숙하지 못하여 원하지 않지만, 상대에게 말로 상처를 주기도 합니다. 하지만 이런 말과는 본질이 다른 악한 사람의 독한 말이 문제입니다. 그들의 말이 교회 안에 침투하여 미성숙한 사람을 이용하여 독한 말을 하게 합니다. 그래서 교회도 갈등하고 분열합니다. 상처받고 고통 합니다.

둘째로, 악한 말로 공격을 받을 때 오직 하나님께 도움을 청해야 합니다. 시인은 악인의 공격으로 생명의 위협에 처했습니다. 그는 몹시 두려웠고, 절망스러웠습니다. 하지만 그는 포기하지 않았습니다. 그는 하나님을 믿고 기도했습니다. 그는 오직 하나님께 도움을 청했습니다. 그는 아무리 악인이 독한 말로 공격할지라도 하나님께서 악인을 물리치고 의인에게 승리를 주실 줄 믿었습니다. 그랬을 때 마침내 하나님은 그의 기도를 들으셨습니다. 시인의 바람처럼 하나님은 일어나셔서 일하셨습니다. 그리고 하나님은 악인을 심판하셨습니다. 의인에게 승리를 주셨습니다.

예수님은 당시 종교 지도자들한테 독한 말들을 많이 들었습니다. 그러나 주님은 그들에게 말로 공격하지 않고 하나님께 도움을 청했습니다.

사도 베드로는 이렇게 증언합니다. "욕을 당하시되 맞대어 욕하지 아니하시고 고난을 당하시되 위협하지 아니하시고 오직 공의로 심판하시는 이에게 부탁하시며"(벧전 2:23). 베드로는 더 나아가, 사랑하는 양 떼가 예수님을 닮도록 부탁합니다. "악을 악으로, 욕을 욕으로 갚지 말고 도리어 복을 빌라 이를 위하여 너희가 부르심을 받았으니 이는 복을 이어받게 하려 하심이라"(벧전 3:9).

우리가 삶의 현장에서 악인한테 말로 공격을 받을 때 어떻게 해야 합니까? 함께 말로 싸우면 상처만 커집니다. 그렇다고 원망하고 불평하고, 좌절할 일도 아닙니다. 하나님께 기도해야 합니다. 하나님의 사랑과 능력을 믿고 도움을 청해야 합니다. 그러면 우리도 시인의 기도로 기도할 수 있고, 시인의 찬양으로 찬양할 수 있습니다. "하나님이여 내가 근심하는 소리를 들으소서"(1a)! "마음이 정직한 자는 다 자랑하리로다"(10b)!

23

은혜의 하나님, 영광의 하나님

> 말씀 시편 65:1-13
> 요절 시편 65:11
> 찬송 621장, 616장

"주의 은택으로 한 해를 관 씌우시니 주의 길에는 기름방울이
떨어지며."

1808년 오스트리아 비엔나(Vienna)에서 하이든(Franz Joseph
Haydn, 1732-1809)이 작곡한 《천지창조》(The Creation)를 연주했습니
다. 연주가 끝나자, 사람들은 감동했고, 그곳에 참석한 하이든에게
박수를 보냈습니다. 그때 그는 말했습니다. "여러분, 제게 박수를 보
내지 마세요. 이것은 제 작품이 아니라 하나님이 주신 겁니다. 모두
하나님의 은혜를 알고 그분께 영광을 돌려야 합니다." 그는 어떻게
그렇게 말할 수 있었을까요?

오늘의 시도 다윗의 시인데, 그는 먼저 무엇을 고백합니까? 1절을
보십시오. "하나님이여 찬송이 시온에서 주를 기다리오며 사람이 서
원을 주께 이행하리이다." '찬송이 주를 기다리오며'라는 말은 '찬양
은 침묵 속에서 당신을 기다립니다.' '하나님을 찬양함이 마땅합니
다.'라는 뜻입니다. '시온'은 하나님이 계시는 하나님의 도시입니다.

이스라엘의 종교 정치의 중심지입니다. 시인은 시온에서 하나님을 찬양함이 마땅하다고 고백합니다.

그리고 그는 서원을 지키려고 합니다. '서원'은 '어떤 일을 하겠다고 하나님께 스스로 약속하는 것'을 뜻합니다. 시인은 하나님께 했던 그 약속을 지킵니다. 그것은 기도의 응답을 받은 후에 하나님을 찬양함으로 나타납니다. 찬양은 하나님께서 그 백성에게 베푸신 많은 은혜에 대한 합당한 표현입니다.

왜 그는 서원을 지킵니까? 2절입니다. "기도를 들으시는 주여 모든 육체가 주께 나아오리이다." 그가 서원을 지키는 이유는 하나님께서 기도를 들으시기 때문입니다. 여기서 '육체'란 사람의 일시적이고 궁핍한 모습을 표현한 겁니다. 이사야는 "모든 육체는 풀과 같다."(사 40:6)라고 했습니다. 그런데 하나님은 그런 연약한 사람의 기도를 들으십니다. 그러니 사람은 그분께 나아갑니다. 그 일은 매년 추수감사절마다 예루살렘 성전으로 가는 일을 통해 나타났습니다.

오늘 시의 배경은 구약의 추수감사절입니다. 당시에는 '수장절(거둘 수(收) 저장 장(藏), Feast of ingathering)'이라고 불렸는데, 가을에 추수를 끝내고 곡식을 거두어 창고에 쌓아두는 것을 뜻합니다. 그때 그들은 하나님께서 풍성한 곡식을 주신 은혜를 감사하며 이레 동안 그 절기를 지켰습니다. 그들은 수장절을 지키면서 들판에 초막을 짓고 일주일 동안 생활했습니다. 왜냐하면 광야 생활을 했을 때 하나님께서 베푸신 그 은혜를 기억하고 감사했기 때문입니다. 그래서 '수장절'을 '초막절(Feast of booths)'이라고 부릅니다. 시인은 수장절에 기도했고, 하나님은 그 기도를 들으셨습니다.

하나님은 그의 기도를 어떻게 들으십니까? 3절을 보십시오. "죄악이 나를 이겼사오니 우리의 허물을 주께서 사하시리이다." 죄악이 시인을 이겼습니다. 시인은 많은 죄를 지었습니다. 그러나 하나님께서 그 허물을 덮으십니다. 하나님께서 그 죄를 용서하십니다.

그러므로 누가 복이 있습니까? 4절을 읽읍시다. "주께서 택하시고 가까이 오게 하사 주의 뜰에 살게 하신 사람은 복이 있나이다 우리가 주의 집 곧 주의 성전의 아름다움으로 만족하리이다." 주님께서 선택하고 가까이하여 주님의 뜰에서 사는 사람은 복이 있습니다. 주님께서 죄를 용서하시면 주님과 가까이하여 주님과 함께 살 수 있습니다. 그런 사람이 가장 행복한 사람입니다. 왜냐하면 아무리 물질이 넉넉할지라도 죄가 있으면 행복하지 않기 때문입니다.

새찬송가 438장 1절은 이렇게 노래합니다. "내 영혼이 은총 입어 중한 죄짐 벗고 보니 슬픔 많은 이 세상도 천국으로 화하도다. 할렐루야 찬양하세 내 모든 죄 사함 받고, 주 예수와 동행하니 그 어디나 하늘나라."(새찬송가 438장 1절).

그러므로 우리는 주님 집의 아름다움과 주님 성전의 거룩함으로 만족합니다.

하나님은 시인에게 어떻게 응답하십니까? 5절을 봅시다. "우리 구원의 하나님이시여 땅의 모든 끝과 먼바다에 있는 자가 의지할 주께서 의를 따라 엄위하신 일로 우리에게 응답하시리이다." 시인의 허물을 용서하신 하나님은 구원의 하나님이십니다. 그분은 땅의 모든 끝과 먼바다에 있는 사람이 의지하는 희망이십니다. 그분은 의를 따라 엄위하신 일로 응답하십니다. '엄위하신 일'이란 사람의 허물을 용서하신 일이며, 구원하신 일입니다. 그렇게 하심으로 하나님의 의로움을 나타내십니다.

그 하나님은 무엇을 하십니까? 주님은 그 힘과 능력으로 허리에 띠를 동이시고 산들이 뿌리를 내리게 하셨습니다(6). 주님은 바다와 파도, 그리고 사람의 소요를 잔잔하게 하십니다(7). 하나님은 세상을 지으셨고, 세상을 다스리십니다. 이 하나님이신 예수님은 거센 풍랑을 잠잠하게 하셨습니다(막 4:39).

이를 보고 땅끝에 사는 사람은 어떻게 반응합니까? 8절입니다. "땅끝에 사는 자가 주의 징조를 두려워하나이다 주께서 아침 되는 것과 저녁 되는 것을 즐거워하게 하시며." '땅끝에 사는 사람'은 '하나님한테서 멀리 떨어진 사람', '세상 변두리에서 사는 사람'을 뜻합니다. '주의 징조'는 바다와 물결, 그리고 사람의 소요를 잔잔하게 하신 일입니다. 주님한테 멀리 떨어진 사람도 주님의 징조를 보고 경외심을 품습니다. 주님은 해 뜨는 곳과 해 지는 곳에서 즐거운 노래를 부르게 하십니다.

이 하나님께서 그들에게 주신 첫 번째 복은 무엇입니까? 9절을 봅시다. "땅을 돌보사 물을 대어 심히 윤택하게 하시며 하나님의 강에 물이 가득하게 하시고 이같이 땅을 예비하신 후에 그들에게 곡식을 주시나이다." '돌보사'라는 말은 '방문한다.'이고, '물을 대어'라는 말은 '풍부하다.'입니다. '윤택하게 하시며'라는 말은 '부유하게 하신다.'라는 뜻입니다. 하나님은 땅을 찾아오셨습니다. 물을 풍부하게 하셨습니다. 땅을 풍요롭게 하셨습니다. 하나님은 당신의 강에 물을 가득 채우셨습니다. 그래서 하나님은 그들의 곡물을 제공하고, 그것을 준비했습니다.

하나님께서 그들에게 주신 두 번째 복은 무엇입니까? 10절을 읽읍시다. "주께서 밭고랑에 물을 넉넉히 대사 그 이랑을 평평하게 하시며 또 단비로 부드럽게 하시고 그 싹에 복을 주시나이다." '물의 넉넉함', '단비'는 하나님의 풍성한 복을 상징합니다. 당시 농사를 잘 지으려면 절대적으로 물이 중요했습니다. 당시 땅 대부분은 '천수답(天水畓)', 즉 저수지나 지하수 펌프 등의 관개 시설이 없어서 오직 빗물에만 의존하는 형태였습니다. 그들이 농사를 잘 지으려면 절대적으로 하나님의 은총에 의존할 수밖에 없었습니다. 그런데 하나님께서 물을 풍성하게 준비하셨고, 넘치도록 주셨습니다. 그리하여 새싹이 잘 자라도록 축복하십니다.

세 번째 복은 무엇입니까? 11절을 읽읍시다. "주의 은택으로 한 해를 관 씌우시니 주의 길에는 기름방울이 떨어지며." '주의 은택'은 '좋은 것'을 말하는데, 주님이 주시는 풍성한 곡식을 뜻합니다. 주님은 풍성한 곡식으로 그해를 꾸미셨습니다. 주님이 가시는 길마다 풍부함이 흘러넘칩니다. 농부이신 하나님이 수레 가득히 곡식을 싣고 집으로 오면 수레에서 곡식이 흘러넘쳐 흔적을 남깁니다. 들의 초장에도 주님의 은택이 넘칩니다(12). 작은 산마다 기쁨의 소리가 울려 퍼집니다. 초장은 양 떼로 가득했습니다(13a). 골짜기는 곡식으로 가득합니다.

그것들은 무엇을 합니까? 13절을 읽읍시다. "초장은 양 떼로 옷

입었고 골짜기는 곡식으로 덮였으매 그들이 다 즐거이 외치고 또 노래하나이다." '그들은' 하나님의 풍성한 복을 받은 사람은 물론이고 자연까지를 말합니다. 그것들은 풍성한 복을 주신 하나님 앞에서 기쁨으로 함께 외치고, 찬양합니다.

오늘 시인은 하나님께서 한 해에 베푸신 그 은혜를 기억하면서 감사하고 찬양하며 영광을 돌립니다. 하지만 삶의 현장에서 어찌 감사할 일만 있었겠으며, 풍요로움만 있었겠습니까? 삶의 아픔도 있었고, 손해도 있었을 겁니다. 하지만 지내놓고 보니 하나님은 시인의 기도를 들으시고 죄를 용서하셨습니다. 그리고 풍성한 곡식을 주셨습니다. 이 하나님의 은혜와 복을 생각하니 시인은 물론이고, 자연도 하나님을 찬양하고 영광 돌립니다.

오늘 우리는 어떠합니까? 지난주 중앙아시아에 있는 한 선교사한테 들은 이야기입니다. "1996년 한 선교사는 러시아 연해주 우수리스크로 가서 둥지를 튼 지 4년 만에 괴한의 흉기에 찔려 순교했습니다. 아내와 어린 두 아들이 그곳에 남아서 선교사역을 이루었는데, 아내도 지병으로 하늘나라로 갔습니다. 두 아들은 부모님이 다하지 못한 선교 사역을 계승하며 헌신했습니다. 그런데 전쟁으로 며칠 전 두 아들은 러시아를 떠나서 제3국을 거쳐 한국으로 오려고 했습니다. 하지만 제3국에서 한국 비자를 얻지 못했습니다."

한 선교사가 저에게 도움을 청했습니다. 제가 러시아 선교사님을 알고 있음을 알았기 때문이랍니다. 저는 러시아에 있는 선교사에게 사정을 말했는데, 좋은 해결책은 없었습니다. 러시아에서 "예비군 징집령"을 내려서 러시아 국적의 청년이 한국 비자를 받는 일이 쉽지 않기 때문입니다. 저는 전쟁 중에 고생하는 러시아의 청년에 대한 안타까운 마음이 들었고, 기도하지 않을 수 없었습니다. 동시에 우리 선교사의 안전을 지켜주시도록 기도합니다.

그러면서 오늘 우리에게 하나님은 어떤 분인지 생각합니다. 우리는 그동안 삶의 현장에서 이런저런 문제를 만났습니다. 문제 앞에서 아프고 시릴 때가 있었습니다. 우리 주변에는 아직도 '코로나19'로 인한 우울감, 즉 '코로나 블루(Corona Blue)'를 겪는 사람이 있습니다. 복음 사역 현장도 그 후유증이 큽니다. 인간적 렌즈로 보면 감사보다는 답답함이 앞섭니다. 은혜의 하나님보다는 불편한 하나님을 더 생각할 수 있습니다. 넘치는 복을 주시는 하나님보다는 크고 작은 문제를 주시는 하나님만 생각하기 쉽습니다.

하지만 시인의 기도와 찬양의 렌즈로 보면 어떠합니까? 하나님께서 우리의 기도를 들으시고, 여기까지 인도하셨습니다. 누군가가 말했습니다. "믿음으로 사는 길은 어려움을 만나지 않음이 아니다. 어려움을 이길 힘을 공급받는 것이다." 하나님은 우리의 기도를 들으시고, 아픔을 치유하시고, 문제를 이길 힘을 주십니다. 그리고 삶에서 복도 주십니다. 오늘 내가 여기까지 올 수 있음은 전적으로 하나님의 은혜요, 하나님의 복입니다.

그러므로 우리의 하나님도 은혜의 하나님이시고, 영광의 하나님이십니다. 우리도 그분의 은혜를 알고 그분을 찬양함으로 영광 돌리기를 기도합니다.

24
하나님을 찬송하리로다

> 말씀 시편 66:1-20
> 요절 시편 66:20
> 찬송 131장, 249장

"하나님을 찬송하리로다 그가 내 기도를 물리치지 아니하시고
그의 인자하심을 내게서 거두지도 아니하셨도다."

신앙생활에서 세 가지 기본 요소가 무엇입니까? '찬송 생활', '기도 생활', 그리고 '말씀 생활'입니다. 시편에는 많은 찬송이 있고, 그 이유도 다양합니다. 오늘 시편은 찬양시인데, 시인이 찬양하는 이유는 무엇입니까?

첫째, 공동체 찬양(1-12)

1절을 보십시오. "온 땅이여 하나님께 즐거운 소리를 낼지어다." 오늘 시는 온 땅을 초대함으로 시작합니다.

시인은 그들에게 무엇을 하도록 합니까? 첫째로, 하나님께 즐거운 소리를 내도록 합니다. '즐거운 소리'는 단순한 환호가 아닌 승리의 외침입니다. 시인은 온 세상을 불러 하나님께 승리의 외침을 높이도록 합니다.

둘째로, 시인은 온 세상이 그분이 하신 놀라운 일을 노래하도록

합니다(2). 셋째로, 그분에게 영광스러운 찬양을 돌리도록 합니다.

또 온 세상은 하나님께 무엇을 해야 합니까? 그들은 하나님께 이렇게 말해야 합니다(3). "주님의 일이 얼마나 두려운 일입니까! 주님의 큰 권능으로 주님의 원수가 복종합니다." 그리고 계속해서 이렇게 말해야 합니다. "온 땅이 주님을 경배하고 주님을 노래하며 주님의 이름을 노래합니다"(4). 원수는 주님께 복종하는데, 온 땅은 주님을 찬양합니다.

시인은 계속해서 그들에게 무엇을 하도록 합니까? 5절입니다. "와서 하나님께서 행하신 것을 보라 사람의 아들들에게 행하심이 엄위하시도다." 시인은 온 세상이 와서 하나님께서 사람에게 하신 일을 보도록 초청합니다.

그 일은 무엇입니까? 6절을 봅시다. "하나님이 바다를 변하여 육지가 되게 하셨으므로 무리가 걸어서 강을 건너고 우리가 거기서 주로 말미암아 기뻐하였도다." 하나님은 바다를 변하여 육지가 되게 하셨습니다. 또 사람들이 걸어서 강을 건너게 하셨습니다.

우리는 두 사건을 생각할 수 있습니다. 첫째는, 홍해를 육지같이 발로 건넜던 사건입니다. 모세가 바다 위로 손을 내밀매 여호와께서 큰 동풍이 밤새도록 바닷물을 물러가게 하시니 물이 갈라져 바다가 마른 땅이 되었습니다(출 14:21).

둘째는, 요단강을 발로 건넜던 사건입니다. 이스라엘이 마른 땅을 밟고 건너가는 동안 여호와의 법궤를 멘 제사장들은 그들이 완전히 건널 때까지 요단강 한복판에 서 있었습니다(수 3:17).

그때 그들은 무엇을 합니까? 백성이 걸어서 강을 건넌 그곳에서 그들은 놀라운 일을 하신 그분 '안에서', 그분과 '함께' 기뻐합니다. 옛적에 조상은 홍해에서 행하신 하나님의 놀라운 일을 보았습니다. 그들은 노래했습니다(출 15:1). 시인은 그때의 기쁨을 느낍니다.

하나님께서 과거에 하신 일은 단순한 과거의 사건이 아닙니다. 오늘 우리도 그 일에 함께 참여하여 경험합니다. 한 영국 성공회 주교는 말했습니다. "믿음은 과거뿐만 아니라 미래도 우리의 소유로 만든다."

그 하나님은 어떤 분입니까? 그분은 능력으로 영원히 다스리는 분입니다(7). 그분은 두 눈으로 뭇 나라를 살피십니다. 애굽에서 그 백성을 인도하신 하나님은 온 세상을 다스리시는 분입니다(출 15:18). 그러므로 그분 앞에서는 머리를 들어서는 안 됩니다. 하나님은 당신의 영광스러운 통치를 방해하는 어떤 세력도 용납하지 않습니다. 이사야는 말했습니다. "그날에 자고한 자는 굴복되며 교만한 자는 낮아지고 여호와께서 홀로 높임을 받으실 것이요"(사 2:17).

만민은 무엇을 해야 합니까? 8절은 외칩니다. "만민들아 우리 하나님을 송축하며 그의 찬양 소리를 들리게 할지어다." '만민'은 이스라엘을 넘어선 온 세상을 말합니다. 온 세상은 그분을 찬양하는 노랫소리를 크게 울려 퍼지게 해야 합니다.

왜 그렇게 해야 합니까? 9절을 읽읍시다. "그는 우리 영혼을 살려두시고 우리의 실족함을 허락하지 아니하시는 주시로다." '우리 영혼'은 '공동체'를 뜻합니다. '실족함을 허락하지 아니하시는'이라는 말은 '발의 미끄러짐을 허락하지 않았다.'라는 뜻입니다. 다시 말하면 '죽음에서 구해주셨다.'라는 뜻입니다. 여호와는 우리 공동체를 지켜주셔서 죽음에서 구해주셨습니다.

하나님은 왜 실족을 허락하지 않으셨습니까? 왜냐하면 주님께서 우리를 시험하셨기 때문입니다(10a).

어떻게 시험하셨습니까? 첫째로, 우리를 단련하시기를 은을 단련함같이 하셨습니다(10b). '은'은 흰빛이 나는 귀금속입니다. 금속 중에서 전기·열 전도율이 가장 뛰어나며, 공기 중에서 산화하지 않습니다. 그런 은을 만들려면 광석을 용광로에 넣고 뜨거운 불고 달궈야 합니다. 이른바 '담금질의 과정'을 거쳐서 순은을 만듭니다. '담금질'은 '고온으로 열처리한 금속 재료를 물이나 기름 속에 담가 식히는 일', 또는 '꾸준하게 잇대어 끊임이 없이 훈련 시킴'을 비유적으로 이르는 말입니다.

이처럼 하나님은 은을 단련함같이 우리를 삶의 현장에서 연단 합니다. 우리는 실제 삶에서 아픔도 겪고 시련도 겪습니다. 물론 기쁨도 겪고 행복도 맛봅니다. 하지만 삶은 절대로 만만하지 않습니다.

그런데 중요한 점은 그런 만만하지 않음을 통해 우리는 은처럼 귀한 존재로 태어난다는 겁니다. 하나님은 이런 시험을 통해서 우리를 실족하지 않도록 하십니다. 죽음에서 구하십니다.

둘째로, 하나님은 우리를 그물에 걸린 새처럼 하셨습니다(11a). 하나님이 사냥꾼으로, 우리는 참새로 등장합니다. 참새가 그물에 걸리면 아무 일도 하지 못합니다. 하나님은 우리를 완전히 코너에 몰아서 시험하십니다.

셋째로, 하나님은 우리 허리에 고통의 짐을 지우셨습니다(11b). 하나님은 우리에게 삶의 무거운 짐을 지도록 하셨습니다. 예수님은 그런 인생을 향해서 "수고하고 무거운 짐 진 자들아"(마 11:28a)라고 부르셨습니다.

넷째로, 하나님은 사람들이 우리 머리를 타고 가도록 하셨습니다 (12a). 이것은 전쟁에서 이긴 군대가 진 군인의 머리 위를 짓밟는 모습입니다. 이스라엘이 다른 민족한테 지배당했던 모습을 말합니다.

그러면 '우리 공동체'는 그 시험 앞에서 어떻게 했습니까? 12절을 읽읍시다. "사람들이 우리 머리를 타고 가게 하셨나이다 우리가 불과 물을 통과하였더니 주께서 우리를 끌어내사 풍부한 곳에 들이셨나이다." 우리 공동체는 불과 물을 통과했습니다. 감당하기 매우 심각한 시험을 통과했습니다.

어떻게 통과했습니까? "주께서 우리를 끌어내사 풍부한 곳에 들이셨나이다." 주님께서 그들을 풍부한 곳으로 인도하셨습니다. 애굽에서 나온 이스라엘은 광야에서 크고 작은 사건을 통해 훈련받았습니다. 그러나 하나님은 그들을 불기둥과 구름 기둥으로 보호하며 인도하셨습니다. 노예 백성 이스라엘을 하나님은 거룩한 제사장 나라로 만드셨습니다(출 19:5-6). 이처럼 하나님은 지금도 그 백성을 시험하고, 축복의 땅으로 인도하십니다. 하나님이 시험하시지만, 그 시험에서 끌어내시니 시험을 통과할 수 있습니다. 이제 시인은 개인적으로 무엇을 합니까?

둘째, 개인 감사(13-20)

13절을 보십시오. "내가 번제물을 가지고 주의 집에 들어가서 나의 서원을 주께 갚으리니." '우리'에서 '내가'로, '찬양'에서 '번제물'로 바뀌었습니다. 공동체 찬양에서 개인 감사로 바뀐 겁니다. '나'는 왕이나 지도자입니다. 그는 '광야'에서 이제 '하나님의 집'으로 들어갑니다. 그는 하나님께 번제를 드리려고 합니다. 왜냐하면 그는 서원을 완성하려고 왔기 때문입니다.

왜 그는 서원했습니까? 왜냐하면 그는 환난을 겪었기 때문입니다(14). 그는 환난의 때 입술을 열어 서원했습니다. 이제 그는 그 서원을 갚고자 합니다. 그는 약속에 대한 책임을 집니다. 신 23:23은 말씀합니다. "네 입으로 말한 것은 그대로 실행하도록 유의하라 무릇 자원한 예물은 네 하나님 여호와께 네가 서원하여 입으로 언약한 대로 행할지니라."

그는 주님께 무엇을 드립니까? 그는 숫양의 향기와 함께 살진 가축으로 주님께 번제를 드립니다(15). 수소와 염소를 드립니다. (셀라). 그는 최상의 제물을 주님께 드립니다.

시인은 이번에는 누구를 초청합니까? 16절을 보십시오. "하나님을 두려워하는 너희들아 다 와서 들으라 하나님이 나의 영혼을 위하여 행하신 일을 내가 선포하리로다." '두려워하는 너희들'은 하나님을 경외하는 사람입니다. 시인은 서원 제물을 드린 후에 하나님을 경외하는 사람을 초청합니다. 왜냐하면 그들이 와서 듣기를 바라기 때문입니다. 시인은 하나님께서 자기에게 하셨던 그 일을 선포할 터인데, 그들이 와서 듣기를 바랍니다.

하나님께서 시인에게 하셨던 일은 무엇입니까? 시인은 하나님께 입으로 부르짖었습니다(17). 그의 혀에 높은 찬양이 있었습니다. 시인은 입으로 기도했고, 혀로 찬양했습니다.

그는 어떤 마음으로 기도하고 찬양했습니까? 그가 마음에 죄악을 품었더라면 주님께서 듣지 않으셨을 겁니다(18). 하나님은 악한 마음으로 기도하고, 찬양하면 기도를 듣지 않으시고 찬양을 듣지 않으십니다.

24 하나님을 찬송하리로다(66:1-20)

그러나 하나님은 어떻게 하셨습니까? 19절을 보십시오. "그러나 하나님이 실로 들으셨음이여 내 기도 소리에 귀를 기울이셨도다." 하나님은 시인의 기도를 들으셨습니다. 왜냐하면 그에게 악한 마음이 없었기 때문입니다. 하나님이 기도를 들으셨음은 그가 악한 마음으로 기도하지 않았음을 말합니다. 하나님은 악한 마음을 품지 않은 사람의 기도를 들으십니다. 하나님은 악한 마음을 품지 않은 사람의 찬양을 들으십니다.

왜 시인은 하나님을 찬양합니까? 20절을 읽읍시다. "하나님을 찬송하리로다 그가 내 기도를 물리치지 아니하시고 그의 인자하심을 내게서 거두지도 아니하셨도다." 시인이 하나님을 찬양하는 이유는 하나님께서 그의 기도를 물리치지 않기 때문입니다. 거절하지 않기 때문입니다. 그리고 그분의 인자하심을 거두지 않기 때문입니다. 시인에게 하나님은 기도를 들으시는 분이고, 한결같은 사랑을 베푸시는 분입니다. 그래서 그는 그분을 찬양합니다.

그러면 우리에게 하나님은 어떤 분입니까? 우리의 하나님도 우리의 기도를 거절하지 않으시고, 한결같은 사랑을 거두지 않는 분입니까? 아니면 다른 사람은 몰라도 내 기도는 거절하는 분입니까? 우리가 기도하면서 '하나님은 내 기도를 거절하신다.'라고 생각하는 사람은 없습니다.

다만 머리로 생각하는 그것과 가슴으로 느끼는 그것이 다를 때는 있습니다. 세상에서 가장 먼 거리를 머리에서 가슴이라고 합니다. 우리가 머리로는 인식할지라도 실제 가슴에서 그것을 소화하고 받아들이는 일은 쉽지 않음을 표현한 겁니다. 하나님께서 우리의 기도를 들으시고 사랑을 베푸심을 머리로는 압니다. 하지만 삶의 현장에서, 이른바 체감 온도는 다를 때가 있습니다. 그래서 기도하면서도 답답하고, 사랑을 알면서도 외로울 때가 있습니다.

하지만 우리가 하나님의 렌즈로 우리의 삶을 돌아보면 어떠합니까? 하나님께서 우리의 기도를 들으심을 깨닫습니다. 하나님께서 우리를 사랑하심을 깨닫습니다. 내가 여기에 있다는 사실 자체가 우리의 기도를 거절하지 않으심에 대한 표현입니다. 내가 이만큼 사는

24 하나님을 찬송하리로다(66:1-20)

그 자체가 하나님께서 나를 사랑하심에 대한 표현입니다.

그러므로 우리도 시인의 언어로 기도하고, 시인의 언어로 찬양하기를 기도합니다.

25

모든 끝이 하나님을 경외하리로다

말씀 시편 67:1-7
요절 시편 67:7
찬송 391장, 477장

"하나님이 우리에게 복을 주시리니 땅의 모든 끝이 하나님을
경외하리로다."

오늘 시는 배경을 말하지 않습니다. 다만 유대 역사에서는 추수를
마치고 이 시를 현악기에 맞춰 부른 노래로 말합니다. 그들은 무엇
을 노래했습니까?

1절을 보십시오. "하나님은 우리에게 은혜를 베푸사 복을 주시고
그의 얼굴빛을 우리에게 비추사 (셀라)." 시인은 가장 먼저 "우리에
게 은혜를 베푸소서"라고 기도합니다. '은혜'는 하나님 복의 기초이
며, 사랑의 표현입니다. 그는 이어서 "우리를 축복하소서"라고 기도
합니다. 그리고 그는 "하나님의 얼굴빛을 우리에게 비추소서"라고
기도합니다. '그분의 얼굴빛'은 그분의 영광 속에 나타나는 신비한
'광휘(光輝, 환하고 아름답게 빛남, splendor)'입니다. 하나님이 얼굴
을 드시거나 얼굴을 비추시면 구원을 받고 평화를 누립니다. 반면
하나님이 얼굴을 감추거나 돌리시면 은혜를 거두십니다.

그래서 여호와께서 모세를 통해 대제사장 아론에게 그 백성을 위해 이렇게 기도하도록 하셨습니다. "여호와는 그의 얼굴을 네게 비추사 은혜 베푸시기를 원하며, 여호와는 그 얼굴을 네게로 향하여 드사 평강 주시기를 원하노라 할지니라"(민 6:25-26). 유대 사람은 추수 때 이 축복을 들었습니다. 그리고 그들은 계속해서 풍성한 추수와 하나님의 인도하심을 구했습니다. 그런데 민수기에서의 '네게(you)'가 시편에서는 '우리(us)'로 바뀌었습니다. 시인은 하나님께서 그 얼굴빛을 우리에게 비춰주시도록 기도합니다.

하나님께서 우리에게 얼굴을 비추는 목적은 무엇입니까? 2절을 보십시오. "주의 도를 땅 위에, 주의 구원을 모든 나라에게 알리소서." '주의 도'는 하나님의 길입니다. '주의 구원'은 하나님 길의 본질입니다. 하나님의 길은 하나님의 구원으로 나타납니다. 하나님께서 우리에게 얼굴을 비추는 목적은 하나님의 길을 땅 위에, 하나님의 구원을 모든 나라에 알리기 위함입니다.

과거 아론이 축복할 때는 이스라엘에 한정했습니다. 하지만 하나님의 길과 구원은 온 세상 만민에게 해당합니다. 하나님께서 이스라엘에 복을 주신 목적은 하나님의 도와 구원을 모든 나라에 알리기 위함입니다. 하나님은 아브라함을 구원하시고 말씀하셨습니다. "땅의 모든 족속이 너로 말미암아 복을 얻을 것이라"(창 12:3b). 하나님은 모든 민족의 구원자이십니다.

그러면 구원을 알게 된 땅과 모든 나라는 무엇을 해야 합니까? 3절은 말씀합니다. "하나님이여 민족들이 주를 찬송하게 하시며 모든 민족들이 주를 찬송하게 하소서." 찬양의 대상은 구원의 대상과 같습니다. 민족과 모든 민족은 주님의 길과 구원을 알았습니다. 그러므로 그들은 주님을 찬송해야 합니다. 구원이 모든 민족으로 이어지니 그들은 하나님을 찬양합니다.

온 백성은 무엇을 해야 합니까? 4절을 봅시다. "온 백성은 기쁘고 즐겁게 노래할지니 주는 민족들을 공평히 심판하시며 땅 위의 나라들을 다스리실 것임이니이다 (셀라)." 온 백성은 기쁘고 즐겁게 큰소리로 노래해야 합니다. 왜냐하면 주님께서 민족을 공평히 심판하시기 때문입니다. 주님께서 땅 위의 나라를 다스리시기 때문입니다.

공평히 심판하고 다스리는 하나님을 노래하는 그들로부터 무엇을 배웁니까? 공평은 사람을 기쁘게 합니다. 노래하게 합니다. 반면 공평하지 않음은 사람을 슬프게 하고 화나게 합니다. 특히 통치자가 공평하지 않을 때 그 백성은 정말로 슬퍼하고 화를 냅니다. 그런데 우리의 통치자이신 하나님은 공평히 심판합니다. 그리고 그분은 목자가 양 떼를 인도하듯이 인도하십니다. 하나님은 광야에서 이스라엘이 행군할 수 있도록 낮에는 구름 기둥으로 앞서가시며 길을 인도하시고, 밤에는 불기둥으로 앞길을 비추셨습니다(출 13:21). 그러니 그들은 그 하나님을 노래하지 않을 수 없었습니다.

민족들은 무엇을 해야 합니까? 5절입니다. "하나님이여 민족들이 주를 찬송하게 하시며 모든 민족으로 주를 찬송하게 하소서." 시인은 3절을 반복합니다. 시인은 '민족들'(3), '모든 민족'(3), '온 백성'(4), '민족들'(5), '모든 민족'(5)이 주님을 찬송하도록 말했습니다.

찬송은 무엇입니까? 우리 말에서 '찬송'은 '기릴 찬(讚)', '기릴 송(頌)'인데, '미덕을 기리고 칭찬함'입니다. '하나님의 은혜를 기리고 찬양함'을 뜻합니다. 같은 뜻이면서 다르게 표현하는 '찬양'이 있습니다. '찬양'은 '기릴 찬(讚)', '오를 양(揚)'인데, '아름답고 훌륭함을 크게 기리고 드러냄'이라는 뜻입니다. '하나님을 높이고 그분에게 영광을 돌리는 모든 행위'를 뜻합니다. '찬송'이나 '찬양'은 '노래로 하나님을 크게 기리고 드러냄'을 뜻합니다. 히브리어는 '하나님의 성품과 그분의 일에 대한 인간의 공적인 선포나 고백'을 말합니다. 찬양은 '하나님이 누구이신가?' 그리고 '그분이 무엇을 하셨는가?'에 대한 고백이거나 선언입니다. 그래서 영어로는 '찬양(praise)'으로 쓰고 '고백(confession)'으로 읽습니다.

노래로 하나님을 찬양함은 무슨 뜻입니까? 찬양은 곡조 있는 기도입니다. 영혼 깊은 곳에서 흘러나오는 하나님을 향한 신앙 고백입니다. 찬양은 모든 헌신 가운데 최고이며, 믿음의 진정한 증거입니다. 찬양은 성도에게 삶의 용기와 희망, 그리고 마음의 평화와 위로를 줍니다. 그러므로 구원받은 백성은 하나님을 찬양해야 합니다. 찬양할 수밖에 없습니다. 우리는 신앙생활의 3요소로 말씀, 기도, 그리고 찬양을 말합니다.

하나님은 찬양하는 그 백성을 어떻게 축복하십니까? 6절을 보십시오. "땅이 그의 소산을 내어 주었으니 하나님 곧 우리 하나님이 우리에게 복을 주시리로다." 땅이 그 생산물을 내었습니다. 그런데 그것은 하나님, 곧 우리의 하나님께서 우리에게 복을 내려 주셨기 때문입니다. 땅에서 나는 생산물은 하나님 축복의 열매입니다.

그런데 어떤 사람은 자기가 열심히 일해서 얻은 포도 열매를 보고는 자기 것으로 착각했습니다. 그는 주인한테 세를 받아서 농사를 지었는데도, 주인이 세를 달라고 했을 때 주지 않았습니다. 그는 그 포도원을 통째로 가지려고 했습니다. 주인의 아들까지 죽였습니다(눅 20:20:14-15). 그는 교만했고, 욕심쟁이로 전락했습니다. 왜냐하면 그는 하나님께서 그에게 복을 주신 줄도 몰랐고, 주신 목적도 몰랐기 때문입니다.

복을 주신 목적은 무엇입니까? 7절을 읽읍시다. "하나님이 우리에게 복을 주시리니 땅의 모든 끝이 하나님을 경외하리로다." '땅의 모든 끝'은 '지구의 끝'인데, 이스라엘을 넘어 온 세상을 뜻합니다. 온 세상은 하나님을 경외해야 합니다. 2절에서는 "주님의 도와 구원을 모든 나라에 알리소서."라고 기도했습니다. 그런데 이제는 "땅의 모든 나라가 하나님을 경외하도록 하소서."라고 기도합니다.

그러므로 하나님이 이스라엘을 축복하신 목적은 무엇입니까? 모든 끝, 즉 온 세상이 하나님을 경외하도록 하는 데 있습니다. 이스라엘이 복을 받는 모습을 통해 온 세상은 하나님께 관심을 품습니다. 그리고 하나님을 경외합니다.

그런데 이스라엘은 그 축복을 당연하게 여기고 하나님을 경외하지 않았습니다. 하나님 축복의 물줄기가 이방으로 넘어왔습니다. 특히 예수님이 오신 후로 교회는 하나님의 길과 구원을 아는 이방인으로 이루어졌습니다. 이제는 이방인을 통해 유대인이 하나님께 관심을 품고 경외하는 일이 일어나야 합니다.

그래서 하나님은 오늘 우리의 교회를 축복하십니다. 오늘 우리도 내가 땀 흘려 일해서 얻는 산물이지만, 본질에서는 하나님께서 나에 대한 축복의 표현입니다. 하나님의 복이 없다면 내 삶의 현장은 메마를 수밖에 없습니다. 하지만 하나님은 내 삶을 축복하십니다. 그렇게 하신 목적은 내 축복을 통해서 주위 사람이 하나님을 알고 경외하도록 하심입니다. 이것을 우리는 "세상의 소금과 빛으로 산다."라고 말합니다.

이런 기사를 보았습니다. "크리스천인데 점보러 가도 되나요." 명성을 얻는 한 무속인의 유튜브 채널 영상 제목이라는군요. 영상 속 무속인은 기독교인의 실태를 폭로합니다. 그에 따르면, 많은 기독교인이 점집에 예약할 때 본인을 교회에 다닌다고 소개한다는군요. 이밖에 '올해 결혼하는 사주', '취업 언제 될까요?' 같은 젊은 세대의 고민을 상담해 주는 무속인 채널도 인기라는군요.

왜 젊은이들은 무속인 채널에 몰리는 걸까요? 어떤 분은 이렇게 분석했습니다. "MZ세대가 경제적으로 불안도가 높고, 미래에 대한 불확실성을 해소하려는 욕구가 크기 때문이다. (무당 채널이) 일종의 상담 역할도 병행하기 때문이다." 반면 어떤 분은 이렇게 꼬집었습니다. "문화와 언어가 빠르게 변화하는 과정에서 (기독교가) 뒤처지면서 시대적 역할을 놓치기 때문이다." 교회가 하나님한테 복을 받았는데도, 그 역할을 다하지 못하기 때문입니다. 교회가 하나님을 찬양해야 하는데, 찬양하지 못했기 때문입니다.

오늘 시인은 왜 하나님을 노래했습니까? 주님의 구원을 알았기 때문입니다. 주님께서 온 백성을 공의로 심판하시기 때문입니다. 그런 시인에게 주님은 복을 내리셨습니다. 이렇게 복을 내리시는 목적은 모든 끝이 하나님을 경외하도록 함입니다. 오늘 우리의 축복을 통해서 우리의 캠퍼스 영혼과 모든 끝이 하나님을 경외할 수 있기를 기도합니다.

26
하나님이 일어나시니

> 말씀 시편 68:1-35
> 요절 시편 68:1
> 찬송 517장, 518장

"하나님이 일어나시니 원수들은 흩어지며 주를 미워하는 자들은 주 앞에서 도망하리이다."

오늘 시는 다윗이 하나님을 찬양하는 시입니다. 그 배경은 하나님께서 이스라엘을 인도하실 때 시내 산에서 출발하여 광야를 거쳐서 약속의 땅에 이르는 과정입니다. 그가 찬양하는 하나님은 어떤 분입니까?

첫째, 강한 용사이신 하나님(1-4)

1절을 보십시오. "하나님이 일어나시니 원수들은 흩어지며 주를 미워하는 자들은 주 앞에서 도망하리이다." '일어나심'은 함께하심과 보호를 상징한다. 하나님이 일어나시면, 그분의 원수들은 흩어지고, 그분을 미워하는 사람들은 그분 앞에서 달아납니다. 원수는 일어나시는 하나님 앞에서 존재감을 나타낼 수 없습니다.

이 말씀은 광야에서 언약궤를 이동할 때 모세가 선포했던 말씀을 생각나게 합니다. "궤가 떠날 때에는 모세가 말하되 여호와여 일어나사 주의 대적들을 흩으시고 주를 미워하는 자가 주 앞에서 도망하게 하소서 하였고"(민 10:35). '언약궤'는 하나님의 함께하심과 보호를 상징합니다. 하나님의 함께하심과 보호 앞에서 대적은 흩어지고, 주님을 미워하는 자는 도망할 수밖에 없습니다.

하나님 앞에서 도망하는 원수의 모습은 무엇과 같습니까? 2절입니다. "연기가 불려 가듯이 그들을 몰아내소서 불 앞에서 밀이 녹음같이 악인이 하나님 앞에서 망하게 하소서." 그들은 바람에 날아가는 연기처럼 허무하게 사라집니다. 그들은 초가 불에 녹듯이 하나님 앞에서 망합니다.

오늘 우리에게 주는 의미는 무엇입니까? 우리의 본질적 원수는 죄와 죽음입니다. 그리고 삶의 현장에서 우리의 힘으로 어찌할 수 없는 한계 상황입니다. 그런데 하나님이 우리와 함께하시고 보호하시면 그런 원수가 도망칩니다. 죄와 죽음도 흩어지고, 우리가 도저히 어찌할 수 없는 한계 상황도 연기처럼 사라집니다. 그러므로 우리는 한계 상황을 만날 때 하나님께 도움을 청해야 합니다. 우리는 하나님께서 일어나시도록 기도해야 합니다.

스코틀랜드 장로교회의 창시자 존 녹스(John Knox, 1513~1572)가 있습니다. 그는 "스코틀랜드 신앙고백(The Scottish Confession)" 결론에서 이 말씀을 기초로 기도했습니다. "주여, 일어나셔서 당신의 원수들을 쳐부수소서. 당신의 거룩한 이름을 미워하는 그들이 당신 앞에서 도망쳐 가게 하소서. 당신의 종에게 힘을 주셔서 확신을 두고 용감하게 당신의 말씀을 전하게 하소서. 모든 백성이 당신의 참된 지식을 알게 하소서. 아멘!"

제가 얼마 전에 말했던, 러시아 형제가 마침내 오늘 한국행 비자를 받았다는 소식을 들었습니다. 러시아 우크라이나 전쟁으로 젊은 친구들이 한국행 비자를 받기가 쉽지 않았습니다. 그런데 많은 사람의 기도를 들으시고 하나님께서 일어나셨습니다. 방황하는 한 영혼을 살려주셨습니다.

최근 한 여론조사에서 우리나라 미혼 청년에게 '결혼'에 관해 물었습니다. 전체 응답자의 43%가 "결혼해야 한다."라고 대답했습니다.

그중에 "반드시 해야 한다."라는 대답은 10%, "하는 편이 좋다."라는 대답은 33%였습니다. 반면 "해도 좋고 하지 않아도 좋다."라고 답한 응답자는 51%였습니다. 결혼에 대한 부정적 응답에는 경제 문제, 주택 문제가 있었습니다. 어떤 사람은 이런 현실을 보고 "부동산 가격을 낮춰 결혼에 대한 부담감을 없애야 한다."라고 주장했습니다. 심지어 인구 감소에 대한 대책으로도 "부동산 가격을 내려야 한다."라고 했습니다. 그런데 좀 색다른 의견도 있었습니다. "혼자 사는 것을 부추기는 미디어가 가장 문제이다. 방송과 드라마에 대한 규제가 필요하다." 잘못된 여론몰이를 지적한 겁니다.

우리가 삶의 현장에서 만나는 이런 문제를 어떻게 이겨낼 수 있습니까? 사회 문제를 해결하려면 정치가 중요합니다. 하지만 정치는 한계가 있습니다. 사회 문제 해결도 교회로부터 시작해야 합니다. 왜냐하면 하나님께서 일어나시면 해결할 수 있기 때문입니다. 따라서 우리는 오늘 우리의 현실 문제 앞에서 하나님께서 일어나시도록 기도해야 합니다. 하나님이 일어나시면, 원수는 흩어집니다. 하나님이 일어나시면 문제는 연기가 사라지듯이 사라집니다.

그러나 의인은 무엇을 합니까? 그들은 하나님 앞에서 기뻐하며 즐거워합니다(3). 그들은 기쁨에 겨워서 크게 즐거워합니다. 그리고 하나님께 노래하며, 그분의 이름을 찬양합니다(4). 당시 가나안에서 '하늘을 타고 광야에 행하시던 이'는 '바알'이었습니다. 하지만 여기서는 여호와이십니다. 여호와께서 자연을 다스리십니다. 의인은 그분 앞에서 뛰놉니다.

둘째, 사회적 약자를 돌보시는 하나님(5-6)

5절을 봅시다. "그의 거룩한 처소에 계신 하나님은 고아의 아버지시며 과부의 재판장이시라." '거룩한 처소'는 예루살렘 성전입니다. '고아'는 '아버지가 없는 아이'입니다. 사회적 신분이 낮고 힘이 없는 사람입니다. 아버지는 가족을 대표하고, 경제적 공급을 책임졌습니다. 하나님은 아버지 없는 사람의 아버지이십니다(a father to the fatherless).

'과부'는 남편의 사망으로 사회적 경제적 위치를 잃어버린 여인입니다. 그런데 하나님께서 그들의 재판장이십니다. 재판장은 공정한 판결을 내리고, 약자를 돌보는 역할을 했습니다. 하나님께서 과부에게 그 역할을 하십니다.

하나님은 또 무엇을 하십니까? 하나님은 고독한 자들을 가족과 함께 살도록 하십니다(6). '고독한 자'는 자기 권리를 보호해줄 가족이나 친척, 그리고 친구 없이 혼자 사는 사람입니다. 하나님은 외로운 사람에게 가족을 주십니다. 버려진 사람에게 가정을 제공하십니다. 하나님은 갇힌 자를 풀어내서 형통하게 하십니다. 하지만 거역하는 사람은 메마른 땅에서 살도록 하십니다.

셋째, 전쟁에서 승리를 주시는 하나님(7-14)

7절을 보십시오. "하나님이여 주의 백성 앞에서 앞서 나가사 광야에서 행진하셨을 때에 (셀라)." 하나님은 이스라엘을 광야에서 인도하셨을 때 그 백성 앞에서 앞서 나가셨습니다. 하나님은 광야에서 행진하셨습니다. 여호와께서 낮에는 구름 기둥으로 그들의 길을 인도하시고, 밤에는 불기둥으로 그들에게 비춰서 낮이나 밤이나 진행하도록 하셨습니다(출 13:21).

그때 무슨 일이 있었습니까? 시내 산의 그분, 하나님 앞에서, 이스라엘의 하나님, 하나님 앞에서 땅이 진동하고 하늘이 비를 내렸습니다(8). '땅이 진동한다.' '비가 내렸다.'라는 말은 하나님의 오심을 뜻합니다. 하나님은 넉넉한 비를 뿌리셨습니다(9). 하나님은 그 백성과 메마른 땅에 생명과 활기를 불어넣으셨습니다. 그리하여 주님의 회중을 그곳에서 살도록 하셨습니다(10). 주님께서 가난한 자를 위하여 은택을 준비하셨습니다.

그런데 주님께서 말씀을 주시니 무슨 일이 일어났습니까? 11절입니다. "주께서 말씀을 주시니 소식을 공포하는 여자들은 큰 무리라." '여자들'은 노래와 춤으로 승리의 소식을 전하는 사람들입니다. 그 소식을 전하는 여자들은 큰 군대입니다.

그 여인이 전한 소식은 무엇입니까? 그 여인들은, 가나안 왕들이 전리품을 남기고 군사를 거느리고 어떻게 도망했는지를 노래합니다 (12). 만군의 여호와 앞에서 그 어떤 왕도 아무것도 아닙니다. 왕들은 완전히 패했습니다. 집에 남아 있던 여자들도 전리품을 나눕니다. 그들은 양우리에 누워 있는 양과 같습니다(13). 그들은 양우리에서 편히 쉬고 있습니다. 그들은 날개는 은으로 싸여 있고, 그 깃털은 빛나는 금으로 싸여 있는 비둘기 같습니다.

그런데 전능하신 하나님께서 왕들을 흩으실 때는 살몬에 눈이 날림 같습니다(14). 살몬은 낮은 지대여서 눈이 내리지 않았습니다. 따라서 '살몬의 눈'은 하나님의 오심을 상징합니다. 전능하신 하나님이 살몬 산에서 왕들과 그 군사들을 파하신 승리의 장면을 눈이 내린 것에 비추어 묘사한 겁니다. 가나안 족속의 왕들과 군사들이 대패하여 도망치는 모습은 마치 살몬 산에 눈이 바람에 날려서 흩어지는 것과 같았습니다.

넷째, 짐을 지시는 하나님(15-23)

15절을 봅시다. "바산의 산은 하나님의 산임이여 바산의 산은 높은 산이로다." 시인은 '살몬'에서 '바산'으로 눈을 돌립니다. '바산'은 갈릴리 동부 평야 지대입니다. 초원지대로 살진 암소와 힘센 송아지, 그리고 사자가 살았습니다. 그곳은 풍요롭고 힘이 셈을 상징합니다. 바산의 산은 매우 높은 산입니다.

그런데 그 높은 산들이 하나님이 계시려는 산을 시기했습니다(16). 하나님이 계시려는 산은 시온산입니다. 시온산은 높지도 장엄하지도 않고 바위가 많았습니다. 하지만 하나님의 병거는 천천이요 만만입니다(17). 주님께서 수많은 전차 가운데 계시니, 마치 시내 산 성소에 계심 같습니다. 주님께서 높은 곳, 즉 시온산으로 오르시며 이스라엘을 공격했던 가나안 왕들을 포로로 잡으셨습니다(18). 거역하는 자들에게서까지 선물을 받으셨습니다. 여호와 하나님이 그곳에 계시려 하심입니다.

그분은 누구십니까? 19절을 보십시오. "날마다 우리 짐을 지시는 주 곧 우리의 구원이신 하나님을 찬송할지로다 (셀라)." 하나님은 짐을 지시는 짐꾼이십니다. 하나님은 그 백성을 구원하는 분입니다. 하나님은 그 백성을 구원하려고 짐을 지십니다. 예수님이 그분이십니다. "보라 세상 죄를 지고 가는 하나님의 어린 양이로다"(요 1:29b). "수고하고 무거운 짐 진 자들아 다 내게로 오라 내가 너희를 쉬게 하리라"(마 11:28). 시인은 그분을 찬송합니다.

그 하나님이 우리에게 어떤 분입니까? 그분은 우리에게 구원의 하나님이십니다(20). 하나님은 우리를 사망에서 구원하십니다. 하나님은 죽음을 다스리기 때문입니다. 하나님은 그 원수들의 머리를 깨뜨릴 것이니 계속 죄를 짓는 자들의 머리를 부숴 버릴 겁니다(21). 하나님은 원수를 완전히 심판하심으로 의인을 구원하십니다.

주님은 무엇을 말씀하셨습니까? 주님은 원수들을 바산에서 데려오고, 바다 깊은 곳에서 끌어오십니다(22). 주님은 동쪽과 서쪽으로부터 모든 원수를 데려와 당신의 힘을 나타내십니다. 그러면 시인은 그들을 심히 치고, 그들의 피에 그 발을 잠급니다. 그 집의 개는 혀로 원수들에게 분깃을 얻습니다(23). 개들이 죽은 원수의 피를 핥습니다. 완전한 승리를 상징합니다.

다섯째, 성소에서 위엄을 나타내시는 하나님(24-35)

24절을 봅시다. "하나님이여 그들이 주께서 행차하심을 보았으니 곧 나의 하나님, 나의 왕이 성소로 행차하시는 것이라." 시인은 하나님의 행렬을 전쟁에서 승리한 개선 왕의 모습으로 그립니다. 고대 바벨론 신년 축제에는 '마르둑(Marduk)' 신상이 도시의 거룩한 길을 따라 행진했습니다. 하지만 주님의 행렬은 그런 마르둑의 행렬과는 다릅니다. 주님을 형상화할 수 없기 때문입니다. 주님은 개선 왕처럼 행진하셨습니다.

그 모습이 어떠합니까? 소고치는 소녀 중에서 노래 부르는 사람은 앞섰고, 악기를 연주하는 사람은 뒤따랐습니다(25). 그들은 이스라엘의 근원에서 나왔습니다(26). '이스라엘의 근원'은 하나님이십니다. 하나님한테서 나온 그들은 회중 가운데서 하나님을 송축합니다. 제일 작은 지파 베냐민이 앞서고, 그다음은 유다 지파의 지도자들이며, 그다음은 스불론과 납달리 지도자들입니다(27).

시인은 무엇을 기도합니까? 28절을 봅시다. "네 하나님이 너의 힘을 명령하셨도다 하나님이여 우리를 위하여 행하신 것을 견고하게 하소서." '하나님이 너의 힘을 명령하셨도다.'라는 말은 '하나님, 당신의 힘을 불러일으키소서.'라는 뜻입니다. 하나님은 과거에 능력을 행하셨습니다. 시인은 과거의 체험을 근거로 현재를 간청합니다.

그때 왕들은 왜 주님께 예물을 드립니까? 예루살렘에 있는 주님의 성전 때문에 예물을 드립니다(29). 성전에 계신 여호와 하나님을 보고 뭇 왕이 그분을 경배합니다.

시인은 또 무엇을 기도합니까? 그는 하나님께서 갈대밭의 들짐승과 수소의 무리와 송아지를 꾸짖어 주시도록 기도합니다(30). 하나님은 은 조각을 발로 밟으면서 전쟁을 좋아하는 백성을 흩으셨습니다.

그러면 무슨 일이 일어납니까? 고관들은 애굽에서 나오고, 구스인은 하나님을 향하여 그 손을 신속히 듭니다(31). 이것은 '예물을 드림'과 '기도'를 뜻합니다. '애굽'과 '구스' 사람이 하나님께 나오는 모습은 온 세상이 하나님께 나옴을 뜻합니다.

땅의 왕국은 무엇을 해야 합니까? 32절입니다. "땅의 왕국들아 하나님께 노래하고 주께 찬송할지어다 (셀라)." 세상 나라는 하나님께 노래해야 합니다. 25절에서 이스라엘의 악단이 하나님을 찬양했습니다. 이제는 세상 나라가 하나님을 찬양해야 합니다.

그분은 누구십니까? 그분은 옛적 하늘들의 하늘을 타신 분입니다(33). '하늘들의 하늘'은 가장 높은 하늘입니다. 그분은 '하늘, 태고의 하늘을 병거 타고 다니시는 분'입니다. 하나님은 구름 타고 달리신 분이었습니다. 그분은 웅장한 소리를 냅니다. 그러므로 우리는 그 하나님께 능력을 돌려야 합니다(34). 그분의 위엄이 이스라엘 위에 있고, 그분의 능력이 구름 속에 있습니다.

그분은 위엄을 어디에서 나타내십니까? 35절을 읽읍시다. "하나님이여 위엄을 성소에서 나타내시나이다 이스라엘의 하나님은 그의 백성에게 힘과 능력을 주시나니 하나님을 찬송할지어다." 하나님은 성소에 계십니다. 그분은 두려운 분입니다. 그분은 당신의 백성에게 힘과 능력을 주십니다. 그러므로 온 세상은 그분을 찬양해야 합니다.

　시인이 찬양하는 하나님은 어떤 분입니까? 하나님은 강한 용사이시고, 사회적 약자를 돌보시며, 전쟁에서 승리를 주십니다. 짐을 지시고, 성소에서 위엄을 나타내십니다. 시인이 기도하고 찬양하는 그 하나님이 오늘 우리의 하나님이십니다. 우리도 그분께 기도하며 찬양하기를 기도합니다.

27
주의 집을 위하는 열성

> 말씀 시편 69:1-36
> 요절 시편 69:9
> 찬송 385장, 575장

"주의 집을 위하는 열성이 나를 삼키고 주를 비방하는 비방이
내게 미쳤나이다."

오늘의 시도 다윗의 시인데, 성가대 지휘를 따라 '백합화' 곡조에
맞춰 부른 노래입니다. 주님의 집을 위하는 열성이 그를 삼켰습니다.
그 열성은 무엇이며, 그 열성으로 그는 어떤 일을 겪었습니까?

1절을 보십시오. "하나님이여 나를 구원하소서 물들이 내 영혼에
까지 흘러 들어왔나이다." 시인은 하나님을 찾고, 그분께 도움을 청
합니다. 물들이 그 영혼까지 흘러 들어왔기 때문입니다. 그는 자신이
겪는 고통을 깊은 물로 빠져드는 것, 즉 홍수가 나서 목숨이 위협받
는 것으로 표현했습니다. 그는 급박한 위험에 처했습니다.
어느 정도 급박한 위험이었습니까? 그는 설 곳이 없는 깊은 수렁
에 빠졌습니다(2). 그는 예레미야처럼 스스로 나올 수 없는 깊고 깊
은 진흙 속에 빠졌습니다(렘 38:6b). 큰 물결이 그를 휩쓸어 갔습니
다. 혼돈의 세력이 그를 덮쳤습니다. 그는 스스로 빠져나올 방법이
없었습니다.

그의 상태가 어떠했습니까? 그는 부르짖으므로 지쳤습니다(3). 그는 목이 바싹 말랐습니다. 그는 하나님을 기다리며 눈이 침침해졌습니다. 그는 기력이 다 빠졌습니다.

그런데 까닭 없이 시인을 미워하는 사람은 그의 머리털보다 많았습니다(4). 시인을 없애려는 사람이 그보다 강했습니다. 원수는 시인이 훔치지도 않았는데도 물어내라고 합니다. 원수는 시인을 도둑 취급했습니다.

시인은 하나님 앞에서 무엇을 고백했습니까? 그는 남의 것을 훔치지는 않았지만, 하나님 앞에서 어리석은 사람임을 고백했습니다(5). 그는 주님 앞에서는 자신의 죄를 감출 수 없었습니다. 그는 죄를 고백하고, 주님을 기다리는 사람들이 자기로 인해 수치를 당하는 일이 없도록 기도합니다(6). 여호와를 애써 찾는 사람들이 자기 때문에 모욕을 당하는 일이 없도록 기도합니다. 시인은 죄가 없지만, 거짓 고소로 죄인이 되면 이스라엘이 수치를 느끼기 때문입니다. 그는 공동체에 대한 연대감을 느낍니다.

왜 시인은 그런 고통을 겪었습니까? 7절을 보십시오. "내가 주를 위하여 비방을 받았사오니 수치가 나의 얼굴에 덮였나이다." 그는 주님을 위하여 욕을 먹었습니다. 그는 수치를 뒤집어썼습니다. 그는 주님을 위하여 친척에게 따돌림을 당하고, 가족에게는 이방인처럼 되었습니다(8).

'주님을 위하여'란 무엇을 말합니까? 9절을 읽읍시다. "주의 집을 위하는 열성이 나를 삼키고 주를 비방하는 비방이 내게 미쳤나이다." '주님을 위하여'라는 말은 '주님의 집을 위하여'를 뜻합니다. '주의 집'은 하나님의 집, 예루살렘 성전입니다. 성전을 위하는 열성이 그를 삼켰습니다. 성전을 위하는 열성이 그 속에서 불타올랐습니다. 그래서 주님을 비방하는 그 비방이 그에게 쏟아졌습니다.

그러면 시인의 성전을 위하는 열성은 무엇이었습니까? 다윗은 일생 주님의 성전을 지으려는 열성으로 가득했습니다. 그는 자기 손으로 성전을 지으려고 했으나 하나님께서 솔로몬에게 짓도록 하셨습니다. 그런 중에도 그는 성전 예배의 틀을 놓았으며, 성가대를 조직하여 하나님을 찬송하도록 했습니다. 솔로몬이 성전을 건축하는데 차질이 없도록 모든 일을 준비했습니다(대상 28:10-20). 그는 온 마음과 막대한 물자를 성전 짓는 일을 준비하는데 투자했습니다.

그런데 그런 그의 열성은 다른 사람, 심지어 형제에게도 불편한 일이었습니다. 마음과 돈을 성전 짓는 일에 투자했기 때문이었습니다. 어떤 사람은 하나님을 비방했고, 그 비방을 다윗에게 쏟았습니다. 성전을 향한 그의 불꽃 같은 열성은 비방으로 돌아왔습니다.

이런 모습은 후에 예수님에게도 나타났습니다. 예수님이 성전에 가셨는데, 성전 뜰에서 소와 양과 비둘기파는 사람들과 돈 바꾸어 주는 사람들을 보셨습니다. 예수님은 노끈으로 채찍을 만들어 그들을 내쫓으시고, 상을 둘러엎었습니다. 후에 제자들은 "주님의 집을 생각하는 열정이 나를 삼킬 것이다."라고 기록한 이 시편을 기억했습니다(요 2:14-16).

그런데 그 일로 예수님은 종교 지도자들의 비방을 받아야 했습니다. 바울 사도는 이렇게 인용했습니다. "그리스도께서도 자기를 기쁘게 하지 아니하셨나니 기록된바 주를 비방하는 자들의 비방이 내게 미쳤나이다 함과 같으니라"(롬 15:3).

오늘 우리는 무엇을 배웁니까? 먼저, 우리는 성전을 향한 열성의 필요성을 깨닫습니다. 물론 그 열성은 건물 짓는 데 필요한 열성이 아닙니다. 오늘의 성전은 건물이 아닌 공동체입니다. 따라서 우리는 '교회를 향한 열성', 또는 '예배를 위한 열성'을 말합니다. 어떤 점에서 보면, 오늘의 교회와 예배가 세속화에 물들고 있습니다. '귀차니즘'에 오염되고 있습니다. 그런데도 우리 안에 교회와 예배에 대한 열성이 있습니까? 우리는 오늘 다윗과 예수님을 통해 불타는 열성의 필요성을 깨닫습니다.

다음으로, 우리는 열성으로 비방을 들을 수 있음을 깨닫습니다. 교회와 예배를 향한 열성이 불타면 세상은 물론이고 교회 안에서도 비방할 수 있습니다. 하지만 그 비방은 당연합니다. 다윗도, 예수님도 경험했기 때문입니다. 우리는 오히려 교회에 대한 나의 열성, 예배에 대한 나의 열성을 점검하면 좋겠습니다.

그때 시인은 어떻게 되었습니까? 그는 금식하며 울었습니다(10). 그는 회개했습니다. 하지만 오히려 조롱거리가 되었습니다. 그는 굵은 베옷을 입고서 슬퍼했는데, 오히려 그들에게는 말거리가 되었습니다(11). 성문에 앉은 사람, 즉 공동체의 지도자조차도 그를 비난했습니다(12). 그뿐만 아니라, 술에 취한 사람도 그를 향해 조롱의 노래를 부릅니다. 사회 지도층에서부터 주정뱅이에게 이르기까지 시인을 조롱합니다.

그러나 시인은 무엇을 합니까? 그는 여호와께 기도합니다(13). "오, 하나님, 허락하시는 때, 당신의 크신 사랑으로 구원의 신실함으로 응답하소서!" 그는 수렁에서 건져주시고, 빠지지 말게 하시고, 깊은 물에서 건져주시도록 기도합니다(14). 그는 큰 물결이 자기를 덮치지 못하고, 깊은 물이 그를 삼키지 못하고, 큰 구덩이가 입을 벌려 자기를 삼키고 그 입을 닫지 못하도록 기도합니다(15). 그는 죽음의 위험에서 구원받기를 바랍니다.

시인은 무엇에 근거하여 기도합니까? 16절입니다. "여호와여 주의 인자하심이 선하시오니 내게 응답하시며 주의 많은 긍휼에 따라 내게로 돌이키소서." 그는 하나님의 한결같은 사랑에 근거하여 기도합니다. 그는 사랑의 하나님께서 자기 기도에 응답하실 줄 믿습니다. 그는 주님께서 얼굴을 숨기지 않으시도록 기도합니다(17). 그는 하나님께서 자신의 환난 중에 속히 응답하시기를 바랍니다. 그는 하나님께서 자기 영혼에 가까이하셔서 구원하시며, 원수한테서 속량하시도록 기도합니다(18).

시인은 또 무엇을 고백합니까? 그는 주님의 집에 대한 열성으로 모욕을 받았습니다. 수치와 조롱도 받았습니다. 대적자들로부터 괴롭힘도 받았습니다. 그런데 주님은 그 모든 일을 다 알고 계십니다(19). 그는 그 사실을 고백합니다. 그는 그들의 모욕으로 마음이 상하여 근심했습니다(20). 그는 동정받기를 바랐으나 아무도 없었고, 위로받기를 원했지만 아무도 찾지 못했습니다.

그들은 시인을 오히려 어떻게 대했습니까? 그들이 쓸개를 음식물로 주며, 목마를 때 초를 마시게 합니다(21). 그들은 시인에게 더 큰 모욕과 굴욕을 당하게 합니다.

　그때 시인은 원수가 어떻게 되도록 기도합니까? 그들의 밥상이 올무가 되게 하시며, 그들의 평안이 덫이 되도록 기도합니다(22). 그들의 눈이 어두워 보지 못하도록 하시며, 그들의 허리가 항상 떨리도록 기도합니다(23). 시인은 계속해서 주님의 분노를 그들 위에 쏟도록 기도합니다(24). 불타는 분노가 그들을 덮치기를 바랍니다. 그들의 거처를 황폐하게 하셔서 그들의 장막에 사는 사람이 없도록 기도합니다(25). 시인은 원수와 그 가족이 모두 죽기를 바랍니다.

　왜 시인은 그렇게 기도합니까? 그들은 주님께서 친 사람을 새삼스럽게 괴롭혔기 때문입니다(26). 그들은 주님이 상처를 입힌 사람의 슬픔을 말하기 때문입니다. 그래서 시인은 그들의 죄악에 죄악을 더하여서 주님의 공의에 들어오지 못하도록 기도합니다(27). 그들을 생명책에서 지워서 의인과 함께 기록되지 말도록 기도합니다(28). 시인은 원수가 구원받지 못하도록 기도합니다.

　그러나 시인은 자신을 위해서는 어떻게 기도합니까? 29절을 봅시다. "오직 나는 가난하고 슬프오니 하나님이여 주의 구원으로 나를 높이소서." 그는 하나님께서 자기를 구원하셔서 도달하기 어려울 정도로 높여주시도록 기도합니다.

　시인은 이제 무엇을 합니까? 30절을 읽읍시다. "내가 노래로 하나님의 이름을 찬송하며 감사함으로 하나님을 위대하시다 하리니." 그는 노래로 하나님의 이름을 찬양합니다. 감사로 하나님을 높입니다. 그런데 그것은 소 곧 뿔과 굽이 있는 황소를 드림보다 여호와를 더욱 기쁘시게 함입니다(31). 그는 하나님을 찬양하고 감사하는 일이 값진 희생제물보다 낫다고 믿습니다.

　그때 왜 곤고한 사람은 기뻐합니까? 32절입니다. "곤고한 자가 이를 보고 기뻐하나니 하나님을 찾는 너희들아 너희 마음을 소생하게 할지어다." '곤고한 사람'은 가난한 사람, 고통받는 사람입니다. 곤고한 사람은 시인이 하나님께 드리는 찬송을 보고 기뻐합니다. 시인의 구원과 찬송은 대단히 중요합니다. 왜냐하면 다른 사람이 시인을 보면서 희망을 품을 수 있기 때문입니다. 시인은 다른 사람의 믿음과 고난을 대변합니다. 그래서 하나님을 찾는 사람은 그 마음이 살아납니다. 왜냐하면 여호와는 궁핍한 사람의 소리를 들으시며, 당신으로 갇힌 사람을 멸시하지 않기 때문입니다(33).

그러면 온 우주는 무엇을 합니까? 34절을 봅시다. "천지가 그를 찬송할 것이요 바다와 그 중의 모든 생물도 그리할지로다." 온 우주 만물이 주님을 찬양합니다. 시인을 위협했던 그 바다도 주님을 찬양합니다. 왜냐하면 하나님이 시온을 구원하시기 때문입니다(35). 하나님이 유다 성읍을 건설하셔서 사람이 그곳에서 살도록 하시기 때문입니다. 그 종들의 후손이 그곳을 상속하고, 그분의 이름을 사랑하는 사람이 그중에 살기 때문입니다(36).

오늘 우리에게 필요한 열성이 있다면, 무엇입니까? 교회를 위하는 열성, 예배를 향한 열성입니다. 비록 그 열성으로 비방을 받을지라도 다윗과 주님의 열성을 배웠으면 좋겠습니다. 우리 안에 교회와 예배를 향한 열성이 불타오르기를 기도합니다.

28

나에게 서두르소서

> 말씀 시편 70:1-5
> 요절 시편 70:5
> 찬송 30장, 192장

"나는 가난하고 궁핍하오니 하나님이여 속히 내게 임하소서
주는 나의 도움이시요 나를 건지시는 이시오니 여호와여
지체하지 마소서."

오늘의 시는 40:13-17과 닮았습니다. 오늘의 시에는 '다윗의 탄원시'라는 표제가 붙었습니다. '탄원(歎願)'은 '억울하거나 딱한 사정을 하소연하여 도와주기를 바람'이라는 뜻입니다. 그런데 원문의 뜻은 '기억한다.'입니다. 성경 대부분은 '탄원'이라는 말보다는 '기념 제물'로 번역했습니다. 유대 전통에 의하면 기념 제물은 '곡식 제물'인데, 가난한 사람이 동물 대신 바치는 제물이었습니다. 따라서 이 시편은 가난한 사람이 희생 제사와 함께 기도문으로 사용했을 겁니다.

그런데 그 기도의 내용은 '탄원'이었습니다. 즉 자신의 억울함이나 딱한 사정을 하소연하여 도와주기를 바랐습니다.

시인은 무엇을 탄원합니까? 1절을 읽읍시다. "하나님이여 나를 건지소서 여호와여 속히 나를 도우소서." 시인은 하나님 여호와께서 자기를 건져주시고, 도와주시도록 기도합니다. 여기서 중요한 단어는

165

'속히'입니다. '속히'라는 말은 '재촉한다.' '서두른다.'라는 뜻입니다. 그는 하나님께서 자기를 건져주시고, 도와주시는데, 서둘러 주시도록 기도합니다. 왜냐하면 그는 그만큼 매우 절박한 상태에 있기 때문입니다. 그는 상대적으로 무력감에 빠져 있기 때문입니다. 그래서 그는 하나님께 도움을 재촉했습니다. 이런 모습은 마치 응급상황에서 '119구급 대원'에게 긴급구조요청을 하는 사람을 생각나게 합니다.

그는 하나님께 어떤 긴급구조요청을 합니까? 2절입니다. "나의 영혼을 찾는 자들이 수치와 무안을 당하게 하시며 나의 상함을 기뻐하는 자들이 뒤로 물러가 수모를 당하게 하소서." 지금 시인의 생명을 노리는 사람이 있습니다. 시인은 그런 그들이 부끄러움을 당하고, 당황하도록 기도합니다. 그뿐만 아니라, 시인이 나빠지기를 기뻐하는 사람도 있습니다. 시인은 그런 그들이 물러가고, 수치를 당하도록 기도합니다. 시인은 하나님이 자기 삶에 속히 개입하셔서 하나님의 살아 계심을 악인에게 드러내기를 바랍니다.

그는 계속해서 어떤 도움을 속히 받고자 합니까? 시인을 향해서 "아하, 아하!"하며 비웃는 사람이 있었는데, 그들이 수치를 겪고 물러가기를 바랍니다(3).

다윗의 아들 압살롬이 반역했습니다. 그때 다윗은 왕궁을 빠져나와 도망길에 올랐습니다. 그는 올라가면서 계속하여 울고, 머리를 가리고 슬퍼하면서, 맨발로 걸어서 갔습니다. 다윗과 함께 있는 백성도 모두 머리를 가리고 울면서, 언덕으로 올라갔습니다. 그때 누군가가 다윗에게 말했습니다. "압살롬과 함께 반역한 사람 가운데 아히도벨도 있었습니다." 다윗은 하나님께 탄원했습니다. "주님, 부디, 아히도벨의 계획을 어리석게 하옵소서"(삼하 15:30-31)!

다윗이 계속해서 길을 갈 때 갑자기 어떤 사람이 그 마을에서 나왔습니다. 그는 시므이였는데, 다윗을 향해 줄곧 저주를 퍼부었습니다. "영영 가거라! 이 피비린내 나는 살인자야! 이 불한당 같은 자야! 네가 사울의 집안사람을 다 죽이고 그의 나라를 차지했으나, 이제는 주님께서 그 피 값을 모두 너에게 갚으신다. 이제는 주님께서 이 나라를 너의 아들 압살롬의 손에 넘겨주셨다"(삼하 16:7-8).

그런데 이런 비웃는 모습은 예수님이 십자가 앞에서 재판받으셨을 때, 사람들이 그분을 비웃는 그것과 닮았습니다. 헤롯은 자기 호위병들과 함께 예수님을 모욕하고 조롱했습니다(눅 23:11). 예수님과 함께 달린 죄수 가운데 하나도 그분을 모독하며 말했습니다. "당신은 그리스도가 아니냐? 너와 우리를 구원하시오"(눅 23:39). 다윗은 이런 사람을 하나님께서 속히 쫓아내시기를 바랍니다.

그러나 하나님을 찾는 사람은 어떻게 되기를 바랍니까? 4절을 보십시오. "주를 찾는 모든 자들이 주로 말미암아 기뻐하고 즐거워하게 하시며 주의 구원을 사랑하는 자들이 항상 말하기를 하나님은 위대하시다 하게 하소서." 첫째로, 주님을 찾는 사람은 기뻐하고 즐거워하도록 기도합니다. '나의 영혼을 찾는 자들', 즉 시인을 죽이려는 사람과 '주님을 찾는 사람'을 대조합니다. 시인을 죽이려는 사람은 수치를 겪어야 합니다. 하지만 하나님을 찾는 사람은 기뻐하고 즐거워해야 합니다.

우리가 실제 삶에서 사람을 미워하고, 사람과 다투면 그 마음이 어떨까요? 상대를 저주하면 내가 기쁘지 않습니다. 다윗을 저주한 시므이, 예수님을 비웃었던 헤롯이 즐거웠을까요? 기쁨과 즐거움은 하나님을 찾을 때 옵니다. 왜냐하면 하나님이 주시는 기쁨과 즐거움이 진짜이고, 최고이기 때문입니다.

둘째로, 시인은, 주님의 구원을 사랑하는 사람은 항상 이렇게 말하기를 바랍니다. "하나님은 위대하시다!" 사람과 씨름하는 사람은 하나님이 주시는 기쁨도 모르고, 그분의 위대함도 모릅니다. 그분의 위대함을 모르니 사람과 싸울 뿐입니다. 하나님의 구원을 사랑하는 사람은 하나님을 알고, 그분의 위대함을 체험합니다. 그래서 이렇게 고백하지 않을 수 없습니다. "하나님은 위대하시다!"

그러나 시인은 자신의 존재를 어떻게 고백합니까? 5절을 읽읍시다. "나는 가난하고 궁핍하오니 하나님이여 속히 내게 임하소서 주는 나의 도움이시요 나를 건지시는 이시오니 여호와여 지체하지 마소서." 주님의 구원을 사랑하는 사람은 항상 "하나님은 위대하시다." 라고 고백합니다. 하지만 그 하나님 앞에서 시인은 가난하고 궁핍합

니다. 여기서 '가난하고 궁핍하다.'라는 말은 물질적 상태보다는 하나
님 앞에서의 영적인 모습입니다. 그는 영적으로 가진 것이 없습니다.
그는 부족한 사람입니다. 그는 위대하신 하나님 앞에서 자신의 실존
을 겸손하게 인정합니다.

그런 그는 무엇을 기도합니까? "하나님이여, 속히 내게 임하소서!"
이 말은 '하나님, 나에게 서두르소서!'라는 뜻입니다. 시인은 마음이
급합니다. 그만큼 자기 문제 해결이 급하기 때문입니다. 그는 하나님
이 자기 일에 서두르시도록 간청합니다. 시인의 부족함은 하나님에
대한 철저한 의존으로 나타납니다. 그 의존은 기도로 나타납니다.

그가 그렇게 기도할 수 있는 근거는 무엇입니까? 그는 주님을 도
움이시며, 건지시는 분으로 확신하기 때문입니다. 그의 의존과 기도
는 이 확신에서 왔습니다. 하나님께서 자기를 도와주시고, 건져주실
분으로 확신하니 기도할 수 있습니다. "여호와여, 지체하지 마소서!"
그는 주님께서 자기에게 서두르시도록 기도합니다.

'나에게 서두르소서!'라는 기도를 통해 무엇을 배웁니까? 시인의
확신, 믿음을 배웁니다. 그는 여호와께서 기도를 들으시고 상처를 싸
매시고, 생명과 믿음의 심각한 위기에 있을 때 구원하러 오신다는
확신이 있습니다. 그는 '하나님이 생명을 주시는 도움'이심을 믿습니
다. 그 확신에서 기도가 나옵니다. 믿음이 있으니 서둘러달라고 기도
할 수 있습니다.

오늘 우리에게 하나님을 향한 확신과 믿음이 있습니까? 내가 어
려울 때, 내가 고통을 겪을 때 우리는 누구에게 가장 먼저 "나에게
서두르소서!"라고 도움을 청합니까? 어떤 사람은 문제가 생기면, 자
기 엄마에게 말합니다. "엄마, 서두르세요!" 어떤 사람은 어려움을
겪으면, 힘 있는 사람이나 돈 많은 사람에게 도움을 청합니다. 내가
가장 먼저 도움을 청하는 그 대상이 누구인가에 따라 나의 절대 의
존의 대상이 나타납니다. 내가 어떤 사람에게 도움을 청하면, 내 절
대 의존의 대상은 그 사람입니다. 그런데 내가 가장 먼저 하나님께
도움을 청한다면, 나의 절대 의존의 대상은 하나님이십니다.

우리가 성경에서 만나는 위대한 인물은 누구이며, 그 위대함의 뿌

리는 무엇입니까? 아브라함, 모세, 그리고 다윗 등입니다. 그들의 위대함은 성품에 있었는데, 그 성품을 결정한 요인은 바로 기도였습니다. 그들의 기도는 언제나 하나님의 확신에서 왔습니다. 그들은 어떤 상황에서도, 심지어 그들이 어떤 실수했을 때도, 참으로 헤쳐나오기 힘든 응급한 상황에서도 그들은 주님을 돕는 분으로, 건지시는 분으로 믿었습니다. 그것도 '119구조대'처럼 신속하게, 서둘러 오실 줄 확신했습니다. 그리고 하나님께 탄원했습니다. 그런 믿음과 확신의 기도가 그들을 위대한 하나님의 종으로 키웠고, 쓰셨습니다. 하나님은 어떤 상황에서도 당신을 믿는 사람, 기도하는 사람을 만나십니다. 서둘러서 은혜를 베푸십니다.

정치인은 물론이고 사회학자조차도 오늘 우리 시대를 낙관적으로 말하지 않습니다. 믿음의 길을 가는 우리에게도 세상은 절대로 녹록하지 않습니다. 무력감을 느끼기 쉽습니다.

하지만 성경의 렌즈로 오늘 우리와 세상을 보면, 우리는 무엇을 할 수 있습니까? 우리는 어떤 상황에서도 시인의 언어로 하나님께 탄원할 수 있습니다. "나에게 서두르소서!" 왜냐하면 우리에게도 우리의 도움이시며, 건지시는 여호와 하나님이 계시기 때문입니다. 우리가 시인의 언어로 탄원하여, 우리 자신은 물론이고 캠퍼스와 세상에 희망을 줄 수 있기를 기도합니다.

29
백발 성도의 믿음

> 말씀 시편 71:1-24
> 요절 시편 71:18
> 찬송 318장, 332장

"하나님이여 내가 늙어 백발이 될 때에도 나를 버리지 마시며
내가 주의 힘을 후대에 전하고 주의 능력을 장래의 모든
사람에게 전하기까지 나를 버리지 마소서."

'백발'이란 '늙어서 검은 머리카락이 흰 머리카락으로 바뀐 모습'
입니다. 어릴 때부터 '흰 머리카락'인 사람이 있지만, 시인은 어릴
때는 검은 머리카락이었는데 늙어서 흰 머리카락으로 바뀌었습니다.
그런 그에게 주님은 어떤 분이십니까?

첫째, 신뢰의 주님(1-8)
1절을 보십시오. "여호와여 내가 주께 피하오니 내가 영원히 수치
를 당하게 하지 마소서." 시인은 여호와께로 피했습니다. 그리하여
그는 영원히 수치를 당하지 않고자 합니다. '수치'는 하나님께서 악
인에게 내리는 벌입니다. 시인은 여호와께 피하여 악인에게 내리는
벌을 종신토록 받지 않기를 바랍니다.
그는 무엇에 근거하여 이렇게 기도합니까? 첫째로, 그는 주님의
의로움에 근거하여 기도합니다(2). 그는 의로운 주님께서 건지시며,

풀어 주시도록 기도합니다. 귀를 기울여 들으시고 구원해 주시도록 기도합니다. 그리고 그는 주님이 항상 피할 수 있는 바위가 되도록 기도합니다(3). 주님께서 그를 "구원하라."라고 명령하셨습니다. 왜냐하면 주님은 그의 반석이며 피난처이기 때문입니다. 그러므로 그는 계속해서 악한 사람에게서 건져주시고, 잔인한 폭력배의 손에서 건져주시기를 바랍니다(4).

그가 기도하는 두 번째 근거는 무엇입니까? 5절을 읽읍시다. "주 여호와여 주는 나의 소망이시요 내가 어릴 때부터 신뢰한 이시라." 그가 기도하는 두 번째 근거는 여호와께서 그의 소망이기 때문입니다. 여호와께서 그가 어려서부터 신뢰한 분이기 때문입니다.

그 어릴 때가 언제입니까? 그는 모태에서부터 주님을 의지했습니다(6). 그는 이른바 '모태 신앙인'입니다. 그가 그럴 수 있었음은 주님께서 그 어머니의 배에서부터 그를 택하셨기 때문입니다. 그래서 시인은 항상 주님을 찬양합니다.

어릴 때부터 주님을 신뢰한 그로부터 무엇을 배웁니까? 어릴 때부터 가진 신뢰는 어떤 상황에서도 기도하는 힘입니다. 신뢰와 기도는 새의 양 날개와 같습니다. 신뢰해야 기도하고, 기도는 신뢰의 표현입니다.

그런데 그가 그렇게 할 수 있음은 주님께서 그를 모태에서부터 택하셨기 때문입니다. 주님께서 그를 도와주시고, 인도하시고, 키워주셨기에 그는 어떤 상황에서도, 나이를 먹으면서도 주님을 신뢰했습니다. 주님을 신뢰하니 기도했습니다. 주님의 함께하심으로 그는 신뢰를 체질화했고, 기도를 체질화했습니다. 신뢰와 기도를 체질화하니, 어려운 문제를 만날 때도 흔들리지 않았습니다.

'디지털 네이티브(Digital Native) 세대'라는 말을 압니까? 어린 시절부터 스마트폰, 컴퓨터 등 인터넷 환경에서 자라 디지털 기기를 자유자재로 이용하는 세대를 말합니다. 'MZ세대'를 포함하여 '알파(Alpha) 세대'까지를 이릅니다. '알파 세대'는 2010년 이후 태어난 사람을 말합니다. 알파벳으로 세대를 구분하여 X세대, Y세대, Z세대로 불렀는데, Z 다음 알파벳이 없어 처음으로 돌아가 A로 시작하여 '알파 세대'로 부릅니다. 그들에게 디지털은 특정 용도에 국한하지 않고 일상생활의 커뮤니케이션 도구로 자리를 잡았습니다. 그 점에서 이 세대는 상대적으로 하나님을 신뢰하며 살기가 쉽지 않습니다.

하지만 분명한 점은 세상이 아무리 발전할지라도, 사람은 영혼을 소유했기에 하나님을 신뢰해야 한다는 점입니다. 그리고 어릴 때부터 하나님을 신뢰하려면 엄마 아빠의 역할이 중요합니다. 물론 하나님께서 은혜를 베푸셔야 합니다.

그런데 모태에서부터 주님을 의지한 시인은 사람에게는 어떤 존재였습니까? 그는 사람에게 이상한 징조같이 되었습니다(7). '이상한 징조같이'라는 말은 긍정과 부정의 의미를 함께 담고 있습니다. '하나님의 은혜', '경이적 존재'이거나 '하나님의 진노', '나쁜 조짐'을 뜻합니다. 시인은 많은 사람에게 '경이적 존재'이거나 '비난의 표적'이 되었습니다. 여기서는 부정적 의미로 봅니다. 그가 하나님을 신뢰하자 사람은 그를 비난했습니다.

그러나 주님만은 시인의 견고한 피난처입니다. 그래서 시인은 종일 주님을 찬양하며, 주님의 영광을 선포합니다(8).

둘째, 소망의 주님(9-16)

9절을 보십시오. "늙을 때에 나를 버리지 마시며 내 힘이 쇠약할 때에 나를 떠나지 마소서." 시인은 늙을 때 하나님께 버림받음을 두려워합니다. 그는 늙더라도 하나님께서 내치지 않도록 기도합니다. 그는 쇠약하더라도 하나님께서 떠나지 않기를 바랍니다.

왜 그는 그렇게 기도합니까? 왜냐하면 원수들이 시인을 헐뜯고, 생명을 해치려고 음모를 꾸미기 때문입니다(10). 원수는 시인을 보며 말했습니다(11). "하나님이 너를 버리셨다. 추격해서 잡아라. 이제 너를 구할 사람이 없다."

그러나 시인은 무엇을 합니까? 그는 하나님께서 자신을 멀리하지 마시고, 속히 도와주시도록 기도합니다(12). 그는 사람의 말보다 하나님을 더 의지합니다. 그는 자신을 대적하는 자들이 수치를 당하도록 기도합니다(13). 시인은 앞에서 "내가 영원히 수치를 당하게 하지 마소서"(1)라고 기도했는데, 이제는 대적하는 사람이 수치를 당하도록 기도합니다. 더 나아가 그는 원수가 망하도록 기도하고, 비난과 조롱거리가 되도록 기도합니다. 그는 하나님께서 자기의 기도를 들으시고, 악인을 심판하실 줄 믿었습니다.

그런데 시인의 소망은 어디에 있습니까? 14절을 읽읍시다. "나는 항상 소망을 품고 주를 더욱더욱 찬송하리이다." 시인은 항상 소망을 품습니다. 그는 아무리 악인이 자기를 헐뜯고, 죽이려고 음모를 꾸밀지라도 하나님께 소망을 품습니다. 하나님께서 자기를 악인한테서 구원하실 소망입니다. 그는 악인을 보지 않고 하나님을 봅니다. 그는 어려서부터 주님을 신뢰했는데, 악인의 음모 앞에서 신뢰가 흔들리지 않습니다. 그래서 그는 찬양에 찬양을 더합니다.

그 찬양의 내용은 무엇입니까? 15절입니다. "내가 측량할 수 없는 주의 공의와 구원을 내 입으로 종일 전하리이다." 하나님의 사역은 사람의 계산을 뛰어넘습니다. 그것들은 셀 수 없이 많으며 매일 더 많이 발견할 수 있습니다. 시인은 하나님의 의로움과 구원을 온종일 증언합니다. 그것은 너무 놀라워서 완전히 설명할 수 없는 일이기 때문입니다. 시인은 여호와의 능하신 일을 가지고 옵니다(16). 이 말은 '시인이 하나님의 힘을 증언하기 위해 성전으로 들어간다.'라는 뜻입니다. 그는 주님의 공의만 기억합니다.

셋째, 위로의 주님(17-24)

17절을 보십시오. "하나님이여 나를 어려서부터 교훈하셨으므로 내가 지금까지 주의 기이한 일들을 전하였나이다." '어려서부터'는 '청년 시대', '어린 시절'입니다. 시인은 지난날을 회상합니다. 하나님은 시인의 스승으로서 어릴 때부터 가르쳤습니다. 하나님은 그에게 하나님을 신뢰하는 법에 관해 가르쳤습니다. 시인은 하나님한테서 배운 그 놀라운 일들을 지금까지 전하고 있습니다.

그런데 그는 백발이 되어도 무엇을 하려고 합니까? 18절을 읽읍시다. "하나님이여 내가 늙어 백발이 될 때에도 나를 버리지 마시며 내가 주의 힘을 후대에 전하고 주의 능력을 장래의 모든 사람에게 전하기까지 나를 버리지 마소서." 그는 자기가 백발일 때도 하나님께서 버리지 말도록 기도합니다. 그는 주님의 힘을 후대에 전할 것이기 때문입니다. 그는 주님의 능력을 장래의 모든 사람에게 전할 것이기 때문입니다. '주님의 힘과 능력'은 주님께서 이루신 구원 사역입니다. 시인은 육체적인 힘을 잃어가지만, 주님께서 이루신 구원 사역을 죽을 때까지 전하려고 합니다. 그는 비록 백발일지라도 아직할 일이 남아 있습니다. 그러니 자기를 버리지 말도록 기도합니다.

그런 그로부터 무엇을 배웁니까? 주님을 어려서부터 신뢰하고, 평생 소망하며, 삶을 마무리할 때까지 자기가 해야 할 일을 하는 모습을 배웁니다. 보통 사람은 늙으면, 그동안 했던 일을 하지 않고 쉬려고 하기 쉽습니다. 물론 평생을 직장 생활하는 사람은 쉼도 필요합니다. 하지만 주님께서 이루신 구원 사역을 증언하는 일에는 쉼이 따로 없습니다. 그것은 노동이 아니기 때문입니다. 삶 자체이기 때문입니다. 오히려 그 일을 평생 할 수 있음은 은혜 위에 은혜이고, 복중의 복입니다.

그런데 또 어떤 사람은 젊었을 때 주님의 구원 사역을 증언했다고 해서, 늙으면 하지 않으려고 합니다. 백발이 오지도 않았는데, 미리부터 쉬려고 합니다. 쉼이 좋을 수도 있지만, 무작정 쉼은 오히려 병으로 오기 쉽습니다. 사람은 누구나 늙습니다. 하지만 백발 때도 주님의 구원 사역을 증언할 수 있다면, 얼마나 행복합니까?

그러면 시인이 백발 때도 전하려는 주님은 어떤 분입니까? 그분의 의로움은 하늘까지 닿았습니다(19). 하나님의 의로움을 시인은 측량할 수 없습니다. 하나님께서 위대한 일을 하셨습니다. 힘과 능력에서는 아무도 주님과 비교할 수 없습니다. 그런데 그분은 많은 재난과 불행을 시인한테 보이셨습니다(20). 하지만 주님께서 시인을 다시 살리십니다. 하나님께서 땅 깊은 곳에서 다시 이끌어 올리십니다.

어느 정도 이끌어 올리십니까? 21절을 읽읍시다. "나를 더욱 창대하게 하시고 돌이키사 나를 위로하소서." 하나님은 시인을 위대하게 하십니다. 하나님은 시인을 전보다 더 잘되게 하십니다. 하나님은 그를 위로하십니다. 시인은 하나님의 위로를 확신합니다.

시인은 그 하나님께 무엇을 합니까? 22절을 보십시오. "나의 하나님이여 내가 또 비파로 주를 찬양하며 주의 성실을 찬양하리이다 이스라엘의 거룩하신 주여 내가 수금으로 주를 찬양하리이다." 시인은 비파로 주님을 찬양하고, 주님의 성실을 찬양합니다. 시인은 거룩하신 하나님을 수금으로 찬양합니다. 그는 주님을 찬양할 때, 그의 입술이 기뻐 외칩니다(23). 주님께서 속량하신 그 영혼이 즐거워합니다. 그의 혀도 종일토록 주님의 의를 작은 소리로 읊조립니다(24). 왜냐하면 시인을 음해하려던 모든 사람이 수치를 당하기 때문입니다. 악인의 패망으로 주님의 의로움이 드러나기 때문입니다.

늙어서 흰 머리카락으로 바뀐 시인에게 주님은 어떤 분입니까? 모태에서부터 신뢰했던 신뢰의 주님입니다. 아무리 악인이 자기를 헐뜯고 죽이려고 음모할지라도 구원하시는 소망의 주님입니다. 비록 재난을 보일지라도 마침내 구원하셔서 전보다 더 잘되게 하시는 위로의 주님이십니다. 시인은 백발에도 이 주님을 증언합니다. 백발 성도의 삶이 우리의 삶으로 나타나기를 기도합니다.

30
왕의 이름이 영구함이여

> 말씀 시편 72:1-20
> 요절 시편 72:17
> 찬송 138장, 80장

"그의 이름이 영구함이여 그의 이름이 해와 같이 장구하리로다
사람들이 그로 말미암아 복을 받으리니 모든 민족이 다 그를
복되다 하리로다."

우리는 그동안 많은 사람을 만났습니다. 그중에 어떤 사람의 이름
은 잊었지만, 어떤 사람의 이름은 잊지 않았습니다. 하지만 그 잊지
않은 그 이름조차도 언젠가는 잊을 수 있습니다. 왜냐하면 그 사람
도 나도 세상에서 잊힐 수밖에 없는 존재이기 때문입니다. 그러면
이 세상에서 영원히 잊히지 않을 그 이름은 무엇입니까?

오늘의 시는 '솔로몬을 위해 지은 시'입니다. 다윗이 그의 아들 솔
로몬을 위해 지은 시로 생각합니다. 다윗은 솔로몬을 위해 무엇을
기도합니까?

첫째, 정의를 주소서(1-4)

1절을 보십시오. "하나님이여 주의 판단력을 왕에게 주시고 주의
공의를 왕의 아들에게 주소서." '판단력'은 '정의'입니다. 정의는 사람
의 성품이 아니라, 하나님의 성품입니다. '주님의 공의'는 의로움이

며, 이 또한 하나님의 성품입니다. '왕'과 '아들'은 솔로몬입니다. 시인은 왕이며 아들인 솔로몬에게 하나님의 성품인 정의와 의를 주시도록 기도합니다.

왜 시인은 그렇게 기도합니까? 2절입니다. "그가 주의 백성을 공의로 재판하며 주의 가난한 자를 정의로 재판하리니." 하나님께서 왕에게 정의와 의를 주시면, 그는 주님의 백성을 공의로 재판할 수 있습니다. 왕은 하나님의 대리자입니다. 왕은 하나님의 대리자로서 하나님한테서 공의를 받아서, 그 공의로 백성을 다스려야 합니다. 왕이 그 백성을 공의로 재판하지 않으면, 그는 의로운 왕이 아닙니다. 특히 사회적 약자일수록 정의가 필요합니다. 그런데도 세상 왕은 정의로 다스리지 못합니다. 말로는 정의를 외치지만, 현실은 정의가 살지 못합니다. 왜냐하면 왕 자체가 정의롭지 못하기 때문입니다. 하나님께서 정의를 주실 때만 정의로운 왕으로 살 수 있습니다. 정의를 실천할 수 있습니다. 그래서 시인은 그 왕에게 하나님께서 정의를 주시도록 기도합니다.

그 정의는 어디까지 미칩니까? 왕의 의로운 통치는 산에도 미칩니다(3). 왕이 산을 정의롭게 다스리면, 산들은 백성에게 평화를 주고, 작은 산들도 그러합니다. 왕의 의로운 통치는 산과 언덕에 있는 올리브와 포도 열매를 풍성하게 맺도록 합니다. 그 풍성한 열매는 백성을 풍요롭게 하여 평화를 줍니다.

정의로운 왕은 사회적 약자의 억울함을 풀고, 구원하고, 도와줄 겁니다(4). 사회적 약자는 누군가로부터 억압을 받아서 크고 작은 아픔을 겪습니다. 왕은 그들의 아픔을 치유해야 합니다. 그 치유는 정의로 시작하는데, 하나님께서 주셔야 합니다. 그래서 시인은 정의를 주시도록 가장 먼저 기도했습니다.

둘째, 풀밭에 내리는 비같이(5-11)

5절을 보십시오. "그들이 해가 있을 동안에도 주를 두려워하며 달이 있을 동안에도 대대로 그리하리로다." '그들'은 가난하고 고통을 겪는 사람들(4)입니다. 시인은, 그들이 해가 있을 때, 달이 있을 때 대대로 주님을 경외하기를 바랍니다. 그것은 곧 왕의 정의로운 다스림이 대대로 계속되기를 바라는 뜻입니다. 왜냐하면 정의가 살아야 가난하고 고통을 겪는 사람이 주님을 경외하기 때문입니다.

시인은 왕이 백성에게 어떤 존재로 살도록 기도합니까? 6절입니다. "그는 벤 풀 위에 내리는 비같이, 땅을 적시는 소낙비같이 내리리니." 시인은, 왕이 백성에게 풀밭에 내리는 비처럼, 땅에 떨어지는 단비처럼 되도록 기도합니다. '비'와 '소낙비'는 경작을 위해 필수입니다.

비와 같고, 소낙비와 같은 왕이 있다면, 정의가 꽃을 피울 겁니다(7). 저 달이 닳도록 평화가 넘칠 겁니다. 시인은, 정의로운 왕의 다스림이 영원하도록 기도합니다.

시인은, 왕의 다스림이 어디까지 이르도록 기도합니까? 시인은, 왕이 바다에서부터 바다까지와 강에서부터 땅끝까지 다스리도록 기도합니다(8). 왕의 다스림은 공간적 제한이 없습니다. 왕의 통치는 전 세계적으로 미칩니다. 이 모습은 솔로몬 왕국을 닮았습니다(왕상 4:21). 그런데 이 모습은 메시아 왕국을 상징합니다.

그때 세상의 모든 왕은 그 왕을 어떻게 합니까? 9절입니다. "광야에 사는 자는 그 앞에 굽히며 그의 원수들은 티끌을 핥을 것이며." '광야에 사는 자'는 이스라엘 주변 나라를 말합니다. 그들은 이스라엘 왕에게 고개를 숙입니다. 이스라엘의 원수는 티끌을 핥을 겁니다. 이 말은 전쟁에서 철저한 패배와 수모를 뜻합니다. 그들은 이스라엘에 더는 위협이 되지 않습니다.

다시스와 섬의 왕들이 이스라엘에 조공을 바치며, 스바와 시바 왕들이 예물을 드립니다(10). '다시스'는 스페인이고, '스바'는 아라비아이고, '시바'는 에티오피아입니다. 이스라엘에서 멀리 떨어진 이방 나라의 왕들이 유다의 왕에게 조공을 바칩니다. 이 모습은 솔로몬의 전성기를 반영합니다. 스바 여왕은 금 백이십 달란트와 많은 향료와 보석을 솔로몬에게 바쳤습니다(왕상 10:10). 모든 왕과 모든 민족이 이 이스라엘 왕을 섬깁니다(11).

30 왕의 이름이 영구함이여(72:1-20)

셋째, 그의 이름이 영구함이여(12-20)

12절을 보십시오. "그는 궁핍한 자가 부르짖을 때에 건지며 도움이 없는 가난한 자도 건지며." 강대국을 상대하던 왕의 관심은 궁핍한 자, 가난한 자에게로 향해야 합니다. 왕은 가난한 사람을 도와주고, 도울 사람 없는 가난한 사람을 구해야 합니다. 그는 힘없는 사람과 가난한 사람을 불쌍히 여기며, 가난한 사람의 목숨을 건져 줘야 합니다(13). 가난한 백성을 억압과 폭력에서 건져, 그 목숨을 살려 주며, 그들의 피를 귀중하게 여겨야 합니다(14).

시인은 왕이 어떻게 되도록 기도합니까? 시인은 왕이 오래 살도록 기도합니다(15). 사람들이 왕에게 스바의 금을 드리며, 왕을 위해 항상 기도하고 종일 찬송하기를 바랍니다. 땅에는 온갖 곡식이 가득하고, 산등성이에서도 곡식이 풍성하며, 온갖 과일이 레바논의 산림처럼 물결치도록 기도합니다(16). 그 백성은 풀처럼 성읍 곳곳에 차고 넘치기를 바랍니다.

시인은 왕의 이름이 어떻게 되도록 기도합니까? 17절을 읽읍시다. "그의 이름이 영구함이여 그의 이름이 해와 같이 장구하리로다 사람들이 그로 말미암아 복을 받으리니 모든 민족이 다 그를 복되다 하리로다." '영구(永久)하다.'라는 말은 시간상으로 무한히 이어진 상태입니다. 시인은 왕의 이름이 시간상으로 무한히 이어지도록 기도합니다. 그 이름이 사람과 역사에서 영원히 잊히지 않고, 태양이 그 빛을 잃기까지 왕의 명성이 사라지지 않도록 기도합니다.

그리고 모든 민족이 그를 통해 복을 받고, 모든 민족이 그를 "복받은 사람이다."라고 말하도록 기도합니다. '복되다.'라는 말은 1:1의 '복 있는'과 같은 어근에서 나왔습니다. 제1권이 '행복'으로 시작하여 제2권도 '행복'으로 끝납니다.

우리는 '그의 이름이 영구함이여'라고 기도한 시인으로부터 무엇을 배웁니까? 이 말씀은 단순히 솔로몬의 이름이 역사에서 영원히 잊히지 않기를 바람을 말하지 않습니다. 솔로몬이 하나님의 공의로 사람을 다스리고, 풀밭의 비처럼 살아서 그 이름이 잊히지 않기를 바랍니다. 사람들이 솔로몬을 통해 복을 받고, 사람들이 그를 행복한 사

179

람으로 불러주기를 바랍니다.

이런 솔로몬의 모습은 일찍이 아브라함으로부터 시작했습니다. 하나님은 아브라함을 부르면서 말씀했습니다. "내가 너로 큰 민족을 이루고 네게 복을 주어 네 이름을 창대하게 하리니 너는 복이 될지라. 너를 축복하는 자에게는 내가 복을 내리고 너를 저주하는 자에게는 내가 저주하리니 땅의 모든 족속이 너로 말미암아 복을 얻을 것이라 하신지라"(창 12:2-3).

그런데 아브라함과 솔로몬은 예수 그리스도의 그림자였습니다. 아브라함의 이름이 창대하고, 행복한 사람으로 산 모습은 예수님을 미리 보여주는 겁니다. 누가는 예수님을 이렇게 증언했습니다. "그가 큰 자가 되고 지극히 높으신 이의 아들이라 일컬어질 것이요 주 하나님께서 그 조상 다윗의 왕위를 그에게 주시리니, 영원히 야곱의 집을 왕으로 다스리실 것이며 그 나라가 무궁하리라"(눅 1:32-33).

그러므로 시인의 기도는 솔로몬을 위한 기도이면서, 동시에 예수 그리스도를 위한 기도입니다. 시인은 예수님의 이름이 영원하도록 기도합니다. 그 이름이 영원토록 사람과 역사에서 잊히지 않도록 기도합니다. 그리고 예수님으로 온 세상이 복을 받기를 기도합니다.

시인의 이런 기도는 오늘 우리 교회의 기도여야 합니다. 이 세상은 정의가 필요합니다. 이 세상은 정의롭지 못함으로 크고 작은 고통을 겪습니다. 이 세상은 풀밭에 내리는 비가 필요합니다. 이 세상은 영적으로 목말라 있습니다. 희망을 잃고 절망으로 죽음에 이르는 병을 앓고 있습니다. 오직 예수님의 이름만이 이 세상에 희망을 줄 수 있습니다. 예수님의 이름만이 이 세상에 복을 줄 수 있습니다.

성탄절은 예수님의 생일을 기념하는 날입니다. 그러므로 '산타' 이름을 기억하기보다는 예수님의 이름을 잊지 않아야 합니다. 이번 성탄절을 맞으면서 예수님의 이름이 우리와 이 세상에 영원하기를 기도합니다. 그리고 예수님으로 복을 받기를 기도합니다.

시인은 이제 무엇을 합니까? 18절을 봅시다. "홀로 기이한 일들을 행하시는 여호와 하나님 곧 이스라엘의 하나님을 찬송하며." 그분이 놀라운 일을 하실 때 어떤 인간도 필요하지 않았습니다. 하나님은 놀라운 일을 홀로 하시는 분입니다. 그분은 이스라엘의 하나님이신데, 그분을 찬양합니다. 그 영화로운 이름을 영원히 찬양합니다(19). 온 땅에 그분의 영광이 충만하기를 바랍니다. 그분에게만 모든 영광과 찬양을 돌립니다. 아멘, 아멘! 다윗의 기도는 여기에서 끝났습니다(20). 두 번째 시편 집(42~72편)에 대한 결론입니다.

이 세상에서 영원히 잊히지 않을 이름은 무엇입니까? 우리의 왕이신 예수 그리스도이십니다. 우리는 그분을 통해 복을 받고, 온 세상은 그분을 "행복한 사람"으로 일컫습니다. 성탄은 그분을 기리고, 그분의 이름을 기억하는 날입니다. 그분으로 복을 받는 날입니다. 오늘 우리와 이 세상이 그분의 이름을 잊지 않음으로 그분을 통해 복을 받기를 기도합니다.

31
성소에 들어갈 때에야

말씀 시편 73:1-28
요절 시편 73:17
찬송 47장, 17장

"하나님의 성소에 들어갈 때에야 그들의 종말을 내가
깨달았나이다."

오늘 말씀은 아삽의 시입니다. '아삽'은 레위 지파 음악인(대상 15:17-19; 16:4-5)입니다. 이 시는 솔로몬 후 왕국 분열 시대의 불확실성을 배경으로 합니다. 그때 시인은 악한 사람이 잘나가는 삶을 보면서 혼란과 헛됨에 시달렸습니다. 하지만 그는 어디로 갔습니까?

첫째, 헛됨(1-16)

1절을 보십시오. "하나님이 참으로 이스라엘 중 마음이 정결한 자에게 선을 행하시나." 하나님은 마음이 정결한 사람에게 선을 행하는 분입니다. 시인은 세상과 구별된 삶을 사는 레위 사람이었습니다. 그는 음악으로 하나님을 예배하며, 세상 풍조가 아닌 말씀대로 살았습니다. 그는, 하나님은 마음이 정결한 사람에게 선을 행하는 분임을 확신했습니다. 예수님도 말씀하셨습니다. "마음이 청결한 자는 복이 있나니 그들이 하나님을 볼 것임이요"(마 5:8).

그러나 그는 거의 넘어질 뻔했습니다(2). 그의 걸음은 미끄러질 뻔했습니다. 그의 신앙은 휘청거렸습니다.

그 이유는 무엇입니까? 3절입니다. "이는 내가 악인의 형통함을 보고 오만한 자를 질투하였음이로다." '악인'과 '오만한 자'는 하나님의 말씀대로 살지 않은 세상 사람입니다. 시인은 그런 사람의 형통함을 보고 시샘했습니다. 왜냐하면 시인은 세상 사람의 삶은 팍팍하고, 믿음의 사람은 잘나가야 한다고 생각했기 때문입니다. 그런데 현실은 반대였습니다. 시인이 믿는 하나님과 그가 보는 현실은 사뭇 달랐습니다. 시인은 그런 현실을 보면서 신앙이 비틀거렸습니다.

악인은 어느 정도 번성했습니까? 그들은 피둥피둥 살이 찌고 죽을 때도 고통이 없었습니다(4). 왜냐하면 그들 몸은 살쪘기 때문입니다. 사람이면 누구나 으레 당하는 재앙도 그들에게는 가까이 가지 않습니다(5).

그러므로 그들의 마음은 어떠했습니까? 교만이 그들의 목걸이였습니다(6). '목걸이'는 장식품이면서 높은 신분을 상징합니다. 그들은 교만의 상징이었습니다. 그리고 강포가 그들의 옷이었습니다. '옷'은 일상을 뜻합니다. 폭력이 옷처럼 그들을 덮습니다. 그들의 교만은 폭력으로 나타났는데, 옷을 입듯이 일상으로 나타났습니다. 또 그들은 피둥피둥 살이 쪄서 거만하게 눈을 치켜뜨고 다녔습니다(7). 그뿐만 아니라, 그들의 마음은 헛된 상상으로 넘쳐났습니다.

그들의 말은 어떠합니까? 그들은 비웃고, 악의에 찬 말을 쏘아붙이고, 거만한 모습으로 폭언을 즐깁니다(8). 그들은 입으로는 하늘을 비방하고, 혀로는 땅을 휩쓸고 다닙니다(9). 우가릿 신화(Ugaritic Literature)에는 "한 입술은 지하 세계에 대항하고, 한 입술은 하늘에 대항하며, 혀는 별들을 대항한다."라는 내용이 있습니다. 악인은 '입'과 '혀', 즉 말로 온 세상을 지배하려고 합니다.

그 영향력이 어느 정도입니까? 10절입니다. "그러므로 그의 백성이 이리로 돌아와서 잔에 가득한 물을 다 마시며." '그의 백성'은 하나님의 백성입니다. 하나님의 백성마저 그들에게 솔깃하여 그들의 물에 흠뻑 젖어 들었습니다. 그러면서 하나님의 백성이 이렇게 말합니다(11). "하나님이 어떻게 알겠는가? 가장 높으신 분이라도 세상에서 일어나는 일을 다 알 수는 없다." 그 백성조차도 하나님이 모든 일을 아신다는 사실을 부인합니다.

그런데 악인의 삶은 어떠했습니까? 놀랍게도, 그들은 모두가 악인인데도 신세가 편하고 재산은 늘어만 납니다(12). 그런 현실은 시인에게 견디기 힘든 유혹이었습니다.

시인의 탄식이 어떠합니까? 13절을 보십시오. "내가 내 마음을 깨끗하게 하며 내 손을 씻어 무죄하다 한 것이 실로 헛되도다." 그는 깨끗한 마음으로 살았습니다. 그는 손으로 죄를 짓지 않았습니다. 그는 하나님 앞에서 신앙생활을 잘했습니다. 하지만 이 순간 그는 헛됨을 깨달았습니다.

그 이유는 무엇입니까? 그는 종일 재난을 당하며, 아침마다 징벌받기 때문입니다(14). 시인이 마음을 깨끗하게 보존한 결과는 '재난'과 '징벌'입니다. 악인은 재산을 늘려가는 동안 시인은 날마다 고통을 겪습니다. 그는 의로운 삶을 사는데도 고난을 겪습니다.

시인은 어떤 갈림길에 섰습니까? 15절을 보십시오. "내가 만일 스스로 이르기를 내가 그들처럼 말하리라 하였더라면 나는 주의 아들들의 세대에 대하여 악행을 행하였으리이다." '그들은' 악인입니다. '주님의 아들들'은 신앙 공동체입니다. 시인이 갈림길에서 "나도 악인처럼 살아야지"라고 말한다면, 그것은 주님의 아들들을 배반하는 일입니다. 시인은 믿음이 흔들릴 때 신앙 공동체를 생각했습니다. 그는 지금 신앙 공동체를 배반할 수도 있고, 그들과 함께할 수도 있습니다. 그는 갈림길에서 고통받습니다.

그 고통이 어떠합니까? 16절입니다. "내가 어쩌면 이를 알까 하여 생각한즉 그것이 내게 심한 고통이 되었더니." 그는 이 얽힌 문제를 스스로 풀어 보려고 깊이 생각했습니다. 하지만 그것은 그에게 심한 고통이었습니다. '그에게'란 '눈'입니다. 그 일은 그의 눈에 괴로움이었습니다.

왜 그는 '마음'이 아닌 '눈'이라고 했을까요? 그는 마음을 지키지 못하고 악인의 번영을 부러움으로 바라보았기 때문입니다. 즉 눈으로 보았기 때문입니다. 그는 악인의 번영을 시샘하면서 믿음의 헛됨을 생각했습니다. 하지만 그는 주님의 아들들, 공동체를 생각하며 버텼습니다. 그는 '고군분투(孤軍奮鬪)'했습니다. '고군분투'란 '상대적으로 열세에 있는 군대가 힘겹게 싸우는 모습'인데, 힘겨운 상황에서도 따로 도움을 받지 않고 홀로 문제를 해결하는 것을 비유하는 말입니다. 그런 그의 눈은 심한 고통이었습니다. 그러나 시인에게 무슨 일이 일어납니까?

둘째, 깨달음(17-28)

17절을 읽읍시다. "하나님의 성소에 들어갈 때에야 그들의 종말을 내가 깨달았나이다." '들어갈 때에야'라는 말은 '들어가서 비로소'를 뜻합니다. 시인은 눈이 심하게 고통스러울 때 하나님의 성소로 들어갑니다. 그는 하나님께 예배하고 말씀을 듣고자 합니다. 그런데 그가 성소에 들어가서 비로소 악인의 종말을 깨닫습니다. 그는 성전에서 예배를 통해, 말씀을 들으므로 비로소 악인에 대한 인식이 달라졌습니다. 사고의 전환이 일어났습니다. 그는 악인이 승리자가 아님을 알았습니다. 악인은 종말이 있음을 깨닫습니다.

우리는 무엇을 배웁니까? '성소에 들어감'과 '깨달음'의 관계입니다. 어떤 사람은 고난을 만나면 성소에 들어가지 않고 오히려 떠납니다. 그러면 아무것도 깨닫지 못합니다. 하나님도, 세상도, 고난도 깨닫지 못합니다. 반면 어떤 사람은 고난 앞에서 적극적으로 성소로 들어갑니다. 하나님을 적극적으로 찾습니다. 그러면 하나님도 깨닫고, 세상도 깨닫고, 고난에 관한 의미도 깨닫습니다. 깨달으면 내 가치관이 변하고 렌즈가 변합니다. 내 삶이 변합니다. 무엇보다도 악인의 종말을 깨닫습니다.

우리는 지난해를 쉼이 없이 달려왔습니다. 어떤 사람이 "내 삶은 마치 학생이 숙제하듯이 정신없이 살았다."라고 했는데, 제가 그런 기분입니다. 메시지 준비하고, 성경 공부하며 가르치고, 글 쓰다 보니 한 해가 가버렸습니다. 물론 어떤 분은 즐겁고 행복하게 보냈을 겁니다. 반면 어떤 분은 힘들고, 어렵게 보냈을 겁니다.

그런데 믿음의 길을 걷는 사람에게 힘든 시간은 무엇입니까? 내가 힘든 시간을 맞는 그것보다도 세상 사람이 나보다 잘나가는 그것을 보는 일입니다. 성경의 가르침과 다른 현실을 보는 그것입니다. 하지만 "부러워하면 지는 것이다."라는 말이 있듯이, 우리는 그들을 부러워하지 않아야 합니다. 부러워하지 않으려면 성소로 가서 하나님을 만나야 합니다. 그러면 우리는 세상 가치관과 문화를 뛰어넘어 하나님의 렌즈로 모든 것을 보고 판단하고 생각할 수 있습니다. 우리의 갈등이 무엇이든지 성전으로 가면 비로소 깨닫습니다. 우리는 악인의 종말을 깨닫습니다.

악인의 종말은 어떠합니까? 18절입니다. "주께서 참으로 그들을 미끄러운 곳에 두시며 파멸에 던지시니." 앞에서는 시인이 미끄러질 뻔했는데(2), 이제 악인이 미끄러집니다. 주님께서 그들을 미끄러운 곳에 세우십니다. 주님께서 그들을 멸망에 떨어지게 하셨습니다. 악인의 번영을 눈감으신 것처럼 보였던 주님은 그들을 멸망에 던지셨습니다. 그들은 순식간에 황무지가 되었습니다(19). 악인의 멸망은 순식간에 이루어집니다. 그들은 공포에 떨면서 자취를 감췄습니다. '공포'는 죽음이 주는 공포입니다. 악인은 마침내 끝장을 맞았습니다. 그들의 갑작스러운 멸망은 그들의 번영이 덧없음을 말합니다.

어느 정도 덧없습니까? 잠에서 깨어났을 때 덧없는 꿈처럼, 주님께서 일어나실 때 그들은 한낱 꿈처럼 흔적도 없이 사라집니다(20). 악인의 삶은 하나님께 뿌리를 두지 않았습니다. 따라서 그들의 삶이 아무리 번성할지라도 '개꿈'처럼 쉽게 사라집니다.

반면 시인은 어떤 상태였습니까? 그의 가슴이 쓰리고 심장이 찔린 듯이 아팠습니다(21). 그런데도 그는 우둔하여 아무것도 몰랐습니다(22). 그는 다만 주님 앞에 있는 한 마리 짐승이었습니다. 그는 스스로 지혜롭다고 여겼지만, 짐승처럼 우둔했습니다. 그래서 그는 악인의 번성을 보고 부러워했던 겁니다. 그는 이제야 그 사실을 알았습니다.

주님은 그를 어떻게 도와주셨습니까? 그는 우둔했는데도, 항상 주님과 함께했습니다(23). 주님은 그런 그를 타일러서 인도합니다(24).

31 성소에 들어갈 때야(73:1-28)

주님은 시인을 당신의 영광에 참여하도록 하십니다. 종말론적 영광을 뜻하면서 현재 하나님과 함께함, 깊은 관계를 누림을 뜻합니다.

그에게 주님은 어떤 분입니까? 하늘에서는 주님 외에 아무도 없습니다(25). 시인은 땅에서도 주님 외에는 누구도 바라지 않습니다. 하늘에서나 세상에서나 주님과 비교할 만한 그것은 하나도 없습니다. 그의 유일한 바람은 오직 주님과 함께하는 그일 뿐입니다. 주님과 함께하면, 악인의 번성도 자신의 아픔도 문제가 아닙니다. 그에게는 하나님과 함께함이 가장 소중합니다. 주님과의 사귐은 그에게 가장 소중한 소유입니다.

비록 시인의 몸과 마음이 시들어 갈지라도 하나님은 언제나 그 마음에 든든한 반석입니다(26). '반석'은 힘입니다. 또 하나님은 영원한 분깃입니다. '분깃'은 '몫'입니다. 비록 그의 육체는 시들지라도 하나님은 영원히 그를 떠나지 않습니다. 그런 그는 세상에서 아무리 잘나가는 사람을 봐도 질투하지 않습니다.

왜 그렇게 합니까? 27절을 보십시오. "무릇 주를 멀리하는 자는 망하리니 음녀같이 주를 떠난 자를 주께서 다 멸하셨나이다." 주님을 멀리하는 사람은 망합니다. 주님은 당신에게 신실하지 않은 사람을 멸하십니다. 지금 악인은 평안하고 매우 강하게 보입니다. 그러나 하나님 없이 사는 사람은 망합니다. 하나님께서 그 사람을 심판하시기 때문입니다.

반면 하나님께 가까이하는 시인은 어떠합니까? 28절을 읽읍시다. "하나님께 가까이함이 내게 복이라 내가 주 여호와를 나의 피난처로 삼아 주의 모든 행적을 전파하리이다." 하나님을 가까이함은 시인에게 좋은 일입니다. '가까이함'은 시인이 성소로 가는 일이며, 주님을 만나고 그분의 말씀을 들음입니다. 삶에서 좋은 일은 하나님과 가까이함입니다. 그런 그는 여호와의 모든 일을 전파하려고 그분을 피난처로 삼았습니다.

우리가 삶에서 갈등하고 고통을 겪을 때, 갈림길에 설 때 무엇을 해야 합니까? 한 해를 보내고 새해를 맞는 우리가 정말로 힘써야

187

31 성소에 들어갈 때야(73:1-28)

할 일 또한 무엇입니까? 성소로 가는 일입니다. 삶의 현장에서 갈등하고, 헛됨이 밀려올 때마다 하나님을 만나고, 그분의 말씀을 듣는 일이 가장 중요합니다. 그러면 깨닫습니다. 우리가 새해에는 성전으로 가는 그 일에 힘쓰기를 기도합니다.

32
하나님이여, 일어나소서

> 말씀 시편 74:1-23
> 요절 시편 74:22
> 찬송 354장, 334장

"하나님이여 일어나 주의 원통함을 푸시고 우매한 자가 종일
주를 비방하는 것을 기억하소서."

오늘 시는 예루살렘 성전이 무너지는 비극을 체험한 시인의 탄식
을 배경으로 합니다. 그런데 이 시를 쓴 것으로 나타난 아삽은 다윗
왕과 솔로몬 왕 시대의 사람이었습니다. 성전은 솔로몬 왕 때 지었
습니다. 그때는 성전이 무너지지 않았습니다. 주전 586년 바벨론이
예루살렘을 침략하여 성전을 불태웠습니다. 그렇다면 아삽이 오늘
시를 직접 지었다기보다는, 그 후손이 성전의 비극을 보면서 지은
것으로 생각합니다. 성전의 비극 앞에서 시인은 무엇을 합니까?

1절을 보십시오. "하나님이여 주께서 어찌하여 우리를 영원히 버
리시나이까 어찌하여 주께서 기르시는 양을 향하여 진노의 연기를
뿜으시나이까." 시인은 하나님께 '어찌하여'를 두 번 반복합니다. '어
찌하여'는 성전이 무너졌는데도, 아무 일도 하지 않으시는 하나님에
대한 안타까움, 이해할 수 없음, 그리고 원망의 표현입니다.

그는 먼저 무엇을 표현합니까? "어찌하여 우리를 영원히 버리시나이까?" '버림받음'은 가장 큰 고통입니다. 그런데 '영원히 버림받음'은 얼마나 큰 고통이겠습니까? 시인은 "하나님, 왜 이렇게 오랫동안 버리십니까?"라고 표현합니다.

그는 이어서 "어찌하여 주님께서 기르시는 양을 향하여 진노의 연기를 뿜으시나이까?"라고 묻습니다. '양'은 하나님의 백성이고, '목자'는 하나님입니다. 목자와 양의 관계는 인격적이며 특별한 사랑의 관계입니다(시 23:1). 백성은 목자의 사랑과 돌봄이 필요한 연약한 양에 불과합니다. 그러므로 목자한테 버림받음은 견디기 어려운 일입니다. 그런데 하나님의 버리심은 '진노의 연기'로 나타납니다. 하나님께서 특별하게 돌보셨던 그 양 떼에게 분노하십니다. 하나님의 백성과 하나님이 계신 그곳에 과거에는 사랑이 있었는데, 이제는 진노가 있습니다. 과거에 기쁨이 있었던 그곳에 지금은 고통이 있습니다. 그래서 시인은 묻습니다. "왜 양 떼에게 진노를 거두지 않으십니까?"

'버리심'과 '진노'는 무엇을 말합니까? 그것은 예루살렘 성전의 무너짐입니다. 성전은 하나님의 함께하심과 보호하심의 상징이었습니다. 우주의 중심이고, 그 백성의 중심이었습니다. 따라서 성전의 파괴는 하나님과 관계성의 파괴를 뜻합니다. 그것은 삶의 중심이 무너지는 일입니다. 하나님한테 철저히 버림받고 진노 받는 일입니다.

그러나 시인은 하나님께 무엇을 요청했습니까? 첫째로, "기억하소서!" 2절을 봅시다. "옛적부터 얻으시고 속량하사 주의 기업의 지파로 삼으신 주의 회중을 기억하시며 주께서 계시던 시온산도 생각하소서." '옛적부터'는 하나님이 세상을 창조하셨을 때입니다. '얻으시고'는 '돈을 주고 물건을 산다.'라는 뜻입니다. '속량하사'는 '감옥에 갇힌 사람을 돈 주고 자유롭게 한다.'라는 뜻입니다. 이 말은 하나님께서 이스라엘을 애굽에서 구원하셨을 때를 뜻합니다. 하나님은 애굽에서 노예로 살았던 이스라엘을 값을 지급하고 사셨습니다(출 15:13). 그리고 주님께서 그들을 당신의 유산을 이어받을 지파로 삼으셨습니다.

시인은 하나님께서 그 회중을 기억하시도록 기도합니다. 또 주님께서 계시던 시온산도 생각하기를 바랍니다. 왜냐하면 하나님께서 자기 양 떼를 버리셨을 뿐만 아니라, 당신이 사시는 시온산도 버리셨기 때문입니다. 그래서 시인은 하나님께서 당신의 회중과 함께 시온산도 기억하도록 간청합니다.

시인이 두 번째로 바라는 바는 무엇입니까? 둘째로, "발걸음을 옮기소서!" 3절입니다. "영구히 파멸된 곳을 향하여 주의 발을 옮겨 놓으소서 원수가 성소에서 모든 악을 행하였나이다." 시온산은 완전히 폐허가 되었습니다. 원수가 시온을 파괴했기 때문입니다. 하지만 시인은 그곳으로 주님의 발걸음을 옮기시도록 기도합니다. 주님이 오시면 폐허가 된 그곳도 다시 살아날 수 있기 때문입니다.

원수는 성전에서 무엇을 했습니까? 주님의 대적이 주님의 집회 장소에서 소리를 질렀습니다(4). 원수들은 승리의 표시로 깃발을 세웠습니다. 그들은 도끼를 들고 나무를 베는 벌목꾼과 같았습니다(5). 그들은 성전 장식품을 때려 부숩니다(6). 그들은 성소에 불을 질렀습니다(7). 그분 이름의 거처를 땅에 뒤엎어 더럽혔습니다. 그들은 마음속으로 "진멸하자."라고 하면서 이 땅에 있는 하나님의 모든 회당을 불살랐습니다(8). 열왕기서는 이렇게 표현했습니다. "바벨론 왕 느부갓네살의 열아홉째 해 오월 칠일에 바벨론 왕의 신복 시위대장 느부사라단이 예루살렘에 이르러, 여호와의 성전과 왕궁을 불사르고 예루살렘의 모든 집을 귀인의 집까지 불살랐으며"(왕하 25:8-9).

그 결과 무슨 일이 일어났습니까? 9절입니다. "우리의 표적은 보이지 아니하며 선지자도 더 이상 없으며 이런 일이 얼마나 오랠는지 우리 중에 아는 자도 없나이다." '표적'은 '하나님의 함께하심', '예배'를 뜻합니다. 하나님을 예배할 장소가 보이지 않습니다. 선지자도 더는 없습니다. 더욱 안타까운 일은 이런 일이 얼마나 오랠는지를 아는 사람이 없다는 데 있습니다. 정말로 절망적인 상황이고, 큰 재앙이 아닐 수 없습니다.

시인은 무엇을 합니까? 10절을 보십시오. "하나님이여 대적이 언제까지 비방하겠으며 원수가 주의 이름을 영원히 능욕하리이까." 시인은 다시 '언제까지'를 말합니다. 고통의 시간 자체보다도 그 시간이 길어짐의 안타까움입니다. 원수는 하나님을 비방하고, 그분의 이름을 능욕합니다. 시인은 답답한 마음으로 탄원합니다. "하나님, 언제까지 원수가 경멸하도록 하겠습니까?"

그런데 시인이 볼 때 더욱 안타까운 점은 무엇입니까? 주님이 오른손을 거두고 계신다는 겁니다(11). 주님이 강한 능력을 사용하기만 하면 원수를 단번에 제압할 수 있습니다. 하지만 주님은 그렇게 하지 않습니다. 그래서 탄식합니다. "주님, 왜 오른손을 거두십니까?" "주님의 품에서 손을 빼서 그들을 멸하소서!"

그러면 시인이 탄원하는 하나님은 어떤 분입니까? 첫째로, 그분은 예부터 왕이십니다. 12절을 보십시오. "하나님은 예로부터 나의 왕이시라 사람에게 구원을 베푸셨나이다." '예로부터'는 하나님이 세상을 창조하실 때입니다. 하나님은 세상을 창조하실 때부터 시인의 왕이셨습니다. 그분은 사람에게 구원을 베푸시는 분입니다.

둘째로, 그분은 바다와 강을 다스리십니다. 13절을 보십시오. "주께서 주의 능력으로 바다를 나누시고 물 가운데 용들의 머리를 깨뜨리셨으며." 고대 이방 세계에서는 '바다'를 신격화했습니다. 그런데 여호와께서 홍해를 나누셔서 애굽 군대를 무찌르고 이스라엘을 구원하셨습니다(출 14:28). 또 하나님은 리워야단의 머리를 부수셨습니다(14). '리워야단'은 '큰 수생 동물(Leviathan)', '혼돈의 괴물'입니다.

우가릿 신화(Ugaritic Literature)에는 이런 말이 있습니다. "리워야단은 일곱 머리를 가진 혼돈의 바다 괴물이었다. 그것은 '바다(Yam)'와 '강(Nahar)'의 신이었다. 그런데 하늘과 풍요의 신 바알(Baal)이 리워야단을 죽이고 왕이 되었다. 바알은 세상 질서도 세웠다." 이것이 고대 사람의 세계관이었습니다.

그러나 시인은 그 일을 하나님이 하셨음을 선언합니다. 하나님이 리워야단의 머리를 부쉈습니다. 하나님은 그 괴물의 머리를 사막의 짐승들에게 먹이로 주셨습니다.

또 하나님은 바위를 쪼개어 큰물을 내셨습니다(15). 주님께서 유유히 흐르는 강을 마르게 하셨습니다. 이스라엘이 약속의 땅으로 들어갈 때 요단강을 말린 사건(수 4:23)입니다. 하나님이 바다도 강도 다 지배하십니다.

셋째로, 그분은 해와 달, 그리고 계절을 다스리십니다. 낮도 주님의 것이요, 밤도 주님의 것입니다(16). 주님께서 해와 달을 만드셨습니다. 주님께서 땅의 모든 경계를 정하시고, 여름과 겨울도 만드셨습니다(17). 이스라엘에서는 5월~9월까지는 메마르고 더운 계절입니다. 그런데 우가릿 문헌(Ugaritic Literature)에서 바알이 계절을 관장했습니다.

그러나 하나님이 계절을 만드시고 다스리십니다. 그러므로 이방 세계를 두려워할 이유가 없습니다. 세상의 모든 것은 다 하나님의 지배 아래에 있습니다. 모든 승리의 원천은 오직 하나님이십니다. 그러므로 오직 그분께만 간청해야 합니다.

시인은 그분께 가장 먼저 무엇을 기도했습니까? 18절을 보십시오. "여호와여 이것을 기억하소서 원수가 주를 비방하며 우매한 백성이 주의 이름을 능욕하였나이다." '이것'은 원수가 하는 일입니다. 시인은 여호와께서 원수가 하는 그 일을 기억하도록 기도합니다. 원수는 주님을 비방했습니다. 우매한 백성이 주님의 이름을 능욕했습니다. 주님은 이 사실을 기억해야 합니다.

시인의 두 번째 기도는 무엇입니까? 19절입니다. "주의 멧비둘기의 생명을 들짐승에게 주지 마시며 주의 가난한 자의 목숨을 영원히 잊지 마소서." '주의 멧비둘기'는 '암수가 사이좋기로 유명한 비둘기'입니다. 시인은 비둘기 같은 당신의 백성을 들짐승에게 넘겨주지 말도록 기도합니다.

셋째로, 시인은 여호와께서 가난한 그 백성을 잊지 말도록 기도합니다.

넷째로, 여호와께서 그 언약을 주목하시도록 기도합니다(20). '그 언약'은 아브라함, 모세, 그리고 다윗에게 하셨던 언약입니다. 하나님께서 이스라엘 후손을 통해 메시아를 보내시고, 이스라엘을 제사장 나라로 삼으심을 뜻합니다. 그런데 그 이스라엘 땅의 그늘진 곳마다 폭력이 우글거렸습니다. 여호와께서 그 언약을 기억하셔서 새로운 나라로 만들어 주시도록 기도합니다.

다섯째로, 짓밟힌 자가 부끄러워서 뒤로 물러서지 않도록 기도합니다(21). 그리고 가난하고 궁핍한 사람이 주님의 이름을 찬양하도록 기도합니다.

여섯 번째 기도는 무엇입니까? 22절을 읽읍시다. "하나님이여 일어나 주의 원통함을 푸시고 우매한 자가 종일 주를 비방하는 것을 기억하소서." 여섯 번째 기도는 "하나님이여, 일어나소서!"입니다. '일어남'은 '활동', '싸움'을 뜻합니다. 시인은 하나님께서 활동하고 싸우기를 바랍니다. 그리하여 주님의 원통함을 풀기를 바랍니다. '원통함을 푼다.'라는 말은 '주장을 방어한다.' '소송에서 이긴다.'라는 뜻입니다. 즉 원수가 하나님의 백성을 이기지 못하도록 해달라는 뜻입니다. 주님의 주장이 이스라엘의 주장이기 때문입니다.

그 모든 일의 시작은 하나님의 일어나심에 있습니다. 가만히 앉아 계시던 하나님께서 일어나시면 새로운 일이 일어납니다. 하나님이 움직이시면 모든 것이 바뀌기 시작합니다. 하나님이 일어나시면 아무리 악한 악인도, 아무리 강한 악한 세력도 아무것도 아닙니다. 하나님이 일어나시면, 세상의 모든 것은 다 잠잠할 수밖에 없습니다. 안타깝고 답답한 모든 문제의 답은 하나님의 일어나심에 있습니다. 그래서 시인은 간청합니다. "하나님이여, 일어나소서!"

일곱째로, 시인은 어리석은 자들이 종일 주님을 비웃는 것을 기억하도록 간구합니다.

마지막으로, 시인은 하나님과 그 백성을 비웃으며 공격하는 소리를 하나님께서 잊지 않도록 기도합니다(23). 소란을 피우는 원수들의 소리가 계속 높아만 가기 때문입니다. 시인의 이 모든 기도의 핵심은 "하나님이여, 일어나소서!"라고 할 수 있습니다.

우리는 이 기도를 통해 무엇을 배웁니까? 어떤 상황에서도 하나님의 살아 계심과 함께하심, 그리고 일하심을 믿는 믿음입니다. 시인은 가장 절망적인 상황에서도 하나님께 기도했습니다. 그는 하나님께서 일어만 나시면 모든 문제를 해결하실 줄 믿었습니다. 그는 오직 하나님만을 붙들고, 오직 하나님한테서 희망을 찾았습니다.

그러면 우리 앞에도 성전이 무너지는 그런 비극적 상황이 있습니까? 문자적으로는 그런 일을 겪지 않습니다. 하지만 주관적으로는 그런 일을 겪기도 합니다. 우리는 삶의 현장에서 때때로 안타까움, 답답함, 더 나아가 비극적 상황도 만납니다. 그런데 더욱 안타까운 점은 그런 상황에서 하나님은 나를 위해 아무 일도 하지 않으신 것처럼 느낀다는 겁니다.

하지만 그때 중요한 점은 무엇입니까? 오늘의 시인처럼 하나님을 믿고 기도하는 겁니다. 오직 하나님이 일어나시기만 하면 된다는 사실을 믿고 기도하는 겁니다. 그 믿음은 과거에 일하셨던 하나님을 기억하면서 약속을 이루실 하나님을 믿는 믿음에서 나옵니다. 그 믿음은 현재 어려움을 견디게 합니다. 어떤 상황에서도 하나님은 일어나서 일하실 줄 믿는 믿음은 어떤 상황에서도 기도하도록 합니다. 우리가 기도하면, 하나님께서 창조 이래 몇 번이고 하셨던 그것처럼 우리의 기도도 들으십니다.

우리가 새해를 시작하면서 시인의 이 믿음과 이 기도를 배우기를 바랍니다. 그리하여 우리가 삶의 현장에서 어떤 상황을 만날지라도 이렇게 기도하도록 도와주시옵소서! "하나님이여, 일어나소서!"

33
바르게 심판하시는 하나님

> 말씀 시편 75:1-10
> 요절 시편 75:2
> 찬송 325장, 247장

"주의 말씀이 내가 정한 기약이 이르면 내가 바르게
심판하리니."

'심판'은 옳고 그름에 대한 판결 내리는 것을 말합니다. 운동 경기
에서 '심판'은 반칙이나 승패 등을 판정하는 사람입니다. 성경에서
'심판'은 하나님이 당신의 기준에 따라 벌을 내리거나 구원하는 행위
를 말합니다.

그런데 보통 사람은 '하나님의 심판' 앞에서 두 가지를 생각합니
다. '하나님이 정말로 심판하시는가?' '하나님이 정말로 바르게 심판
하시는가?' 이에 관해 오늘 시인은 무엇을 말합니까?

1절을 보십시오. "하나님이여 우리가 주께 감사하고 감사함은 주
의 이름이 가까움이라 사람들이 주의 기이한 일들을 전파하나이다."
'우리'는 시인이 속한 공동체를 말합니다. 우리는 하나님께 감사하고,
감사합니다. 반복을 통해 강조합니다.

우리가 감사하는 이유는 무엇입니까? 주님의 이름이 가깝기 때문
입니다. '이름이 가깝다.'라는 말은 '이름을 부른다.' '가까이 계신다.'

196

라는 뜻입니다. 주님이 그들과 함께하셔서 일하심을 뜻합니다. 그들이 하나님께 감사하고 감사한 이유는 주님께서 그들과 함께하시기 때문입니다. 주님이 함께하시는 일처럼 감사한 일이 어디 있겠습니까? 그래서 오늘 우리도 "주님이 나와 함께하십니다." 즉 '임마누엘'의 은총을 구합니다.

그러면 주님의 함께하심을 감사한 우리는 무엇을 합니까? 우리는 주님의 기이한 일들을 전파합니다. '기이한 일'은 뛰어난 일입니다. 그 일은 주님께서 세상을 지으시고, 이스라엘을 구원하시고, 전쟁에서 이기게 하신 일입니다. 우리는 주님의 그 놀라운 일을 세상에 전파합니다.

주님은 무엇을 말씀하십니까? 2절을 읽읍시다. "주의 말씀이 내가 정한 기약이 이르면 내가 바르게 심판하리니." 이 말씀에서 '내가'라는 말을 반복합니다. "'내가' 정한 기약이, '내가' 심판하리니." '내가'는 하나님이고, '정한 기약'은 심판의 때입니다. 심판의 때가 오면 하나님 당신이 바르게 심판하십니다.

이 말씀에서 두 가지를 배웁니다. 첫째로, 세상에는 일상의 때뿐만 아니라, '정한 때'가 있습니다. 이 세상이 끝나는 때, 즉 심판의 때가 있습니다.

시인이 말하는 심판의 때는 앗수르나 바벨론이 무너지는 때를 말합니다. 시인은 앗수르나 바벨론으로부터 공격을 받아 무참히 짓밟히는 삶을 살았습니다. 강한 공격 앞에서 그들은 힘이 없어서 어찌할 수 없었습니다. 하나님은 아무 일도 하지 않으신 것처럼 보였습니다. 반면 앗수르나 바벨론이 영원할 것처럼 보였습니다. 하지만 하나님은 때가 오면 그 강한 앗수르나 바벨론을 심판하십니다.

오늘 우리의 세상도 일상의 반복처럼 보입니다. 지금은 겨울이지만, 해는 이미 길어지고 있습니다. 봄이 오고 있습니다. 이런 일상에 길들여 살면 하나님의 심판을 생각할 여유가 없습니다. 세상 돌아가는 모습만 보면, 하나님은 일하지 않으신 것처럼 보일 수 있습니다. 또 어떤 사람은 말합니다. "사랑이 가득하신 분이 세상을 꼭 심판하시겠는가?" "심판은 교회가 만든 이론적 단어일 뿐이다."

하지만 성경은 분명하게 가르칩니다. "내가 정한 기약이 이르면." 즉 하나님이 정하신 심판의 때가 온다는 겁니다. 하나님이 세상을 심판하실 때가 옵니다. 우리는 그날을 '인류 최후의 날'이라고 부릅니다. 우리는 "사도신경"을 고백할 때마다 이 심판을 말합니다. "거기로부터 살아 있는 자와 죽은 자를 심판하러 오십니다." 인류 최후의 심판은 예수님이 오셔서 하십니다.

둘째로, 하나님은 세상을 심판하시되, 바르게 심판하십니다. 심판 앞에서 사람들이 힘들어하고, 불편해하는 이유는 심판 자체보다도 공정하지 않음에 있습니다. 많은 정치인이 법정에 설 때면 한결같이 "공정하지 않다." "탄압이다." "억울하다."라고 말합니다. 단순한 변명이고, 자기 방어권 행사일 수 있습니다. 그런데 본질에서 사람의 심판은 태생적으로 공정할 수 없습니다. 사람이 공정한 존재가 아니기 때문입니다.

하지만 하나님의 심판은 공정합니다. 따라서 하나님의 심판 앞에서는 "공정하지 않습니다." "억울합니다."라는 변명할 수 없습니다. 하나님은 절대적으로 공정한 분이기 때문입니다.

그 공정함이 어떠합니까? 3절을 보십시오. "땅의 기둥은 내가 세웠거니와 땅과 그 모든 주민이 소멸되리라 하시도다 (셀라)." 이런 말입니다. "땅과 그 모든 주민이 녹아버릴 때, 그것의 기둥을 세운 사람은 바로 나이다." '땅의 기둥'은 '땅의 기둥들'인데, '도덕 질서', '세상 기초' 등을 말합니다. 하나님 당신이 그것들을 세우셨습니다. 하나님이 세우신 기둥들은 세상과 사람이 흔들려도 도전받지 않습니다. 왜냐하면 하나님께서 세상의 질서를 세우셨고, 그 질서를 유지하기 때문입니다. 따라서 어떤 상황에서도 심판의 기준은 흔들리지 않습니다. 그러므로 그분은 공정할 수밖에 없습니다. 그분의 심판은 공정할 수밖에 없습니다.

하나님은 누구에게 경고하십니까? 하나님은 오만한 사람에게 경고하십니다(4). '오만한 사람'은 하나님보다 자기를 사랑하는 사람입니다. 세상 중심, 자기중심으로 사는 사람입니다. 그런 사람은 오만하게 살지 않아야 합니다. 뿔을 들지 않아야 합니다. '뿔을 든다.'라는 말은 자기 힘을 나타내고 자랑함을 뜻합니다. 그들은 뿔을 높이 들지 말고, 교만한 목으로 말하지 않아야 합니다(5).

왜 그렇게 해야 합니까? 무릇 높이는 일이 동쪽에서나 서쪽에서 말미암지 아니하며, 남쪽에서도 말미암지 않기 때문입니다(6). '동쪽', '서쪽', 그리고 '남쪽'은 세상 모든 사람을 뜻합니다. 사람을 높이는 일은 세상의 그 누구도 할 수 없습니다.

누구만 할 수 있습니까? 7절을 읽읍시다. "오직 재판장이신 하나님이 이를 낮추시고 저를 높이시느니라." 재판장이신 하나님만이 이 사람을 낮추기도 하고, 저 사람을 높이기도 합니다. 예수님도 말씀하셨습니다. "누구든지 자기를 높이는 자는 낮아지고 누구든지 자기를 낮추는 자는 높아지리라"(마 23:12). 사람이 자기를 높일지라도 하나님이 그를 낮추십니다.

하나님은 악인을 어떻게 낮추십니까? 8절입니다. "여호와의 손에 잔이 있어 술거품이 일어나는 도다 속에 섞은 것이 가득한 그 잔을 하나님이 쏟아 내시나니 실로 그 찌꺼기까지도 땅의 모든 악인이 기울여 마시리로다." '잔'은 심판의 잔입니다. 여호와의 손에 분노의 포도주가 담긴 잔이 있어 거품이 일어납니다. 하나님은 그것을 쏟으십니다. 그러면 악인은 그것을 마십니다. 악인은 한 방울도 남김없이 마십니다. 하나님은 악인을 철저히 심판하십니다.

그러나 시인은 무엇을 합니까? 시인은 야곱의 하나님을 영원히 선포합니다(9). '야곱의 하나님'은 구원자이고 보호자이십니다. 시인은 그분을 찬양합니다.

하나님은 무엇을 하십니까? 10절을 읽읍시다. "또 악인들의 뿔을 다 베고 의인의 뿔은 높이 들리로다." 하나님은 악인의 오만한 뿔은 모두 꺾어 부수십니다. 하지만 의인의 자랑스러운 뿔은 높이 들어 올리십니다.

하나님은 어떤 분입니까? 하나님은 정한 기약이 이르면 반드시 심판하십니다. 하나님은 심판하시되, 바르게 심판하십니다. 하나님은 오만한 사람을 낮추고, 악인의 뿔도 꺾으십니다. 하지만 하나님은 의인의 자랑스러운 뿔은 높이십니다.

그러므로 우리는 어떻게 살아야 합니까? 그분을 알고, 그분을 믿고, 그분의 말씀대로 살아야 합니다. 그분께 감사하고 감사하며 그분의 기이한 일들을 전파할 수 있기를 기도합니다.

34
누가 주님 앞에 설 수 있습니까

말씀 시편 76:1-12
요절 시편 76:7
찬송 585장, 99장

"주께서는 경외 받을 이시니 주께서 한 번 노하실 때에 누가 주의 목전에 서리이까."

오늘의 시도 아삽의 시인데, 다른 번역에는 '앗수르인을 위하여'라는 말이 덧붙여 있습니다. 우리는 오늘 시의 배경을 유다 왕 히스기야 때 앗수르가 쳐들어왔던 때로 생각합니다. 그때 유다는 위기에 처했습니다. 히스기야 왕과 백성은 한마음으로 하나님께 도움을 청했습니다. 하나님은 그들을 도우셨고, 그들은 싸움에서 이겼습니다. 시인은 그때를 배경으로 시를 지어 하나님을 노래했습니다. 어떻게 노래했습니까?

1절을 보십시오. "하나님은 유다에 알려지셨으며 그의 이름이 이스라엘에 크시도다." 좁은 의미에서 '유다'는 남쪽 나라를, '이스라엘'은 북쪽 나라를 말합니다. 본문에서는 유다와 이스라엘은 같은 말로 전체 이스라엘을 뜻합니다. 하나님은 유다의 하나님이신데, 그분의 이름은 이스라엘에서 위대합니다.

그분은 어디에 계십니까? 그분의 장막은 살렘에 있습니다(2). '장막'은 사자의 굴을 뜻하는데, 하나님을 사자의 표상으로 그렸습니다. '살렘'은 '평화로운'을 뜻하는데, 예루살렘의 옛 이름입니다. 사자 같으신 하나님은 평화의 도시에 계십니다. 그분의 처소는 시온에 있습니다. '시온'은 예루살렘을 말합니다.

그분은 그곳에서 무엇을 하셨습니까? 그곳에서 그분은 화살과 방패와 칼과 전쟁을 없애셨습니다(3). 사자 같으신 여호와는 용사이십니다. 여호와는 모든 전쟁 무기를 무력화하셨습니다. 여호와께서 세상을 평화로 다스리십니다. 이스라엘은 승리의 여호와, 평화의 여호와를 체험했습니다.

이 사건은 무엇을 말합니까? 앞에서 말했듯이, 유다 왕 히스기야 4년 앗수르 왕 살만에셀은 북이스라엘의 사마리아를 에워쌌습니다. 3년 후에 그 성읍을 함락했습니다(왕하 18:9-10). 히스기야 14년 앗수르 왕 산헤립은 남유다를 침략했습니다(왕하 18:13). 히스기야는 그의 침략을 막기 위해 여호와의 성전과 왕궁 곳간에 있는 은을 다 주었고, 성전 문의 금과 기둥에 입힌 금을 벗겨 주었습니다(왕하 18:15-16). 하지만 산헤립은 예루살렘을 공격했습니다. 그때 히스기야는 하나님의 뜻을 구하고, 성전에 들어가 부르짖었습니다. 그 밤에 여호와의 사자가 앗수르 진영에서 군인 18만 5천 명을 쳤습니다. 산헤립은 패배하고 돌아갔습니다(왕하 19:19, 35-36). 이스라엘은 위기에서 구원하신 하나님을 만났습니다.

이 하나님은 어떤 분입니까? 4절을 봅시다. "주는 약탈한 산에서 영화로우시며 존귀하시도다." '약탈한 산'은 싸움에서 승리를 뜻합니다. 산에는 약탈한 전리품이 가득했습니다. 주님은 대적을 무찌르신 산에서 돌아오실 때 영광스럽고 위엄이 있습니다.

그분 앞에서 강한 용사도 그들이 가졌던 모든 것을 빼앗겼습니다(5). 그들은 죽음의 잠을 잤습니다. 역전의 용사도 손으로 무기를 사용할 수 없을 정도로 완전히 무기력했습니다. 야곱의 하나님이 꾸짖자 병거와 말도 다 깊이 잠들었습니다(6). 사람만이 아니라 수레와 말도 죽었습니다. 이스라엘은 그들과 직접 싸우지 않았습니다. 다만

34 누가 주님 앞에 설 수 있습니까(76:1-12)

야곱의 하나님이 그들을 꾸짖으시니 그들이 죽었습니다. 이스라엘이 싸우든지 싸우지 않든지, 하나님이 원수를 친히 죽입니다.

이 주님 앞에 누가 설 수 있습니까? 7절을 읽읍시다. "주께서는 경외 받을 이시니 주께서 한 번 노하실 때에 누가 주의 목전에 서리이까." 원수를 꾸짖어서 죽이는 여호와는 두려운 분입니다. 그분의 능력을 생각할 때 두려워하지 않을 수 없습니다. 그 주님께서 진노하실 때 누가 그분 앞에 설 수 있습니까?

당시 앗수르는 세계 최강이었습니다. 그 나라 앞에서 세상 어떤 나라도 감히 맞설 수 없었습니다. 하지만 그런 앗수르도 하나님 앞에서는 아무것도 아니었습니다. 하나님이 진노하실 때 앗수르도 그분 앞에 설 수 없었습니다. 하나님이 온 세상 만민을 심판하실 때 그 누구도 그분 앞에 설 수 없습니다. 말라기 선지자도 말했습니다. "그가 임하시는 날을 누가 능히 당하며 그가 나타나는 때에 누가 능히 서리요 그는 금을 연단하는 자의 불과 표백하는 자의 잿물과 같을 것이라"(말 3:2).

이 말씀은 요한계시록으로 이어집니다. 사도 요한은 말했습니다. "그들의 진노의 큰 날이 이르렀으니 누가 능히 서리요 하더라"(계 6:17). 여기서 '진노의 큰 날'은 '일곱인 재앙'이 내린 날입니다. 그 재앙으로 온 세상은 물론 많은 사람이 심판받았습니다. 그때 사람들은 물었습니다. "누가 능히 서리요?" 하나님의 인을 받은 사람만 섭니다(계 7:3). 하나님의 어린양 예수님을 믿는 사람만 견뎠습니다. 그래서 그들은 이렇게 큰 소리로 외쳤습니다. "구원하심이 보좌에 앉으신 우리 하나님과 어린양에게 있도다"(계 7:10).

역사학자 토인비(Arnold Joseph Toynbee, 1889~1975)는 제1차 세계대전 후, 서구 문명의 몰락에 대한 불안감이 팽배한 상황에서 과거 그리스, 오스만 제국 등 역사의 전례를 연구했습니다. 그는 그 열매로 '도전'과 '응전'이라는 개념을 창안했습니다. 인류는 안팎으로 어려움을 겪을 때 어떻게 대처했느냐에 따라 성공과 실패가 달랐습니다. 도전 앞에서 슬기롭게 응전하면 발전했지만, 그렇지 못하면 스러졌습니다.

우리는 '도전'과 '응전'이라는 개념 앞에서 두 가지를 생각할 수 있습니다. 첫째는, 일상의 삶에서 만나는 도전과 응전입니다. 보통 사람은 물론이고 믿음의 길을 가는 우리에게도 삶이 도전일 때가 많습니다. 우리는 삶의 현장에서 크고 작은 문제로 늘 도전을 받습니다. 그런데 도전보다 더 중요한 문제는 응전입니다. 도전 앞에서 바르게 응전하지 못하면 믿음의 중심을 잃고, 삶이 흔들립니다. 하지만 바르게 응전하면 내 삶이 다르고, 가정과 교회, 그리고 세상이 달라집니다.

어떻게 응전해야 합니까? 당연히 시인처럼 하나님을 의지하고, 그분께 도움을 구하며 응전해야 합니다. 히스기야가 앗수르의 공격 앞에서 하나님을 믿음으로 응전하여 이겼습니다. 말라기 때도 오실 메시아를 믿음으로 응전한 사람만 구원받았습니다. 사도 요한 시대에도 하나님의 어린양 예수님을 믿음으로 응전한 사람만 구원받았습니다. 우리가 이런 믿음으로 응전하면, 어떤 상황에서도 믿음의 중심을 지키며 구원의 하나님을 체험합니다.

둘째는, 최후 심판으로 만나는 도전과 응전입니다. 하나님은 세상을 반드시 심판하십니다. 그 심판 앞에서 그 누구도 피하지 못합니다. 바르게 응전하지 못하면 스러질 수밖에 없습니다.

우리는 최후 심판 앞에서 어떻게 응전해야 합니까? 나사렛 예수 그리스도를 믿는 믿음으로 응전해야 합니다. 왜냐하면 하나님께서 천하 사람 중에 구원을 받을 만한 다른 이름을 우리에게 주신 일이 없기 때문입니다(행 4:12).

주님은 어디에서 심판을 선포하셨습니까? 8절입니다. "주께서 하늘에서 판결을 선포하시매 땅이 두려워 잠잠하였나니." 하나님은 하늘에서 심판을 선포하셨습니다. 땅은 두려웠고, 가만히 있었습니다. 하나님은 땅에서 온유한 모든 사람을 구원하시려고 심판하러 일어났습니다(9). '온유한 자'는 '억압을 받는 사람', '겸손한 사람'입니다. 하나님께서 악한 사람을 심판하실 때 겸손한 사람을 구원하십니다. 심판에는 두 가지 목적이 있습니다. 악한 사람을 정죄하는 일과 온유한 사람을 구원하는 일입니다. 정죄와 구원은 동전의 양면처럼 언제나 함께합니다. 예수님의 십자가는 믿지 않는 사람에게는 심판의 표적이지만, 믿는 사람에게는 구원의 표적입니다.

그런데 사람의 노여움은 무엇을 합니까? 10절을 봅시다. "진실로 사람의 노여움은 주를 찬송하게 될 것이요 그 남은 노여움은 주께서 금하시리이다." 사람의 분노마저 주님을 찬송할 뿐입니다. 하나님께 대적하는 사람이 아무리 날뛰어도 결국 하나님의 권능을 드러낼 뿐입니다. 그 남은 노여움은 주님께서 금하십니다. 이 말씀은 '그 분노에서 살아남은 사람은 주님께서 허리띠처럼 묶어버린다.'라는 뜻입니다. 즉 '분노하지 못하도록 한다.'라는 말입니다.

그러므로 그들은 무엇을 해야 합니까? 그들은 여호와 하나님께 서원하고 갚아야 합니다(11). 사방에 있는 모든 사람, 즉 이방 나라도 마땅히 하나님을 경외하고 그분께 예물을 드려야 합니다. 왜냐하면 세상 통치자도 하나님을 두려워하는데, 그분께서 세상 왕의 호흡을 끊으시기 때문입니다(12). 어떤 세상 왕도 하나님의 심판 앞에서는 설 수 없습니다.

그러면 누가 주님 앞에 설 수 있습니까? 오직 나사렛 예수 그리스도를 믿는 사람만 설 수 있습니다. 하나님은 예수님을 믿지 않는 사람을 심판하시고, 믿는 사람을 구원하십니다. 우리로 예수님을 믿게 하시고, 구원하신 하나님을 노래합니다.

35
양 떼 같이 인도하셨나이다

말씀 시편 77:1-20
요절 시편 77:20
찬송 569장, 384장

"주의 백성을 양 떼 같이 모세와 아론의 손으로
인도하셨나이다."

푸른 초원에서 한가롭게 풀을 뜯고 있는 양 떼를 보면서 많은 사람은 낭만적인 모습을 떠올립니다. 하지만 성경에서 양 떼는 그렇게 낭만적인 모습은 아닙니다. 오히려 연약하고 힘없어 절대적 도움이 필요한 사람을 뜻합니다. 그러면 '양 떼 같이 인도하셨나이다.'라는 말씀은 무슨 뜻입니까?

1절을 보십시오. "내가 내 음성으로 하나님께 부르짖으리니 내 음성으로 하나님께 부르짖으면 내게 귀를 기울이시리로다." 오늘 시는 아삽의 시로 알려졌는데, 하나님께 부르짖으므로 시작합니다. 그는 하나님께 소리 높여 부르짖습니다. 그는 그만큼 절박한 상황에 있습니다. 그는 큰 소리로 부르짖으면 하나님이 들으실 줄 믿습니다.

그는 어떤 상황에서 주님을 찾았습니까? 2절입니다. "나의 환난 날에 내가 주를 찾았으며 밤에는 내 손을 들고 거두지 아니하였나니 내 영혼이 위로받기를 거절하였도다." 시인은 고난의 때 자기가 주인님으로 모시는 그분을 찾았습니다.

그는 어느 정도 찾았습니까? 그는 자신의 환난을 밤으로 비유했습니다. 그는 밤새도록 손을 들어 기도했습니다. 그는 기도를 포기하지 않았습니다. 그는 위로받기를 거절했습니다. 여기서 '위로'는 사람의 위로를 뜻합니다. 참 위로는 오직 하나님한테서 오기에 그는 사람의 위로를 거절했습니다. 그는 사람의 위로마저 소용이 없을 정도로 환난을 겪고 있습니다.

그는 오직 누구만을 기억합니까? 그는 환난 중에도 오직 하나님만을 기억합니다(3). 그런데 그는 불안합니다. 그는 근심합니다. 그는 심령이 상합니다. 시인은 하나님을 생각할수록 답답하고 절망에 빠집니다.

그 이유가 무엇입니까? 4절입니다. "주께서 내가 눈을 붙이지 못하게 하시니 내가 괴로워 말할 수 없나이다." 주님은 시인이 잠을 자지 못하도록 합니다. 그래서 그는 괴로워 말도 할 수 없습니다. 그는 자신의 환난을 말로 설명할 수 없습니다. 그런 그는 하나님을 생각할수록 답답했습니다.

그때 시인은 무엇을 했습니까? 5절을 보십시오. "내가 옛날 곧 지나간 세월을 생각하였사오며." 시인은 옛날, 곧 지나간 세월을 생각했습니다. 그는 밤에 마음으로 노래를 기억합니다(6). 그는 밤에 부르던 노래를 생각하면서 하나님을 찾습니다.

하지만 그에게는 무슨 고민이 있습니까? 첫째로, 그는 "주님께서 영원히 버리신 것일까?"라고 고민합니다(7). '버림받음'은 가장 큰 두려움이며, 절망스러운 일입니다. 둘째로, 그는 "주님께서 더는 호의를 베풀지 않으시려나?"라고 고민합니다. 버림받은 호의를 베풀지 않음입니다.

셋째로, 그는 "하나님의 인자하심은 다했는가?"라고 고민합니다(8). 그는 하나님의 한결같은 사랑을 의심합니다.

넷째로, 그는 "하나님의 약속은 아예 끝났는가?"를 고민합니다. '약속의 끝남'은 용서와 구원의 끝남입니다.

다섯째로, 그는 "하나님이 베푸실 은혜를 잊으셨는가?"라고 고민합니다(9). '잊으심'은 의도적인 거부입니다. 여섯째로, "하나님께서 화를 내셔서 긍휼을 그치셨는가?"를 고민합니다. 하나님이 긍휼을 베풀지 않으면 시인은 한 시도 살 수 없습니다. 그런데 시인은 자기가 처한 현실을 생각하면, 하나님께서 긍휼을 그치신 것처럼 느꼈습니다. 그래서 그는 하나님을 생각하면서도 고민하며 물은 겁니다.

그런데 시인은 이런 질문을 하다가 무엇을 말했습니까? 10절을 보십시오. "또 내가 말하기를 이는 나의 잘못이라 지존자의 오른손의 해." 이 말씀은 이런 뜻입니다. "나의 잘못은 이것이니 곧 지극히 높으신 이의 오른손이 변하셨음이라." '나의 잘못이라.'라는 말은 시인이 겪는 현재의 고난을 뜻합니다. '지존자의 오른손'은 하나님의 존재와 능력을 상징합니다. '해'는 지존자가 일하시는 때입니다. 하나님은 옛적에 힘센 오른손과 뻗은 오른팔로 이스라엘을 애굽에서 데리고 나왔습니다(출 15:6, 2). 그런데 시인은 자신의 환난이 하나님의 변하심, 즉 능력으로 일하지 않음에서 왔다고 고백합니다.

그러나 그는 무엇을 기억합니까? 그는 여호와께서 하신 일들을 기억합니다(11). 그는 주님의 경이로운 일을 기억합니다. 그는 과거로 돌아가서 여호와께서 하신 일들을 기억합니다.

또 그는 계속해서 무엇을 했습니까? 12절을 봅시다. "또 주의 모든 일을 작은 소리로 읊조리며 주의 행사를 낮은 소리로 되뇌이리이다." '작은 소리로 읊조리며', '낮은 소리로 되뇌이리이다.'라는 말은 묵상한다는 뜻입니다. 그는 주님이 하셨던 모든 일을 묵상했습니다.

왜 주님의 일을 묵상함이 중요합니까? 사고의 전환은 현실의 전환으로 이어집니다. 시인은 환난을 겪으면서 하나님에 대해 섭섭함이 있었습니다. 하나님이 오른손으로 일하지 않으심이 그의 아픔이라고 고백했습니다. 하지만 그는 그때 하나님께서 하셨던 일을 묵상했습니다. 그는 자기가 겪는 어려움을 생각하는 데서 하나님께서 하셨던 일을 묵상했습니다. 사고의 전환은 마음의 전환으로 이어지고, 행동의 전환으로 나타납니다. 그 점에서 주님이 하셨던 일을 묵상함은 내 마음과 행동을 바꿉니다.

그가 묵상한 하나님은 어떤 분입니까? 첫째로, 하나님은 거룩하신 분입니다. 13절을 보십시오. "하나님이여 주의 도는 극히 거룩하시오니 하나님과 같이 위대하신 신이 누구오니이까." '주의 도'는 '길'인데, 애굽에서 구원하심과 그 이후의 모든 구원 사역을 말합니다. 하나님은 구원 사역을 통해 당신의 거룩하심을 드러냈습니다. 그분은 위대하신 분입니다. 그분만큼 위대한 신은 없습니다. 홍해를 건넌 후에 모세와 이스라엘 자손은 노래했습니다. "여호와여 신 중에 주와 같은 자가 누구니이까 주와 같이 거룩함으로 영광스러우며 찬송할 만한 위엄이 있으며 기이한 일을 행하는 자가 누구니이까"(출 15:11).

둘째로, 하나님은 놀라운 일을 행하여 알리신 분입니다. 14절을 보십시오. "주는 기이한 일을 행하신 하나님이시라 민족들 중에 주의 능력을 알리시고." 애굽 군대가 이스라엘을 뒤쫓았을 때 이스라엘은 바다 가운데를 육지로 걸었습니다. 하지만 애굽 군대는 바다 가운데 모두 빠져 죽었습니다. 이스라엘은 여호와께서 애굽 사람에게 행하신 그 큰 능력을 보았습니다. 그들은 여호와를 경외했습니다(출 14:22, 28, 31).

셋째로, 하나님은 속량하신 분입니다. 15절을 보십시오. "주의 팔로 주의 백성 곧 야곱과 요셉의 자손을 속량하셨나이다 (셀라)." '속량한다.'라는 말은 '팔렸던 집을 다시 사거나, 빚으로 노예로 팔린 사람의 자유를, 돈을 지급하여 다시 사는 일'입니다. 여호와는 이스라엘 백성에게 그 식구대로 어린양을 잡고, 그 피를 양을 먹을 집 좌우 문설주와 인방에 바르도록 했습니다. 여호와께서 그 밤에 애굽 땅에 두루 다니며 사람이나 짐승을 막론하고 애굽 땅에 있는 모든 처음 난 것을 다 쳤습니다. 애굽의 모든 신을 심판했습니다. 그러나 그 피가 있는 집은 그 피를 보고 넘어가 재앙을 내리지 않았습니다(출 12:3, 7, 12-13). 주님은 그 백성을 애굽에서 속량하시려고 어린양을 희생하셨습니다.

그때 물, 하늘, 그리고 땅은 어떠했습니까? 물들이 하나님을 보았습니다(16). 물들이 주님을 보고 두려워하고, 깊음도 진동합니다. 고대 근동에서 '바알(Baal)'은 폭풍의 신이었습니다. 그는 구름, 비, 천둥, 그리고 번개 등을 주관했습니다. 하지만 이스라엘은 오직 하나님이 그 모든 일을 하신 줄 믿었습니다.

구름이 물을 쏟고, 궁창이 소리를 내며, 화살도 날아갔습니다(17). 회오리바람 중에 주님의 우렛소리가 있으며, 번개가 세계를 비추며, 땅이 흔들리고 움직였습니다(18). 천둥과 번개와 같은 하늘의 현상이 땅에서 지진으로 나타났습니다. 주님의 길이 바다에 있었고, 주님의 곧은 길이 큰물에 있었습니다(19). 하나님이 홍해에 길을 내셨습니다. 그때 이스라엘 자손이 바다 가운데를 육지로 걸어가고, 물은 그들의 좌우에 벽이 되었습니다(출 14:22). 많은 물이 다시 흘러서 하나님의 길을 덮었습니다(출 14:28). 하나님의 숨으심을 상징합니다.

그러나 주님은 그 백성을 어떻게 인도하셨습니까? 20절을 읽읍시다. "주의 백성을 양 떼 같이 모세와 아론의 손으로 인도하셨나이다." 하나님은 양 떼를 이끄는 목자이십니다(시 23:1). 하나님은 목자이시고, 그 백성은 양 떼입니다. 하나님은 바다에서 백성을 인도하신 후에 숨지 않으셨습니다. 그들을 버리지 않으셨습니다. 모세와 아론을 통해 그들을 인도하셨습니다. 하나님은 한 번 구원하신 그 양 떼를 끝까지 책임지십니다. 하나님은 당신의 종을 통해 그 백성을 양 떼처럼 이끄십니다.

오늘의 시를 통해 무엇을 배웁니까? 시인은 환난을 겪었습니다. 그는 소리 높여 부르짖었습니다. 그는 처음에는 하나님을 생각하면서 한숨을 지었습니다. 그는 생각에 깊이 잠겼습니다. '하나님이 나를 버리신 것인가? 긍휼을 거두신 것인가?' 하지만 그는 그 순간 옛날에 일하신 하나님을 기억했고, 묵상했습니다. 하나님께서 이루신 놀라운 일, 출애굽 사역을 묵상했습니다. 그랬을 때 그는 여호와를 목자로 깨달았습니다. 목자이신 하나님은 그와 그 백성을 양 떼처럼 인도하심을 알았습니다. 그는 하나님의 능력과 사랑을 기억했습니다.

사람은 혼란스럽다고 느낄 때도 하나님은 굳건히 우주를 다스리십니다. 우리와 우리 교회를 당신의 종을 쓰셔서 목자가 양 떼를 인도하듯이 인도하십니다. 이 렌즈로 나와 세상을 보면 다르게 볼 수 있습니다. 내가 변하기 때문입니다. 그래서 슬픔이 찬양으로 바뀌고,

의심이 위로로 바뀝니다. 이 시대에서 아픔을 겪을 때 하나님의 능력과 사랑을 묵상하면, 위로와 확신을 얻습니다. 어떤 일이 있어도 우리를 향한 하나님의 사랑은 끝나지 않습니다. 왜냐하면 하나님은 우리를 양 떼 같이 당신의 종을 통해 인도하시기 때문입니다.

우리가 새 학기 시작을 앞에 두고, 우리 안에서 이루셨던 하나님의 일들을 묵상하고, 우리를 양 떼 같이 인도하시는 하나님을 기대하기를 기도합니다.

36
다음 세대에 알리라

말씀 시편 78:1-39
요절 시편 78:5
찬송 516장, 518장

"여호와께서 증거를 야곱에게 세우시며 법도를 이스라엘에게
정하시고 우리 조상들에게 명령하사 그들의 자손에게 알리라
하셨으니."

요즘은 교회는 물론이고 일반 사회에서도 '다음 세대'를 유행처럼
말합니다. '다음 세대'를 말하지 않으면 시대에 뒤떨어진 사람처럼
보입니다. 그만큼 '다음 세대'가 중요하기 때문입니다. 그런데 그 뿌
리는 성경에서 나왔습니다. 성경은 '다음 세대'에 관해 자주 강조합
니다. 그리고 '다음 세대'를 위해 '지금 세대'가 해야 할 일에 관해서
도 가르칩니다. '지금 세대'가 '다음 세대'를 위해 해야 할 일은 무엇
입니까?

1절을 보십시오. "내 백성이여, 내 율법을 들으며 내 입의 말에
귀를 기울일지어다." 오늘의 시는 아삽의 시인데, '내 백성이여'라는
말은 아삽 시대의 청중입니다. 시인은 청중을 향해 '들어라.' '귀를
기울이어라.'라는 말로 시작합니다.
그 청중이 들어야 할 내용은 무엇입니까? '내 율법'이며, '내 입의

말'입니다. '율법'은 가르침이고, '입의 말'은 말씀입니다. 그것은 하나님의 말씀입니다. 시인은 그 백성이 하나님의 말씀을 듣기를 바랍니다.

그는 그 말씀을 어떻게 전합니까? 그는 비유로 입을 엽니다(2). 예로부터 감추어졌던 것을 드러냅니다. 그는 숨겨진 비밀을 밝힙니다.

그 내용은 무엇입니까? 3절입니다. "이는 우리가 들어서 아는 바요 우리의 조상들이 우리에게 전한 바라." 시인은 '나'(1, 2)에서 '우리'(3)로 바꿉니다. 그런데 '나'가 곧 '우리'입니다. 시인이 청중에게 가르치려는 말씀은 우리가 들어서 이미 아는 바입니다. 우리 조상이 우리에게 전해 준 내용입니다.

시인은 그 내용을 어떻게 하려고 합니까? 4절을 봅시다. "우리가 이를 그들의 자손에게 숨기지 아니하고 여호와의 영예와 그의 능력과 그가 행하신 기이한 사적을 후대에 전하리로다." '그들의 자손'과 '후대'는 '다가오는 세대', '다음 세대'입니다. 시인은 조상한테서 들은 내용을 다음 세대에 전하면서 숨기지 않습니다. 시인은 여호와의 영예와 그분의 능력과 그분이 행하신 기이한 사적을 다음 세대에 전하면서 숨기지 않습니다.

왜 시인은 전하려고 합니까? 5절을 읽읍시다. "여호와께서 증거를 야곱에게 세우시며 법도를 이스라엘에게 정하시고 우리 조상들에게 명령하사 그들의 자손에게 알리라 하셨으니." '증거'는 '법'이고, '법도'는 율법입니다. 여호와께서 이스라엘이 애굽에서 나왔을 때 광야에서 율법을 세우셨습니다. 그리고 말씀하셨습니다. "자손에게 알리라." 여호와는 조상에게 말씀을 주시면서 그들만 알지 않고, 자손, 즉 다음 세대도 알도록 하셨습니다. 시인이 다음 세대에 말씀을 전하려고 하는 이유는 하나님께서 '다음 세대에 알리라.'라고 하셨기 때문입니다.

'다음 세대에 알리라.'라고 하신 하나님을 통해 무엇을 배웁니까? 그분의 마음을 배웁니다. 그분은 당신의 가르침이 한 세대로 그치지 않고, 다음 세대, 그리고 그다음 세대로 계속해서 이어지기를 바라십니다. 지금 세대는 과거 세대와 다음 세대를 연결하는 역할을 해야 합니다. 연결 고리를 이어가야 합니다. 그 연결 고리는 가르침을 통해서 이어집니다. 말씀을 전하지 않으면 지금 세대에서 다음 세대로 이어지지 않습니다. 그래서 지금 세대는 다음 세대에 가르쳐야 하는 의무가 있습니다. 그리고 다음 세대는 그다음 세대에 알려야 합니다.

그 일을 어디에서부터 시작해야 합니까? 신 6:7은 말씀합니다. "네 자녀에게 부지런히 가르치며 집에 앉았을 때에든지 길을 갈 때에든지 누워 있을 때에든지 일어날 때에든지 이 말씀을 강론할 것이며." 그 일은 가정에서부터 시작해야 합니다. 그리고 교회가 그 일에 헌신해야 합니다. 교회의 중요한 사명 중 하나는 내가 받은 말씀을, 내가 아는 말씀을 내 자손, 다음 세대에 알리는 겁니다.

다음 세대에 알리도록 하신 목적은 무엇입니까? 6절을 보십시오. "이는 그들로 후대 곧 태어날 자손에게 이를 알게 하고 그들은 일어나 그들의 자손에게 일러서." '후대'는 다음 세대이고, 태어날 세대입니다. 다음 세대도 그 말씀을 그다음 세대에 알려야 합니다. 하나님은 그 말씀이 한 세대에서 그치지 않고, 세대를 거쳐 계속해서 이어지기를 바라십니다.

왜 다음 세대, 그다음 세대도 말씀을 알아야 합니까? 7절입니다. "그들로 그들의 소망을 하나님께 두며 하나님께서 행하신 일을 잊지 아니하고 오직 그의 계명을 지켜서." 다음 세대, 그다음 세대도 말씀을 알아야 하는 이유는 소망을 하나님께 둬야 하기 때문입니다. 어리석은 사람은 소망을 헛된 것에 둡니다. 왜냐하면 하나님의 말씀을 모르기 때문입니다. 하나님의 말씀을 알면 하나님께 소망을 둡니다. 그러므로 하나님께 소망을 두려면 하나님의 말씀을 알아야 합니다. 말씀을 알려면 전하는 사람이 있어야 합니다.

그리고 하나님의 말씀을 알면 하나님께서 행하신 일을 잊지 않습니다. 하나님과 우리 사이에서 일어나는 많은 문제의 핵심에는 잊어버림이 있습니다. 지금까지 내 삶에서 하나님이 나에게 하신 그 일을 잊지만 않는다면, 우리는 언제 어디서나, 어떤 상황에서도 하나님의 말씀을 지킬 수 있습니다. 말씀대로 살 수 있습니다. 말씀대로 살지 못함은 환경 문제가 아니라, 내가 하나님께서 하신 일을 잊어

버림에 있습니다. 하나님께서 내게 하신 일을 잊지 않으려면 말씀을 알아야 합니다. 말씀을 알면 말씀을 지킬 수 있습니다.

왜 말씀을 지켜야 합니까? 8절을 보십시오. "그들의 조상들 곧 완고하고 패역하여 그들의 마음이 정직하지 못하며 그 심령이 하나님께 충성하지 아니하는 세대와 같이 되지 아니하게 하려 하심이로다." 조상은 고집부리고 반항하던 세대였습니다. 그들은 마음도 확고하지 못했습니다. 그들은 하나님을 믿지 않았습니다. 그런데 말씀을 지키면 그런 조상처럼 살지 않습니다. 말씀을 지키면 조상과는 달리 마음이 확고하고, 하나님께 신실할 수 있습니다.

그런데 에브라임은 어떠했습니까? 9절을 보십시오. "에브라임 자손은 무기를 갖추며 활을 가졌으나 전쟁의 날에 물러갔도다." '에브라임'은 북 왕국 이스라엘을 말합니다. 그들은 궁수와 같은 강한 무기를 가졌지만, 전투에서 달아나고 말았습니다. 왜냐하면 그들이 하나님의 언약을 지키지 않았기 때문입니다(10). 그들은 율법 준행을 거절했기 때문입니다. 그들은 여호와께서 행하신 것과 그들에게 보이신 기이한 일을 잊었기 때문입니다(11). 언약을 지키지 않았고, 율법 준행을 거절했고, 기이한 일을 잊은 그것이 에브라임 실패와 멸망의 원인이었습니다.

시인은 청중을 어디로 안내합니까? 12절을 보십시오. "옛적에 하나님이 애굽 땅 소안 들에서 기이한 일을 그들의 조상들의 목전에서 행하셨으되." 시인은 애굽에서 일하셨던 조상의 하나님께로 안내합니다. 하나님은 조상이 보는 앞에서 애굽 소안 들에서 놀라운 일을 하셨습니다.

그 놀라운 일은 무엇입니까? 하나님은 바다를 갈라 물을 무더기 같이 서게 하셨습니다(13). 바벨론 신화에 의하면, '마르둑(Marduk)'이 바다의 용인 '티아맛(Tiamat)'을 갈라서 찢어버리고, 그 위협을 없애버렸습니다. 그 후 그는 최고의 신으로 인정받았습니다. 그러나 하나님께서 홍해에 길을 내셨습니다. 하나님은 바닷물을 강둑처럼 서게 하셨고, 이스라엘을 육지처럼 건너게 하셨습니다(출 14:21-22). 하나님은 광야에서 낮에는 구름으로, 밤에는 불빛으로 그들을 인도하셨습니다(14, 출 13:21). 하나님은 광야에서 반석을 쪼개시고 매우 깊은 곳에서 나오는 물을 흡족하게 마시도록 하셨습니다(15, 민 20:11). 하나님은 바위에서 시내를 내셔서 광야 생활에서 물을 넉넉히 주셨습니다(16).

그러나 그들은 계속해서 무엇을 했습니까? 그들은 계속해서 하나님께 죄를 지었습니다(17). 그 죄는 메마른 땅에서 지존자를 배반한 겁니다. 그들은 탐욕대로 먹을 것을 요구하면서 하나님을 시험했습니다(18). 그뿐 아니라, 그들은 하나님을 대적하면서 말했습니다(19). "하나님이 무슨 능력으로 이 광야에서 먹거리를 공급할 수 있으랴?" 그들은 하나님을 신뢰하지 않았습니다.

그들은 또 무슨 말을 했습니까? "하나님은 바위를 쳐서 물이 솟아나게 하여 시내처럼 흐르게 하셨지만, 빵과 고기까지도 주실 수 있을까"(20)? 그들은 물을 마시면서도 빵을 주실 주님의 능력을 믿지 못했습니다.

여호와께서 어떻게 반응하셨습니까? 21절을 보십시오. "그러므로 여호와께서 듣고 노하셨으며 야곱에게 불같이 노하셨고 또한 이스라엘에게 진노가 불타올랐으니." 여호와께서 그들의 말을 듣고 화를 내셨습니다. 야곱을 불길로 태우셨습니다. 이스라엘에 대한 분노가 불타올랐습니다.

왜 이렇게 분노하셨습니까? 22절을 읽읍시다. "이는 하나님을 믿지 아니하며 그의 구원을 의지하지 아니한 때문이로다." 그들은 하나님을 믿지 않았습니다. 그들은 구원의 하나님을 신뢰하지 않았습니다. 하나님은 실수하는 사람에게 화를 내지 않습니다. 하나님은 믿지 않는 사람에게 화를 냅니다.

그런데도 하나님은 무엇을 하셨습니까? 그분은 위의 궁창을 명령하셔서 하늘 문을 여셨습니다(23). 노아 때는 홍수를 내리기 위해 하늘 문을 열었습니다(창 7:11). 하지만 이제는 그들에게 만나를 비 같이 내려 먹이시며, 하늘 양식을 주시려고 문을 열었습니다(24). 하나님의 사랑은 하늘만큼 크십니다.

하나님은 그들에게 무슨 양식을 주셨습니까? 25절입니다. "사람이 힘센 자의 떡을 먹었으며 그가 음식을 그들에게 충족히 주셨도다."
'힘센 자의 떡'은 '천사들의 빵', 즉 하늘에서 먹는 음식을 뜻합니다.
사람이 천사의 음식을 먹었습니다. 그들은 하나님께서 빵을 주실 수
있는지를 의심했습니다. 하지만 하나님은 그들에게 빵을 주셨습니다.
그것도 하늘의 빵을 주셨습니다. 그것도 넘치도록 주셨습니다.

하나님은 무엇도 주셨습니까? 하나님은 동풍을 하늘에서 일게 하
시고, 그 권능으로 남풍을 인도하십니다(26). 먼지처럼 많은 고기를
비같이 내리십니다(27). 나는 새를 바다의 모래 같이 내리십니다(민
11:31). 하나님께서 그것들을 진중 주변에 떨어지게 하십니다(28). 그
들은 먹고 심히 배불렀습니다(29). 하나님은 그들이 원하는 대로 넉
넉히 주셨습니다.

그러나 그들은 어떻게 했습니까? 30절을 봅시다. "그러나 그들이
그들의 욕심을 버리지 아니하여 그들의 먹을 것이 아직 그들의 입에
있을 때에." 그들은 욕심을 버리지 않았습니다. 그들은 입속에 아직
도 먹을 것이 있는데도 감사를 몰랐습니다.

마침내 하나님은 무엇을 하셨습니까? 마침내 하나님은 그들에게
진노하셨습니다(31). 하나님은 살진 사람을 죽이고, 젊은이를 거꾸
러뜨렸습니다. 하나님은 그들의 믿음 없음과 감사하지 않음을 심판
하셨습니다. 민 11:33은 말씀합니다. "고기가 아직 이 사이에 있어
씹히기 전에 여호와께서 백성에게 대하여 진노하사 심히 큰 재앙으
로 치셨으므로."

그런데도 그들은 어떻게 했습니까? 그들은 여전히 죄를 지었습니
다(32). 그들은 기이한 일을 믿지 않았습니다. 그들은 하나님의 놀라
운 일을 믿음으로 받지 않았습니다. 하나님은 그들의 날을 숨결처럼
사라지게 하시고, 그들의 세월을 공포에 떨도록 하셨습니다(33).

그때 그들은 무엇을 했습니까? 34절을 읽읍시다. "하나님이 그들
을 죽이실 때에 그들이 그에게 구하며 돌이켜 하나님을 간절히 찾았
고." 하나님이 그들을 죽이실 때 그들은 그분을 주의하여 찾았습니
다. 그들은 그분한테 돌아갔습니다. 그리고 하나님을 간절히 찾았습
니다.

사람은 등따습고 배부를 때는 하나님을 찾기가 쉽지 않습니다. 자기 잘난 맛에 살기 때문입니다. 하지만 죽음의 위협을 만나면 자기 잘난 맛의 실존을 깨닫습니다. 인간의 절대 무력을 깨닫습니다. 그때 하나님께 돌아가서 하나님을 찾습니다. 하지만 그런 순간에도 하나님을 찾지 않은 사람이 참 많습니다. 그 점에서 볼 때 하나님을 찾을 수 있음도 하나님의 은혜입니다. 오늘 나의 나 된 바는 내가 아니요, 오직 하나님의 은혜입니다.

그들은 또 무엇을 했습니까? 35절입니다. "하나님이 그들의 반석이시며 지존하신 하나님이 그들의 구속자이심을 기억하였도다." 그들은 죽을 때가 되니 하나님을 기억했습니다. 그들은 마침내 반석이며, 구원자이신 하나님을 기억했습니다. 그들이 일상에서도 이 하나님을 잊지 않고 기억했다면, 얼마나 좋았을까요? 그런데 죽을 때라도 이 사실을 기억하니 참으로 다행입니다.

하지만 그들의 실상은 어떠합니까? 그들은 입으로 하나님께 아첨하고, 혀로는 하나님을 속입니다(36). 그들은 말로만 하나님을 찾았고, 말로만 하나님을 기억했습니다. 어떻게 이런 일이 있을 수 있습니까? 왜냐하면 하나님께 향하는 그들의 마음이 정함이 없기 때문입니다(37). 그분의 언약에 성실하지 않았기 때문입니다.

그러나 하나님은 무엇을 하십니까? 38절을 읽읍시다. "오직 하나님은 긍휼하시므로 죄악을 덮어 주시어 멸망시키지 아니하시고 그의 진노를 여러 번 돌이키시며 그의 모든 분을 다 쏟아내지 아니하셨으니." 하나님은 그들의 죄를 덮어 주십니다. 그들을 멸망시키지 않습니다. 그들에게 진노를 돌이켜서 분노를 쏟지 않으십니다. 조상은 하나님을 속이고 신실하지 않았습니다. 하지만 하나님은 그들을 용서하고 분노를 참으며 긍휼을 베푸십니다.

왜 그렇게 하십니까? 39절입니다. "그들은 육체이며 가고 다시 돌아오지 못하는 바람임을 기억하셨음이라." 하나님은, 사람은 다만 살덩어리, 한 번 가면 되돌아올 수 없는 바람과 같은 존재임을 기억하셨습니다. 하나님은 인간의 연약함을 아셨습니다. 그래서 하나님은 그들에게 긍휼을 베푸십니다.

하나님께서 연약한 우리에게 말씀을 주신 목적은 무엇입니까? 내가 구원받고, 하나님의 말씀대로 살기를 바라셨기 때문입니다. 그뿐 아니라, 내가 다음 세대에 그분의 말씀을 알리기를 바라셨기 때문입니다. 다음 세대는 또 그다음 세대에 그분의 말씀을 알리기를 바라십니다. 하나님의 말씀이 사람을 살립니다. 하나님의 말씀이 반석이신 하나님, 구원자이신 하나님을 믿도록 합니다. 그러므로 지금 세대인 우리가 다음 세대에 말씀을 알리는 일에 힘쓰도록 기도합니다.

37 기억하라(78:40-72)

37
기억하라

| 말씀 시편 78:40-72 |
| 요절 시편 78:42 |
| 찬송 205장, 232장 |

"그들이 그의 권능의 손을 기억하지 아니하며 대적에게서
그들을 구원하신 날도 기억하지 아니하였도다."

오늘의 시는 지난주의 시를 이어받습니다. 하나님은 당신의 말씀이 오늘 세대, 다음 세대, 그리고 그다음 세대로 이어지기를 바라십니다. 그리하여 하나님께 소망을 두며, 하나님이 하신 일을 기억하도록 하셨습니다. 하지만 이스라엘은 실패했습니다. 오늘 우리는 그들의 실패를 통해 무엇을 배웁니까?

40절을 보십시오. "그들이 광야에서 그에게 반항하며 사막에서 그를 슬프시게 함이 몇 번인가." '그들'은 이스라엘입니다. 이스라엘은 애굽에서 노예로 살았는데, 하나님께서 크신 능력과 사랑으로 구원하셨습니다. 그들을 젖과 꿀이 흐르는 가나안으로 인도하십니다. 그들은 광야를 거쳐야 했는데, 그 길이 쉽지 않았습니다. 그때 그들은 하나님께 반항하며, 하나님을 슬프시게 했습니다. 그들은 10번이나 그렇게 했습니다(민 14:22). 그들은 하나님을 거듭거듭 시험하며 거룩하신 분을 노엽게 했습니다(41).

그들이 그렇게 한 원인은 무엇이었습니까? 42절을 읽읍시다. "그들이 그의 권능의 손을 기억하지 아니하며 대적에게서 그들을 구원하신 날도 기억하지 아니하였도다." 그들의 문제는 기억하지 아니함이었습니다. 그들은 주님 권능의 손을 기억하지 않았습니다. 그들은 대적으로부터 자기를 구원하신 날도 기억하지 않았습니다. 그들은 하나님께 몇 번이고 반항하며 하나님의 마음을 아프게 했습니다.

'기억하지 않음'이 얼마나 큰 문제입니까? 기억하지 않으니 반복해서 죄를 짓습니다. 반복해서 죄를 지으니 하나님의 마음을 아프게 합니다. 그리고 그들은 벌을 받습니다. 따라서 하나님의 권능과 구원의 은총을 기억하는 일은 정말로 중요합니다. 기억하면 죄를 짓지 않습니다. 기억하면 하나님을 슬프게 하지 않습니다. 벌을 받지 않습니다. 바울 사도는 말씀했습니다. "이러한 일은 우리의 본보기가 되어 우리로 하여금 그들이 악을 즐겨 한 것 같이 즐겨 하는 자가 되지 않게 하려 함이니"(고전 10:6). 우리는 조상이 지었던 그 죄를 보면서 그 죄를 짓지 않아야 합니다.

이런 말이 있습니다. "역사는 반복한다(History repeats itself)." 이런 말도 있습니다. "역사를 기억하지 못한 사람, 역사를 반드시 다시 겪는다(The one who does not remember history is bound to live through it again)." 세상은 물론이고 신앙의 세계에서도 역사를 기억하지 못하는 사람은 역사를 반드시 다시 겪습니다. 조상이 지었던 죄를 다시 짓고, 조상이 받았던 벌을 다시 받습니다. 하지만 하나님께서 나에게 베푸신 구원의 은혜와 그날을 기억하면 죄를 짓지 않습니다. 앞으로 나갈 수 있습니다. 그런데 이스라엘은 애굽에서 구원하신 그날을 기억하지 못했습니다.

하나님은 그들을 애굽에서 어떻게 구원하셨습니까? 43절을 보십시오. "그 때에 하나님이 애굽에서 그의 표적들을, 소안 들에서 그의 징조들을 나타내사." 하나님은 애굽에서 여러 징조를, 소안 평야에서 놀라운 일들을 보이셨습니다.

그 징조들은 무엇입니까? 하나님은 애굽의 강과 시내를 피로 변하여 마실 수 없게 하셨습니다(44). 파리를 쏟아 놓아 물게 했고, 개구리를 보내서 파멸하게 했습니다(45). 농작물을 해충에게 내주시고, 애써 가꾼 곡식을 메뚜기에게 주셨습니다(46). 포도나무를 우박으로 때리시고, 무화과나무를 된서리로 얼어 죽게 했습니다(47). 가축을 우박으로, 양 떼를 번개로 치셨습니다(48). 하나님은 진노의 불을 쏟으셨고 재앙을 내리셨으니, 곧 재앙의 사자를 보내셨습니다(49). 주님이 분노의 길을 터놓으시니, 그들을 죽음에서 건져내지 않으시고 생명을 전염병에 넘겨주셨습니다(50).

하나님 분노의 절정은 무엇이었습니까? 51절입니다. "애굽에서 모든 장자 곧 함의 장막에 있는 그들의 기력의 처음 것을 치셨으나." 하나님은 애굽의 모든 맏아들, 그 민족의 꽃이라는 첫 열매를 천막에서 죽이셨습니다. 하나님은 애굽에 열 가지 재앙을 내리셨는데, 맏아들을 죽임이 열 번째 재앙이었습니다(출 12:12, 29-30).

그러나 하나님께서 그 백성은 어떻게 인도하셨습니까? 52절을 읽읍시다. "그가 자기 백성은 양 같이 인도하여 내시고 광야에서 양 떼 같이 지도하셨도다." 하나님께서 그 백성을 목자가 양을 인도하시듯이 인도하셨습니다. 하나님이 이스라엘을 안전하게 인도하시니 그들은 두려움이 없었습니다(53). 하지만 그 원수는 바다에 빠졌습니다(출 14:27-28).

하나님은 이스라엘을 어디로 인도하셨습니까? 하나님은 그들을 거룩한 땅, 즉 하나님이 오른손으로 만드신 산으로 인도하셨습니다(54). 하나님은 애굽에서 노예로 살았던 이스라엘을 거룩한 예루살렘으로 인도하셨습니다. 또 하나님은 그곳에서 살았던 여러 나라를 그들의 앞에서 쫓아내셨습니다(55). 땅을 분배하셨고, 이스라엘이 정착하도록 하셨습니다.

그러나 그들은 어떻게 했습니까? 56절입니다. "그러나 그들은 지존하신 하나님을 시험하고 반항하여 그의 명령을 지키지 아니하며." 이스라엘은 하나님을 시험했고, 반항했습니다. 명령을 지키지 않았습니다. 그들의 행동은 광야 때와 달라지지 않았습니다. 그들은 조상들 같이 배반하고 거짓을 행합니다(57). 그들은 속이는 활처럼 빗나갑니다. 그들은 조상의 못된 행실을 닮았습니다.

그 대표적인 일은 무엇입니까? 58절입니다. "자기 산당들로 그의 노여움을 일으키며 그들의 조각한 우상들로 그를 진노하게 하였으매." '자기 산당들'은 '높은 곳'인데, '바마(Bamah)'라고 부릅니다. 그들은 높은 곳에서 우상을 섬겼습니다. 그들은 혼합주의에 빠졌습니다. 하나님은 그런 그들로 화가 났습니다.

하나님은 그들에게 어떻게 반응하십니까? 하나님은 들으시고 화를 내십니다(59). 이스라엘을 크게 미워하십니다. 그들을 버리십니다. 그리고 하나님은 사람 가운데 세우신 장막, 곧 실로의 성막을 떠나십니다(60). '실로의 성막'은 이스라엘이 가나안으로 들어갔을 때 초기 예배 장소였습니다(수 19:1). 하나님은 그곳에서 그들과 함께하셨습니다. 그런데 하나님은 그들과 함께 지내셨던 그곳을 떠나셨습니다.

하나님은 또 무엇을 하십니까? 하나님은 당신의 능력과 영광의 상징인 법궤를 포로와 함께 넘기시고, 대적의 손에 붙이십니다(61). 블레셋이 이스라엘을 쳐들어왔을 때, 이스라엘이 졌습니다. 그러자 장로들이 여호와의 언약궤를 앞세워서 다시 싸우도록 했습니다. 그들은 언약궤만 있으면 이길 줄 믿었습니다. 블레셋도 그 소식을 듣고는 몹시 두려워했습니다.

하지만 이스라엘은 하나님의 궤를 뺏기고 제사장의 두 아들까지 죽었습니다(삼상 4:2, 3, 11). 엘리 제사장의 며느리는 이 소식을 듣고 아들을 낳으면서 말했습니다. "영광이 이스라엘을 떠났다." 그 아들 이름을 '이가봇'으로 지었는데, 하나님의 궤를 빼앗겼고 남편이 죽었기 때문입니다(삼상 4:21). 그들이 전쟁에서 진 이유는 하나님께서 그 백성에게 화를 내셨기 때문입니다(62). 하나님께서 그 백성을 칼에 넘기셨기 때문입니다.

그들의 비참함이 어느 정도였습니까? 63절입니다. "그들의 청년은 불에 살라지고 그들의 처녀들은 혼인 노래를 들을 수 없었으며." 청년은 전쟁에서 죽었습니다. 그러니 처녀들은 결혼하지 못합니다. 결혼식 노래를 들을 수 없었습니다. 그들 앞에는 미래가 없습니다. 심지어 영적인 미래인 제사장도 칼에 엎드러졌습니다(64). 제사장 나라에서 제사장이 죽으니 희망이 없습니다. 그들의 미망인은 슬피 울지도 못합니다.

그때 주님은 무엇을 하셨습니까? 65절을 읽읍시다. "그 때에 주께서 잠에서 깨어난 것처럼, 포도주를 마시고 고함치는 용사처럼 일어나사." 하나님은 잠에서 깨어나십니다. 블레셋이 활동했을 때는 하나님은 주무시는 것처럼 보였습니다. 하지만 이제, 포도주를 마시고 포도주로 달아오른 용사처럼 큰 힘으로 일어나십니다.

일어나신 주님은 무엇을 하십니까? 대적들을 쳐 물리쳐서 영원히 그들을 욕되게 하셨습니다(66). 하나님이 깨어나지 않았을 때는 이스라엘이 수치를 겪었습니다. 하지만 이제 블레셋과 암몬이 영원한 수치를 겪습니다. 또 하나님은 요셉의 장막을 버리십니다(67). 에브라임 지파를 택하지 않습니다. '요셉', '에브라임'은 북이스라엘입니다. 하나님은 북이스라엘을 거절하셨고, 택하지 않았습니다.

하나님은 누구를 선택하셨습니까? 68절을 읽읍시다. "오직 유다 지파와 그가 사랑하시는 시온산을 택하시며." 하나님은 에브라임을 버리시고 유다를 선택하셨습니다. 하나님께서 사랑하셨던 시온산을 택하셨습니다. 하나님은 유다와 그분이 사랑하셨던 시온산을 중심으로 새 역사를 시작하셨습니다.

어떻게 시작하셨습니까? 69절입니다. "그의 성소를 산의 높음 같이, 영원히 두신 땅 같이 지으셨도다." 하나님은 성소를 높은 산처럼, 영원히 견고하게 하셨던 땅처럼 지으셨습니다. 이 말씀은 일차적으로는 솔로몬이 지은 성전을 뜻합니다. 하지만 그 건물 성전은 무너졌습니다. 따라서 이 성전은 메시아를 중심으로 짓는 인격 성전을 미리 보여줍니다. 하늘과 땅의 영광 안에 세우시는 하나님의 왕국입니다. 하나님은 성소를 지으심으로 새 역사를 시작하셨습니다.

그 사역은 누구로부터 시작했습니까? 당신의 종 다윗을 택하심으로 시작했습니다(70). 다윗은 그때 양의 우리에서 일하는 목동이었는데, 하나님께서 일방적으로 뽑으셨습니다(삼상 16:11, 12). 하나님은 어미 양을 돌보던 그를 이스라엘의 목자로 삼고자 데려오셨습니다(71). '목자'는 왕에 대한 비유였습니다. 하나님은 다윗을 왕으로 세워서 그 백성을 다스리도록 하셨습니다. 하나님은 그를 통해 이스라엘 역사를 새롭게 시작하셨습니다.

다윗은 그 백성을 어떻게 인도합니까? 72절을 읽읍시다. "이에 그가 그들을 자기 마음의 완전함으로 기르고 그의 손의 능숙함으로 그들을 지도하였도다." '마음의 완전함'은 곧은 마음이고, '손의 능숙함'은 숙련된 손, 즉 슬기로움입니다. '기른다'라는 말은 '풀을 뜯긴다.'라는 뜻이고, '지도한다.'라는 말은 '인도한다.'라는 뜻입니다. 다윗은 곧은 마음으로 백성을 먹이고, 슬기로움으로 그들을 인도합니다. 지금까지는 하나님이 목자로서 이스라엘을 인도하셨는데, 이제부터는 다윗이 목자로서 인도합니다.

다윗은 장차 오실 예수 그리스도의 그림자입니다. 하나님은 예수 그리스도를 보내셔서 그 백성을 먹이고 인도하십니다. 그런데 그 백성은 하나님의 은총을 기억하지 않습니다. 반복적으로 죄를 짓습니다. 하지만 하나님은 신실하셔서 긍휼을 베푸십니다. 좋은 목자이신 예수님을 보내서 인도하십니다. 잊어버린 기억을 다시 살리십니다.

튀르키예와 시리아에서 일어난 심각한 지진 피해를 보니 안타깝습니다. 인간의 무력감, 태생적 한계를 느끼지 않을 수 없습니다. 지금 그곳에는 하나님의 긍휼이 절대적으로 필요합니다. 하나님께서 그 영혼을 불쌍히 여기고 구원을 베푸시는 일이 정말로 필요합니다. 그들을 죽음에서 생명으로, 두려움에서 평화로 인도할 좋은 목자가 필요합니다.

오늘 우리가 과거의 역사뿐만 아니라, 현재의 역사를 보면서 주님 권능의 손을 기억하고, 나를 구원하신 그날을 기억하기를 기도합니다.

38
언제까지죠

말씀 시편 79:1-13
요절 시편 79:5
찬송 498장, 470장

"여호와여 어느 때까지니이까 영원히 노하시리이까 주의 질투가
불붙듯 하시리이까."

이런 말이 있습니다. "삶은 기다림이다." 우리는 모두 봄을 기다리
고 있습니다. 그런데 한 사람 한 사람은 나름의 인생 문제를 안고
주님께 기도하며 응답받기를 기다립니다. 그 응답이 늦을 때 우리는
이렇게 고백합니다. "언제까지죠?"

오늘의 시도 아삽의 시인데, 우리는 그 배경을 주전 586년 예루살
렘 멸망으로 생각합니다. 바벨론이 예루살렘을 쳐들어와 성전을 더
럽히고 폐허로 만들고, 백성을 학살하며 조롱했습니다. 이스라엘 공
동체는 그들에게 복수하도록, 그리고 하나님의 이름을 회복하도록
탄원했습니다.

1절을 보십시오. "하나님이여 이방 나라들이 주의 기업의 땅에 들
어와서 주의 성전을 더럽히고 예루살렘이 돌무더기가 되게 하였나이
다." '이방 나라들'은 당대 최강이었던 바벨론 군대를 말합니다. 바벨

론 군대가 하나님의 땅에 들어왔습니다. 그들은 주님의 성전을 더럽혔습니다. 그들은 예루살렘을 돌무더기로 만들었습니다.

또 그들은 주님 종들의 시체를 공중의 새와 짐승의 먹이로 주었습니다(2). 이방 나라는 이스라엘 사람을 사람으로서 대접하지 않았습니다. 짐승 취급했습니다. 그들은 인간 생명 존중에 대한 배려가 전혀 없었습니다. 그 백성의 피가 사방으로 흘렀습니다(3). 하지만 죽은 사람을 묻어줄 사람이 없었습니다. 죽어서 땅에 묻히지 못함은 굴욕적인 일이었습니다. 그런데 이스라엘은 그런 수치와 모욕을 겪었습니다.

그 결과 이스라엘은 어떻게 되었습니까? 4절입니다. "우리는 우리 이웃에게 비방거리가 되며 우리를 에워싼 자에게 조소와 조롱거리가 되었나이다." 이스라엘은 이웃과 주변 사람에게 비웃음, 놀림, 그리고 조롱거리가 되었습니다. 하나님의 백성으로서 명예를 소중하게 여겼던 그들에게 이런 모습은 엄청난 치욕이었습니다. 그런 모욕은 하나님이 받는 모욕이기도 합니다. 왜냐하면 이스라엘은 하나님의 백성이기 때문입니다.

그때 시인은 무엇을 했습니까? 5절을 읽읍시다. "여호와여 어느 때까지니이까 영원히 노하시리이까 주의 질투가 불붙듯 하시리이까." 시인은 여호와께 묻습니다. "언제까지입니까?" "영원히 화를 내시렵니까?" "언제까지 분노가 불길처럼 타오를 겁니까?"

이 질문을 통해 무엇을 배웁니까? 시인이 문제를 진단하고 처방하는 신학적 렌즈입니다. 시인은 지금의 치욕, 환난이 강대국이 아닌 하나님한테서 왔음을 압니다. 그래서 시인은 하나님께 호소합니다. "언제까지 분노가 불길처럼 타오를 겁니까?" 이 말은 "이제는 끝내주세요."라는 뜻입니다. 그는 지금 문제를 오직 하나님만이 해결할 수 있음을 믿습니다. 그래서 가장 힘들고 안타까운 때 하나님께 도움을 청합니다.

보통 사람은 어려움을 겪을 때 두 가지 반응을 할 수 있습니다. 하나는, 인간 조건과 환경을 원망하고 불평할 수 있습니다. 그러면 문제 해결이 보이기보다는 점점 꼬이기만 합니다. 반발심과 우울감에 시달리기 쉽습니다.

또 다른 모습은 하나님을 원망할 수 있습니다. 기도를 들어주지 않으시고, 어려움을 주시는 그분을 향해 불평할 수 있습니다. 그러면 그분의 존재와 사랑을 의심할 수 있습니다. 믿음이 흔들릴 수 있습니다.

그러나 시인은 어려움을 겪으면서도 살아 계신 하나님, 사랑의 하나님을 의심하지 않았습니다. 그분을 믿습니다. 그분이 일하시면, 아무리 힘들고 어려운 문제일지라도 해결할 수 있음을 믿습니다. 그래서 그는 하나님과 씨름합니다. 사람이나 환경과 갈등하지 않습니다. 그는 하나님 "언제까지죠?"라고 물었는데, 그 말은 "주님, 이제는 해결해주세요."라는 뜻입니다.

오늘의 현실 앞에서 이런 마음, 이런 기도가 우리에게도 필요합니다. "주님, 언제까지죠?" "이제는 기도를 들어주십시오!" 주님은 여전히 살아 계시고, 우리와 함께하시고, 우리의 기도를 들으십니다.

시인은 좀 더 구체적으로 무엇을 기도합니까? 6절입니다. "주를 알지 아니하는 민족들과 주의 이름을 부르지 아니하는 나라들에게 주의 노를 쏟으소서." 앞에서는 이방 민족이 이스라엘의 피를 쏟아 부었습니다. 그러나 이제 주님이 분노를 그들한테 쏟아붓도록 기도합니다. 왜냐하면 그들이 야곱을 삼키고, 침략자들이 목장으로 쳐들어와 파괴했기 때문입니다(7).

시인은 공동체를 위해서는 무엇을 기도합니까? 8절입니다. "우리 조상들의 죄악을 기억하지 마시고 주의 긍휼로 우리를 속히 영접하소서 우리가 매우 가련하게 되었나이다." 그는 하나님께서 조상의 죄를 기억하지 말도록 기도합니다. 그는 지금 공동체가 환난을 겪는 이유가 조상의 죄에 있음을 알았기 때문입니다. '조상의 죄'는 오늘 그들의 죄입니다. 시인은 그들의 죄를 용서해주시도록 기도합니다. 그리고 하나님께서 그들을 속히 영접해주시도록 기도합니다. 왜냐하면 그들은 매우 가련해졌기 때문입니다. 그들은 너무나 낮아졌기 때문입니다.

시인은 또 무엇을 기도합니까? 9절입니다. "우리 구원의 하나님이여 주의 이름의 영광스러운 행사를 위하여 우리를 도우시며 주의 이름을 증거하기 위하여 우리를 건지시며 우리 죄를 사하소서.” 그는 하나님께서 그들을 도와주시도록 기도합니다. 그는 구해주시도록 기도하고, 죄를 없애주시도록 기도합니다.

그런데 시인이 이렇게 기도하는 목적은 무엇입니까? “주님 이름의 영광을 위하여”, “주님 이름을 증거하기 위하여”입니다. 이름은 정체성, 명예 등을 상징합니다. ‘하나님의 이름’은 하나님의 정체성을 나타냅니다. 하나님은 이스라엘의 하나님이시고, 그들을 구원하시는 분입니다. 지금 이스라엘이 고통을 겪는 일은 하나님의 명예가 걸린 일입니다. 멸망 당한 이스라엘은 하나님의 명예가 무너진 모습입니다. 따라서 하나님이 이스라엘을 구원하심은 당신의 명예를 회복하심과 같습니다.

주님 이름의 영광을 위해 기도하는 시인을 통해 무엇을 배웁니까? 기도하는 궁극적 목적입니다. 우리가 삶의 현장에서 고난을 겪을 때가 있습니다. 세상 원수로부터 조롱을 당하고, 박해를 당할 때가 있습니다. 그때 우리는 주님께 도움을 청해야 합니다. 우리의 죄를 용서해주도록 기도해야 합니다. 그런데 그 모든 일의 목적이 나를 위함이 아닌, 주님의 이름을 위함이어야 합니다. 주님의 뜻을 이루고, 주님의 이름을 입증하도록 기도해야 합니다.

예수님께서 제자들에게 가르치셨던 기도가 생각납니다. “그러므로 너희는 이렇게 기도하라 하늘에 계신 우리 아버지여 이름이 거룩히 여김을 받으시오며, 나라가 임하시오며 뜻이 하늘에서 이루어진 것 같이 땅에서도 이루어지이다”(마 6:9-10).

그런데 이방 나라는 하나님에 대하여 무엇을 말했습니까? 10절입니다. “이방 나라들이 어찌하여 그들의 하나님이 어디 있느냐 말하나이까 주의 종들이 피 흘림에 대한 복수를 우리의 목전에서 이방 나라에게 보여 주소서.” 이방 사람이 이스라엘 하나님을 비웃습니다. “그들의 하나님이 어디 있느냐?” 그들은 이스라엘의 하나님은 힘이 없어서 아무 일도 하지 못한다고 빈정댑니다. 그도 그럴 것이 하나님의 전능하심, 살아계심은 일하심을 통해 나타나기 때문입니다. 그런데 지금 하나님은 아무 일도 하지 않으시는 것처럼 보입니다. 하나님이 일하지 않으시면 그분은 전능하신 분도 살아계시는 분도 아닙니다. 이방 나라는 그런 하나님을 무시했습니다. 그러나 시인은 하나님의 전능하심과 살아 계심을 알도록 기도합니다.

이방이 이스라엘의 피를 흘리게 했으니, 하나님께서 피의 복수를 해주시도록 기도합니다. 하나님의 살아 계심과 그 능력을 이방 나라에 보여주시도록 기도합니다.

어떻게 보여주실 수 있습니까? 그것은 하나님께서 포로 된 백성의 기도를 들으시는 겁니다(11). 죽이기로 정해진 사람도 주님의 크신 능력으로 살려주시는 겁니다. 대신 주님을 비방한 사람에게 일곱 배나 갚아주시는 겁니다(12). 이스라엘이 당하는 비방은 하나님이 당하는 비방입니다. 시인은 하나님을 모독하는 대가를 갚아주시도록 기도합니다.

그러면 이스라엘은 무엇을 합니까? 13절을 보십시오. "우리는 주의 백성이요 주의 목장의 양이니 우리는 영원히 주께 감사하며 주의 영예를 대대에 전하리이다." 이스라엘은 세상 나라와 구별됩니다. 이스라엘은 목자이신 하나님의 양 떼입니다. 그러므로 그들은 하나님을 찬양하며 그분의 이름을 대대에 증언합니다.

우리가 삶에서 힘들고 어려운 일을 만날 때, 기도했는데도 응답이 늦어질 때 어떻게 해야 합니까? 하나님의 살아 계심과 사랑을 믿고 기도해야 합니다. "주님, 언제까지죠?" "주님 이름의 영광을 위해 이제는 기도를 들어주소서!"

39
우리를 돌이키소서

> 말씀 시편 80:1-19
> 요절 시편 80:3
> 찬송 379장, 395장

"하나님이여 우리를 돌이키시고 주의 얼굴빛을 비추사 우리가
구원을 얻게 하소서."

오늘의 시는 주전 722년 북이스라엘의 멸망을 배경으로 합니다.
시인은 절망적인 상황에서도 오직 하나님께 희망을 두고 기도합니
다. 그는 무엇을 기도합니까?

1절을 보십시오. "요셉을 양 떼 같이 인도하시는 이스라엘의 목자
여 귀를 기울이소서 그룹 사이에 좌정하신 이여 빛을 비추소서." '요
셉'은 북이스라엘을 말합니다. 하나님과 이스라엘의 관계는 목자와
양의 관계입니다. 하나님은 이스라엘의 목자이시고, 이스라엘은 하나
님의 양 떼입니다. 목자는 양 떼를 먹이고, 인도하고, 보호합니다.
그리고 양은 그 목자의 음성을 듣고 따릅니다.

그런데 이스라엘은 목자이신 하나님의 음성을 듣지 않았습니다.
그들은 물질적 풍요를 준다고 유혹하는 '바알'을 섬겼습니다. 그들은
좋은 목자를 떠나 삯꾼 목자를 섬겼습니다. 하나님은 그런 그들을
버리셨습니다. 이스라엘은 멸망의 끝자락에 섰습니다.

231

　그러나 시인은 목자이신 하나님께 무엇을 기도합니까? 첫째로, 귀를 기울이소서! 시인은 목자이신 하나님께서 양 떼의 기도에 귀를 기울여주시도록 기도합니다. 좋은 목자는 언제 어디서나 양 떼의 소리에 귀를 기울입니다.

　둘째로, 빛을 비추소서! 하나님은 그룹 사이에 좌정하신 분입니다. '그룹'은 '천사'를 뜻하는데, 언약궤 위에 있었습니다. 그곳은 '속죄소', 즉 사람의 죄를 덮어 용서하는 곳입니다. 다른 말로는 '시은좌'인데, '은혜를 베푸는 의자(a mercy seat)'를 뜻합니다. 하나님은 모세에게 말씀하셨습니다. "거기서 내가 너와 만나고 속죄소 위 곧 증거궤 위에 있는 두 그룹 사이에서 내가 이스라엘 자손을 위하여 네게 명할 모든 일을 네게 이르리라"(출 25:22). 하나님은 그곳에 계시면서 이스라엘의 죄를 용서하셨습니다. 시인은 그 하나님께서 빛으로 나타나시도록 기도합니다.

　셋째로, 주님의 능력을 나타내소서! 시인은 그룹 사이에 좌정하신 하나님께서 에브라임과 베냐민과 므낫세 앞에서 그 능력을 나타내시도록 기도합니다(2). '에브라임, 베냐민, 그리고 므낫세'는 북이스라엘의 대표 지파입니다. 특히 '에브라임'은 이스라엘을 이끈 중심 지파입니다. 여기서 '나타낸다.'라는 말은 '일어난다.' '깨어난다.'라는 뜻입니다. 시인은 하나님을 주무시는 모습으로 표현했습니다. 왜냐하면 전쟁에서 하나님이 북이스라엘을 돕지 않으셨는데, 그 모습은 주무시는 것과 같았기 때문입니다. 그러나 이제는 주님께서 깨어나셔서 그들 앞에서 능력을 보여 주기를 바랍니다.

　넷째로, 구원하러 오소서! 시인은 깨어나신 하나님께서 그들을 구원하러 오시도록 기도합니다.

　다섯째로, 우리를 돌이키소서! 3절을 읽읍시다. "하나님이여 우리를 돌이키시고 주의 얼굴빛을 비추사 우리가 구원을 얻게 하소서." '우리를 돌이키시고'라는 말은 '우리를 회복해 주소서', '우리를 다시 돌려주소서'라는 뜻입니다. 시인은 하나님께서 그들을 회복해 주시도록 기도합니다.

　여섯째로, 주님의 얼굴빛을 비추소서! '얼굴빛을 비춘다.'라는 말은

'복을 주시고, 지켜주심'을 뜻합니다. 주님이 얼굴을 비추시면 그들은 구원을 얻습니다.

시인은 왜 이렇게 기도합니까? 시인은 현재 처한 그들의 문제 원인과 해결을 깨달았기 때문입니다. 그들이 처한 원인은 하나님을 떠난 데 있었습니다. 이스라엘이 앗수르한테 망한 원인은 하나님의 말씀을 듣지 않았기 때문입니다. 이스라엘이 하나님을 따르지 않고, 물질의 풍요를 따랐기 때문입니다. 따라서 그 해결점은 그들이 하나님께로 돌아가는 데 있습니다.

그런데 그들은 스스로 돌아갈 수 없었습니다. 그들은 그만큼 연약했고, 무능력했습니다. 그들이 하나님을 떠날 때는 스스로 떠났을지라도 하나님께로 돌아오는 길은 스스로 할 수 없었습니다. 그들은 마음은 원이지만 육신이 연약하여 마음대로 하지 못했습니다. 그 모습은 아담 후손의 태생적 한계입니다. 시인은 그 한계 상황에서 하나님을 생각했습니다. 그리고 기도했습니다. "하나님이여 우리를 돌이키소서!" 시인은 하나님께서 그들을 용서하시고 다시 붙잡아 주실 줄 믿었습니다. 하나님께서 얼굴빛을 비춰주실 줄 믿었습니다. 그는 목자이신 하나님으로 절망의 자리에서 희망의 빛을 보았습니다. 절대 무능함 앞에서 절대 능력을 보았습니다.

그런데 시인은 무엇을 탄식합니까? 4절입니다. "만군의 하나님 여호와여 주의 백성의 기도에 대하여 어느 때까지 노하시리이까." 목자이신 하나님은 만군의 하나님, 즉 용사의 하나님이십니다. 그런데 시인은 그 하나님께 탄식합니다. "어느 때까지 노하십니까?" 하나님은 기도를 들으시고, 귀를 기울이시는 분입니다. 그런데 하나님은 요셉을 위해서는 그렇게 하지 않았습니다. 시인은 현재 그들이 겪는 아픔을 하나님의 분노라고 여겼습니다.

그 화내심의 결과는 무엇입니까? 첫째로, 그들은 눈물의 양식을 먹습니다(5). 하나님은 그들에게 눈물의 빵과 눈물의 음료를 먹이셨습니다. 그들은 현재 큰 슬픔과 아픔에 처했습니다.

둘째로, 그들은 이웃의 싸움거리가 되었습니다(6). 원수들이 그들을 비웃습니다.

이런 현실 앞에서 시인은 무엇을 합니까? 7절을 봅시다. "만군의 하나님이여 우리를 회복하여 주시고 주의 얼굴의 광채를 비추사 우리가 구원을 얻게 하소서." 시인은 하나님께서 그들을 회복해 주시도록 기도합니다. 주님 얼굴의 광채를 비춰주시도록 기도합니다. 현재 그들이 겪는 고통은 하나님의 진노 때문입니다. 따라서 이스라엘의 회복은 온전히 하나님의 손에 달려 있습니다. 하나님과의 관계 회복에 달려 있습니다. 하나님께서 그들에게 얼굴의 광채를 비춰주셔야 합니다. 시인은 3절을 반복해서 기도합니다.

과거 하나님은 이스라엘을 어떻게 하셨습니까? 주님께서 한 포도나무를 애굽에서 가져다가 이방 민족을 쫓아내시고, 그들의 땅에 그것을 심으셨습니다(8). '한 포도나무'는 이스라엘이고, '이방 민족'은 가나안 족속입니다. 하나님은 노예로 살았던 이스라엘을 구원하여 젖과 꿀이 흐르는 가나안에서 살도록 하셨습니다.

주님께서 그 땅을 미리 가꾸셨으므로, 그 뿌리가 깊이 박혀서 땅에 가득했습니다(9). 포도나무 그늘이 산들을 가렸습니다(10). 포도나무 가지는 하나님의 백향목 같았습니다. 연약한 포도나무가 가장 튼튼한 백향목을 대신했습니다. 포도나무 이스라엘이 백향목 레바논을 정복했습니다. 포도나무는 바다와 강까지 뻗어나갑니다(11). 하나님의 은혜로 이스라엘은 놀라운 번영과 풍요를 누렸습니다.

그런데 주님께서 무엇을 하셨습니까? 12절입니다. "주께서 어찌하여 그 담을 허시사 길을 지나가는 모든 이들이 그것을 따게 하셨나이까." 주님께서 그 담을 허셨습니다. '담'은 하나님의 보호를 뜻합니다. 하나님께서 그 울타리를 부수셨습니다. 하나님께서 이스라엘을 더는 보호하지 않으셨습니다. 하나님은 오히려 길가는 사람이 그것을 잡아 뽑도록 하셨습니다. 이스라엘은 하나님의 보호를 받지 못하여 침략을 당했습니다. 하나님은 멧돼지들이 숲에서 나와서 마구 먹고, 들짐승들이 그것을 먹도록 하십니다(13).

시인은 이런 참담한 현실 앞에서 하나님께 무엇을 구합니까? 14절을 보십시오. "만군의 하나님이여 구하옵나니 돌아오소서 하늘에서 굽어보시고 이 포도나무를 돌보소서." 첫째로, 돌아오소서! 시인은 전능하신 하나님께서 자기에게 돌아오시도록 기도합니다. 하나님께서 이스라엘을 향하여 마음을 누그러뜨리고 얼굴을 돌리시며 긍휼을 베풀어주시기를 간구합니다. 그것밖에는 구원의 길이 없음을 깨달았기 때문입니다.

둘째로, 굽어보소서! 전능하신 하나님께서 그들을 하늘에서 내려다보시도록 기도합니다.

셋째로, 돌보소서! '돌본다.'라는 말은 '방문한다.'라는 뜻입니다. 시인은 하나님과 이스라엘의 관계가 끊어져 있음을 전제합니다. 이제는 하나님께서 이스라엘을 찾아오셔서 돌봐주시도록 기도합니다.

이스라엘은 하나님께 어떤 존재였습니까? 15절입니다. "주의 오른손으로 심으신 줄기요 주를 위하여 힘 있게 하신 가지니이다." 앞에서 꺾인 가지는 주님이 직접 심으셨던 가지였습니다. 주님께서 몸소 굳게 기르신 가지였습니다.

그런데 주님의 포도나무는 불타고 꺾이고 있습니다(16). 주님의 분노로 그들은 멸망합니다. 하나님께서 그들을 버리시니 그들의 번영과 풍요는 아침의 안개처럼 사라졌습니다.

그러나 시인은 절망과 무력함 앞에서 무엇을 바랍니까? 17절을 보십시오. "주의 오른쪽에 있는 자 곧 주를 위하여 힘있게 하신 인자에게 주의 손을 얹으소서." '오른쪽에 있는 사람'은 '인자'인데, 여기서는 '나라의 왕'을 뜻합니다. 하나님은 왕을 굳게 세우셨습니다. 그리고 하나님은 전투에서 왕을 지지하고 보호하십니다. 시인은 주님의 오른쪽에 있는 사람, 주님께서 굳게 세우셨던 왕을 보호해 주시기를 바랍니다.

시인은 무엇을 서원합니까? 18절입니다. "그리하시면 우리가 주에게서 물러가지 아니하오리니 우리를 소생하게 하소서 우리가 주의 이름을 부르리이다." 시인은 하나님께서 왕을 보호하시면, 이제는 주님으로부터 물러가지 않겠다고 서원합니다. '주님으로부터 물러가지 않는다.'라는 말은 '주님을 떠나지 않는다.' '우상을 숭배하지 않는다.'라는 뜻입니다. 그들은 혼합주의에 더는 빠지지 않겠다는 겁니다. 그들은 지금부터는 하나님만을 온전히 섬기겠다는 겁니다. 그러니 하나님께서 그들을 살려주시도록 기도합니다.

그러면 그들은 주님의 이름을 부를 겁니다. 그들은 주님만을 섬길 겁니다. 시인은 그들의 생명이 하나님의 선물임을 압니다. 동시에 하나님의 이름을 부름으로만 그 생명을 지킬 수 있음을 압니다.

그러므로 시인은 마지막으로 무엇을 간청합니까? 19절을 읽읍시다. "만군의 하나님 여호와여 우리를 돌이켜주시고 주의 얼굴의 광채를 우리에게 비추소서 우리가 구원을 얻으리이다." 시인은 마지막으로 3절과 7절을 반복하여 기도합니다.

오늘의 시를 통해 무엇을 배웁니까? 오늘의 시는 민족적 탄식이면서 공동체의 회개입니다. 비록 때늦은 뉘우침과 돌이킴일지라도 하나님에 대한 갈망을 배웁니다. 시인은 절망과 무능력, 그리고 아픔을 겪을 때 하나님을 기억하고, 하나님께 도움을 청했습니다. 실패의 자리에서 그는 아무것도 아니고, 오직 주님의 은혜만이 사는 길임을 알았습니다. 그래서 그는 여호와께서 우리를 돌이켜주시고, 주님 얼굴의 광채를 비춰주시도록 기도했습니다.

우리는 지난 몇 년 동안 '코로라 19'로 인간의 연약함과 태생적 한계를 깨달았습니다. 이어서 러시아와 우크라이나 전쟁을 통해 또 느꼈습니다. 그리고 튀르키예와 시리아에서 일어난 지진은 인간의 연약함을 적나라하게 보여 주었습니다. 우리는 삶의 구석구석에서 최첨단, 최고 인공지능 시대를 살면서도 한편으로는 인간의 연약함을 뼈저리게 느끼고 있습니다.

이런 현실 앞에서 우리가 할 수 있는 일은 무엇입니까? 우리의 목자이신 하나님께 기도하는 일입니다. 왜냐하면 지금까지의 모든 일은 하나님의 뜻 안에서 이루어졌고, 그 하나님만이 이 모든 문제를 해결할 수 있기 때문입니다. 하나님만이 질병에서 보호하시고, 전쟁을 끝낼 수 있고, 자연재해를 중지할 수 있기 때문입니다.

한편 복음 사역은 어떠합니까? 복음 사역을 위해서도 우리는 같은 기도를 할 수밖에 없습니다. 우리의 캠퍼스 영혼은 물론이고, 이 세상 사람을 회복할 수 있는 분은 오직 하나님뿐입니다. 하나님은 세상을 심판하시는 분이며, 동시에 사람을 구원하시는 분입니다.

39 우리를 돌이키소서(80:1-19)

오늘 내 삶의 자리는 어떠합니까? 번영과 풍요입니까? 아니면 무력함과 아픔입니까? 내가 어떤 자리에 있든지 오직 하나님만이 우리 문제의 해결자이십니다. 하나님만이 나를 돌이키실 수 있는 분입니다. 그러므로 우리도 시인처럼 기도하기를 바랍니다. "하나님이여 우리를 돌이키소서!"

40

들으라

말씀 시편 81:1-16
요절 시편 81:8
찬송 449장, 573장

"내 백성이여 들으라 내가 네게 증언하리라 이스라엘이여 내게
듣기를 원하노라."

아내와 남편 사이, 엄마 아빠와 아들딸의 사이를 가장 건강하게
이어주는 끈은 무엇일까요? 상대의 말을 잘 듣는 겁니다. 그러면 하
나님과 우리 사이를 가장 건강하게 이어주는 끈은 무엇입니까?

1절을 보십시오. "우리의 능력이 되시는 하나님을 향하여 기쁘게
노래하며 야곱의 하나님을 향하여 즐거이 소리칠지어다." 하나님은
우리의 능력입니다. 하나님은 전능하신 분입니다. 시인은 그분을 향
하여 기쁘게 노래하며, 그분을 향하여 즐거이 소리치라고 말합니다.
'소리친다.'라는 말은 '예배한다.'라는 뜻입니다. 시인은 하나님을 향
하여 기쁜 마음으로 예배하기를 바랍니다.

오늘 시의 배경은 초막절입니다(레 23:34). 히브리 달력으로 7월
15일부터 8일째인 22일까지 큰 성회를 열었습니다. 그리고 초막절을
시작할 때는 나팔을 불어 알렸습니다.

이스라엘은 초막절에는 시를 읊으며, 악기를 치고, 아름다운 수금

과 비파로 하나님을 찬양해야 합니다(2). 초하루와 보름과 명절에 나
팔을 불어야 합니다(3). '초하루', '보름', 그리고 '명절'은 초막절을 말
합니다. 이스라엘은 나팔을 불어 초막절에 하나님을 기쁜 마음으로
찬양하고 예배하도록 알려야 합니다.

왜 그렇게 해야 합니까? 그것은 하나님께서 이스라엘에 주신 율
례이며, 야곱에게 주신 하나님의 규례이기 때문입니다(4). 축제는 하
나님이 만드셨습니다. 하나님께서 그렇게 지키도록 하셨기에 그들은
그렇게 지켜야 합니다(레 23:41).

하나님은 언제 이 규례를 주셨습니까? 이스라엘이 애굽에서 나와
광야에서 살 때 하나님께서 주셨습니다(5a). 그 목적은 "내가 이스라
엘 자손을 애굽 땅에서 인도하여 내던 때 초막에 거주하게 한 줄을
너희 대대로 알게 함이니라."입니다(레 23:43). 그런데 그때 시인은
광야에서 알지 못하던 말씀을 들었습니다(5b).

그 내용은 무엇입니까? 6절을 봅시다. "이르시되 내가 그의 어깨
에서 짐을 벗기고 그의 손에서 광주리를 놓게 하였도다." 하나님께
서 애굽에서 종살이했던 이스라엘의 무거운 짐을 벗겨주셨습니다.
그들은 애굽에서 건축 일을 했는데, 광주리에 흙과 돌을 담아서 옮
겼습니다. 하나님께서 이스라엘 손에서 그 광주리를 내려놓게 하셨
습니다. 하나님은 이스라엘을 애굽의 노예로부터 해방하셨습니다.

그때 이스라엘은 애굽에서 노예로 사느라 힘들어서 구원해 주시도
록 하나님께 부르짖었습니다(7). 주님은 그들의 기도를 들으셨고, 그
들을 구원하셨습니다. 하나님은 시내 산에서 우렛소리로 나타나셨습
니다(출 20:18). 그런데 주님은 그들을 므리바 물가에서 시험하셨습
니다. 본래는 이스라엘이 하나님을 시험했습니다(출 17:2). 하지만 하
나님이 그들을 시험하셨습니다.

하나님은 무엇을 시험하셨습니까? 8절을 읽읍시다. "내 백성이여
들으라 내가 네게 증언하리라 이스라엘이여 내게 듣기를 원하노라."
하나님은 이스라엘을 '내 백성이여'라고 부르십니다. 이스라엘은 하
나님의 백성이고, 하나님은 그들의 하나님이십니다. 이스라엘과 하나
님과의 관계는 아들딸과 아버지의 관계처럼 매우 친밀하고 인격적입

니다.

이 관계를 유지하는 길은 무엇입니까? "들으라!"입니다. 들음은 하나님과 그 백성의 관계를 유지하는 끈입니다.

그들은 무엇을 들어야 합니까? 하나님께서 그들에게 증언하는 내용입니다. '증언'은 '훈계'입니다. 그러므로 이 말씀을 이렇게 말할 수 있습니다. "들어라. 만약 네가 내 말을 듣는다면, 내가 네게 훈계할 것이다." "들어라. 내가 너에게 경고하겠다. 나는 네가 내 말을 듣기를 바란다." 하나님은 강조합니다. "들어라! 내가 네게 훈계하는 말을."

그러므로 '듣는다.'라는 말은 무엇을 뜻합니까? 이 말은 하나님과 관계성을 유지함을 뜻합니다. 이스라엘은 그 백성으로 살고, 하나님은 그들의 하나님으로 계심을 뜻합니다. 여기에 그들의 생명이 있고, 미래의 희망이 있습니다.

그런데 그들 삶의 현장에는 하나님의 훈계 외에 많은 소리가 있었습니다. 그 많은 소리는 그들에게 그 소리를 듣도록 유혹했고, 강요했습니다. 하나님의 말씀보다 세상의 소리를 들으면 더 잘 살 수 있는 것처럼 유혹했습니다. 세상에서 하나님의 말씀만 들으면 장래를 보장할 수 없는 것처럼 강요했습니다. 그들은 하나님의 말씀을 들으면서도 세상의 소리를 들었습니다. 그들은 세상과 하나님 사이에서 줄타기했습니다. 그 줄타기에서 무게 중심을 어떻게 잡느냐에 따라 세상으로 떨어지든지, 하나님 안에서 살든지 합니다.

오늘 우리가 '믿음으로 산다.' '크리스천으로 산다.'라는 말은 무슨 뜻입니까? '하나님의 말씀을 듣는다.'라는 뜻입니다. 교회는 주일예배가 있고, 주일예배의 핵심에는 설교가 있습니다. 그 설교의 본질은 하나님의 말씀을 증언하고, 그 말씀을 듣는 일입니다. 그런데 일부에서는 하나님의 말씀을 증언하기보다는 설교자의 말을 전하고, 심지어 세상의 소리를 증언하기도 합니다. 그러다 보니 교인은 하나님의 말씀보다는 세상의 소리를 듣기 쉽습니다. 이런 모습이 극단으로 나타나는 현상이 이단입니다.

최근 언론에 등장하는 이상한 집단들의 전형을 보면, 성경을 빙자하여, 또는 성경을 이용하여 자기 말을 전하고 그 말을 듣도록 한데 있습니다. 그들은 한결같이 '목사'라는 말을 씁니다. 본질에서 '목사'는 하나님의 말씀을 증언하는 사람이고, 교인은 그 말씀을 듣는 사람입니다. 그들은 말로는 '목사'라고 하면서, 실제로는 하나님의 말씀보다 자기 말을 하다 보니 이단의 교주가 된 겁니다. 하나님의 말씀만이 사람을 살립니다. 하나님의 말씀만이 희망을 줍니다. 그러므로 예나 지금이나 하나님의 말씀을 들어야 합니다.

이스라엘은 무슨 말씀을 들어야 합니까? 9절입니다. "너희 중에 다른 신을 두지 말며 이방 신에게 절하지 말지어다." 그들은 모르는 신을 섬기지 않도록 해야 합니다. 그들은 모르는 신에게 절하지 말아야 합니다. 이 말씀은 '열 가지 교훈' 중 제1계명입니다. 이스라엘이 첫 번째로 들어야 할 말씀은 다른 신을 섬기지 않는 겁니다.

왜 그렇게 해야 합니까? 왜냐하면 하나님은 이스라엘을 애굽에서 인도하신 바로 그 여호와 하나님이시기 때문입니다(10a). 그들은 하나님 외에 다른 신을 섬겨서는 안 됩니다. 그들이 다른 신을 섬기는 일은 구원의 하나님, 목자이신 하나님을 부인하는 일입니다. 이런 일처럼 배은망덕한 일도 없습니다.

그들을 인도하셨던 그분은 지금 무엇을 하십니까? 하나님은 이스라엘이 입을 크게 열면 채워주십니다(10b). 과거에 일하신 하나님은 지금도 일하십니다. 과거에 그들을 구원하셨던 그분은 오늘도 그 백성과 함께하십니다. 복을 넘치도록 주십니다.

그러나 그 백성은 무엇을 했습니까? 11절을 봅시다. "내 백성이 내 소리를 듣지 아니하며 이스라엘이 나를 원하지 아니하였도다." 하나님은 그 백성을 애굽에서 인도하셨는데, 그들은 그 하나님의 목소리를 듣지 않았습니다. 그들은 하나님을 의도적으로 원하지 않았습니다. 그들은 인간으로서 기본이 없었습니다. 의리가 없었습니다. 그런데 이런 모습은 그들만의 특수성이 아니라, 오늘 우리 안에도 있는 보편성입니다. 하나님과의 관계에서 사람이 자주 범하는 악한 모습 중 대표입니다.

그러므로 하나님은 그들을 어떻게 하셨습니까? 하나님은 그의 마음을 완악한 대로 버려두셨습니다(12). 그들이 마음대로 하도록 하셨습니다. '버려둠', '자기 마음대로'는 순종하지 않은 그들에 대한 하나님의 벌입니다.

로마 시대 때 하나님께서 사람들이 마음의 욕심대로 살도록 버려두셨더니, 그들은 하나님의 진리를 거짓으로 바꾸고 창조주 대신에 피조물을 섬겼습니다. 여자들은 남자와의 바른 관계를 바르지 못한 관계로 바꾸고, 남자들도 이처럼 여자와의 바른 관계를 버리고 서로 욕정에 불탔습니다. 남자가 남자와 더불어 부끄러운 짓을 했습니다(롬 1:24-27). 그런데 어떤 사람은 '자기 마음대로' 사는 일을 최고의 행복으로 여깁니다. 하나님이 없다는 증거로 생각합니다. 인간 어리석음의 극치입니다.

하지만 하나님은 그들을 향해 다시 무엇을 하십니까? 13절을 읽읍시다. "내 백성아 내 말을 들으라 이스라엘아 내 도를 따르라." 은혜로우신 하나님은 그 백성을 완전히 버리지 못하십니다. 그분은 그 백성을 향해 다시 권면합니다. "내 말을 들어라!" "내 도를 따르라!" '도'는 하나님이 세우신 축제일에 관한 규정(4)과 하나님이 그들에게 하신 말씀(9)입니다. '들어라.' '따르라.'라는 말에는 고집대로 사는 그 백성에 대한 하나님의 안타까움이 담겨 있습니다. 하나님은 그 백성이 당신의 말씀을 듣기를 바라십니다.

그들이 듣기만 하면 어떻게 하십니까? 14절입니다. "그리하면 내가 속히 그들의 원수를 누르고 내 손을 돌려 그들의 대적들을 치리니." 하나님은 그들이 말씀을 듣기만 하면, 그들의 원수를 정복하십니다. 그들이 순종만 하면, 원수를 하나님께서 친히 물리치십니다. 하지만 여호와를 미워하는 사람, 즉 여호와의 말씀을 듣지 않는 사람은 여호와 앞에서 굽실거립니다(15). 그들의 시대, 즉 그들의 형벌은 영원할 겁니다.

그러나 이스라엘은 어떻게 하십니까? 16절을 읽읍시다. "또 내가 기름진 밀을 그들에게 먹이며 반석에서 나오는 꿀로 너를 만족하게 하리라 하셨도다." 이스라엘이 여호와의 말씀을 들으면, 여호와께서 그들에게 기름진 밀을 먹이십니다. 반석에서 나오는 꿀로 그들을 만족하게 하십니다. 그들이 하나님의 말씀을 들으면, 양식을 충분하게 주십니다. 삶을 윤택하게 하십니다.

여기서 볼 때, 말씀을 들음의 중요성이 어떠합니까? 말씀을 들음이 사람의 풍요와 행복을 결정합니다. 왜냐하면 말씀을 들으면 과거에 나를 죄와 죽음에서 구원하신 하나님을 기억할 수 있습니다. 그리고 이상한 신을 섬기지 않고 오직 그분만을 섬길 수 있습니다. 그러면 그분이 우리를 대적하는 세력을 제압하십니다. 더 나아가, 오늘 나의 삶을 풍요롭게 하고 행복하게 하십니다.

그러므로 우리는 어떻게 살아야 합니까? 우리는 이 복잡하고 시끄러운 세상에서 하나님의 말씀을 들어야 합니다. 그리하여 우리를 삶의 고난에서 구원하고, 풍성한 복을 주시는 하나님을 체험하기를 기도합니다.

41
신들을 재판하시는 하나님

> 말씀 시편 82:1-8
> 요절 시편 82:1
> 찬송 63장, 68장

"하나님은 신들의 모임 가운데에 서시며 하나님은 그들
가운데에서 재판하시느니라."

인류 역사에서 사람은 언제나 공의로운 세상을 꿈꾸었고, 지금도
꿈꾸고 있습니다. 공의로운 세상의 척도는 사회적 약자가 정당하게
대우받음에 있습니다. 그런데 예나 지금이나 사람이 만족할 만한 공
의는 이루어지지 않습니다. 그 이유는 무엇이며, 하나님은 무엇을 하
십니까?

오늘의 시는 아삽의 시입니다. 아삽은 다윗이 예루살렘으로 언약
궤를 옮기는 역사적인 순간에 등장했습니다(대상 6:31, 39). 그는 헤
만, 에단과 함께 아주 빼어난 찬양대였습니다(대상 15:19).
그런 그가 무엇을 노래합니까? 1절을 보십시오. "하나님은 신들의
모임 가운데에 서시며 하나님은 그들 가운데에서 재판하시느니라."
'하나님'은 이스라엘의 하나님이신데, 히브리어로 '엘로힘'이라고 부
릅니다. '신들'은 세상 모든 신을 말하는데, 히브리어로 '엘'이라고 부
릅니다. 고대 근동에는 '바알(Baal)'이 있었는데, 가나안 족속의 주신

244

이며, 농사의 신이었습니다. 사람들은 그가 비를 내린다고 믿었습니다. 바알의 아내로 나타나는 여신 '아세라(Asherah)'가 있었는데, 그 뜻은 '바다의 여자'입니다.

신들은 하늘에서 모여서 '하늘 총회'라고 부릅니다. 가나안에서는 신들의 모임을 '만신전(萬神殿, pantheon, 모든 신을 모시는 신전)'에서 했습니다. 그런데 이스라엘의 하나님, '엘로힘'이 가나안 신, '엘'의 법정에 서십니다. '엘로힘'이 하늘에 서서 '엘'을 재판하십니다. 당시 재판장은 재판을 서서 했습니다. 하나님은 다른 신들을 심판하시는 분입니다.

다른 신들의 문제는 무엇입니까? 2절입니다. "너희가 불공평한 판단을 하며 악인의 낯 보기를 언제까지 하려느냐 (셀라)." 다른 신들의 문제는 재판을 불공평하게 한 데 있었습니다. 그들은 악인의 낯 보기를 했습니다. 이 말은 '악인의 편을 든다.'라는 뜻입니다. 세상의 신들은 악인을 편드는 편파적인 재판을 했습니다. 하나님은 그런 그들을 재판하셨습니다.

그들은 어떻게 해야 합니까? 그들은 가난한 사람과 고아를 변호해 주고, 가련한 사람과 궁핍한 사람에게 공의를 베풀어야 합니다(3). 그들은 가난한 사람과 빈궁한 사람을 구해줘야 합니다(4). 그들은 약자를 악인의 손에서 구해야 합니다. 그들은 사회적 약자를 정당하게 대해야 합니다. 아무리 공의롭다고 할지라도 사회적 약자가 정당하게 대우받지 못하면 공의롭지 않습니다. 그런데 세상 신들은 사회적 약자 편에 서지 않고, 오히려 사회적 악인 편에 섰습니다.

그런 그들의 실상은 어떠합니까? 5절입니다. "그들은 알지도 못하고 깨닫지도 못하여 흑암 중에 왕래하니 땅의 모든 터가 흔들리도다." 그들은 깨닫지도 못했고, 분별력도 없었습니다. 그들은 자기들이 저지른 불공평에 관해 알지 못했습니다. 그들은 태생적으로 정의를 몰랐습니다.

그런 그들은 어둠 속을 걷습니다. 그들은 혼돈에 빠집니다. 하나님이 세우신 사회 질서, 윤리 질서가 흔들립니다. 세상의 모든 기초가 흔들립니다. 사회적 불의는 세상 기초를 흔듭니다. 세상 기초는 정의이기 때문입니다. 그런데 잠언 10:25은 말씀합니다. "회오리바람이 지나가면 악인은 없어져도 의인은 영원한 기초 같으니라." '의인'은 정의를 상징하고, 세상 터를 상징합니다. 불의한 세상은 흔들릴 수밖에 없지만, 정의가 있는 세상은 견고할 수밖에 없습니다.

여기서 볼 때, 세상이 왜 공정하지 않습니까? 신들이 정의롭게 재판하지 않기 때문입니다. 그들이 악인의 편을 들기 때문입니다. 그들이 왜 악인의 편을 듭니까? 그 신들이 악하기 때문입니다. 그 신들이 정의롭지 않기 때문입니다.

어떤 사람은 세상의 불공정을 제도 탓으로 돌립니다. 특정 정파에서 기득권을 누리기 때문이라고 합니다. 그런 점도 있습니다. 하지만 본질에서는 거짓 신을 섬기는 데 그 문제의 원인이 있습니다. 신 같지도 않은 신을 신으로 섬기는 인간 본성에 그 원인이 있습니다.

그때 하나님은 무엇을 말씀하셨습니까? 6절입니다. "내가 말하기를 너희는 신들이며 다 지존자의 아들들이라 하였으나." 하나님께서 직접 말씀하셨는데, 거짓 신들은 하나님이고, 세상에서 가장 높으신 하나님의 아들들입니다. 그들은 자기들을 이스라엘의 하나님과 같다고 여겼습니다.

예수님 당시 유대 사람은 "예수님이 당신을 하나님이라."라고 말했다고 해서 돌로 치려고 했습니다. 예수님께서 이 말씀을 인용하셨습니다. "너희 율법에 기록된 바 내가 너희를 신이라 하였노라 하지 아니하였느냐"(요 10:34-36). 그들이 '신들'로 불린다면, 예수님이 하나님의 아들이라 하는 그것은 신성모독이 아닙니다.

그런데 신으로 불렸던 그들은 어떻게 됩니까? 그들은 사람처럼 죽습니다(7). 하나님은 심판장으로서 신들에게 사형을 선고합니다. 그 신들은 신일지라도 사람처럼 죽음을 면할 수 없습니다. 그 신들은 신일지라도 세상 왕처럼 쓰러집니다. 신들은 영원성을 잃었습니다. 신들이 사람처럼 되었습니다. 신들은 모두 쓰러지고, 하나님만 유일하게 남으십니다.

시인은 그분께 무엇을 기도합니까? 8절을 읽읍시다. "하나님이여 일어나사 세상을 심판하소서 모든 나라가 주의 소유이기 때문이니이다." 시인은 하나님께서 일어나셔서, 세상을 다스리시도록 기도합니다. 모든 나라가 주님의 소유이기 때문입니다.

신들을 재판하신 하나님은 누구십니까? 하나님은 모든 신 중에서 신이십니다. 세상에 다른 신은 없습니다. 신처럼 말하고, 군림하는 것처럼 보일지라도 신이 아닙니다. 오직 신은 여호와 하나님뿐입니다.

그런데도 오늘의 세상에도 여전히 거짓 신들이 있습니다. 어떤 사람은 실제로 눈에 보이는 뭔가를 만들어 섬깁니다. 어떤 사람은 눈에 보이는 뭔가를 만들지 않을지라도 마음에서 뭔가를 만들어 섬깁니다.

티머시 켈러(Timothy Keller)가 쓴 *Counterfeit Gods: The Empty Promises of Money, Sex, and Power, and the Only Hope that Matters*(가짜 신들: 돈, 섹스, 권력에 대한 공허한 약속, 그리고 중요한 유일한 희망),『거짓 신들의 세상』이라는 책이 있습니다. 이 책은 현대인의 우상숭배를 지적하고, 그 우상숭배에서 나올 수 있는 길을 제시합니다. 현대인의 '우상숭배'란 과거처럼 신상을 만들어 놓고 그 앞에 절을 하던 과거와는 다릅니다. 현대인의 우상숭배는 자기 내면에 내재한 욕구에 굴복해 살아가는 그것을 의미합니다. 이 책의 제목에 나와 있는 돈, 섹스, 권력에 대한 공허한 약속, 그리고 중요한 유일한 희망 등이 우상입니다.

그는 그 우상의 출발점을 "내가 뭔가를 보고서 마음 깊은 곳에서 '내가 저것만 가질 수 있다면'이라는 생각으로" 보았습니다. 결국 욕심입니다. 따라서 욕심을 내려놓는 그것이 우상에서 빠져나오는 길입니다.

그는 먼저 아브라함이 자신에게 우상이 될 수도 있었던 그것을 우상으로 만들지 않고 내려놓았던 하나의 사건을 소개하고 있습니다. 아브라함에게 있어서 우상이 될 수 있었던 존재는 바로 그의 아들 이삭이었습니다. 그 이유는 아브라함이 이삭을 너무나 사랑했기 때문이 아니었습니다. 아브라함의 희망, 가족의 희망이 바로 이삭이었기 때문이었습니다. 이삭이 아브라함과 그 가족에게 뭔가를 줄 수 있을 것으로 기대했기 때문입니다. 하지만 아브라함은 이삭이 아닌 하나님께 희망을 품었습니다. 그랬을 때 우상숭배에서 빠져나올 수 있었습니다.

오늘의 세상에도 여전히 거짓 신들은 있습니다. 그리고 많은 사람이 그 거짓 신을 신으로 섬깁니다. 그들이 뭔가를 줄 것처럼 생각하기 때문입니다. 그러나 그들은 본성적으로 악합니다. 그들은 본성적으로 악인의 편에 섭니다. 그래서 세상은 여전히 공의롭지 않습니다.

그러므로 우리는 무엇을 해야 합니까? 눈에 보이는 거짓 신이든지, 마음에 품고 있는 거짓 신이든지, 그것은 결코 우리에게 희망을 주지 않는다는 사실을 알아야 합니다. 거짓 신을 섬기는 한 이 세상에는 절대로 공의가 없습니다. 그 사람의 마음에 공의가 없기 때문입니다.

공의는 어디에서 옵니까? 신들을 재판하시는 하나님한테서 옵니다. 따라서 우리는 하나님께 희망을 품고, 그분의 말씀을 들어야 합니다. 그리고 그분만을 섬겨야 합니다. 오늘 우리도 시인처럼 신들을 재판하시는 하나님께서 이 세상을 다스려 주시도록 기도합니다.

42
지존자로 알게 하소서

> 말씀 시편 83:1-18
> 요절 시편 83:18
> 찬송 11장, 12장

"여호와라 이름하신 주만 온 세계의 지존자로 알게 하소서."

오늘 시는 73편에서부터 시작한 아삽 시의 결론입니다. 73편은 개인의 정의에 관한 내용이며, 83편은 국가의 정의에 관한 내용입니다. 이스라엘은 국가적으로 위기를 만났습니다. 주변 나라들이 동맹하여 쳐들어왔기 때문입니다. 그때 시인은 무엇을 했습니까?

1절을 보십시오. "하나님이여 침묵하지 마소서 하나님이여 잠잠하지 마시고 조용하지 마소서." 시인은 하나님께 기도함으로 시작합니다. 그 기도의 첫 번째는 "침묵하지 마소서!"입니다. 침묵하지 않음은 잠잠하지 않음이며, 조용하지 않음입니다. 그것은 행동을 뜻합니다. 시인은 하나님이 침묵과 휴식에서 벗어나 행동하도록 기도합니다.

영국의 비평가인 토머스 칼라일(Thomas Carlyle, 1795~1881)은 유명한 말을 남겼습니다. "웅변은 은이요, 침묵은 금이다(Speech is silver, silence is gold)." 이 말은 잠언 17:28의 "미련한 자라도 잠잠하면 지혜로운 자로 여겨지고 그의 입술을 닫으면 슬기로운 자로 여겨지느니라."라는 말씀을 각색한 겁니다.

하지만 시인은 왜 "하나님, 침묵하지 마세요!"라고 기도합니까? '하나님의 침묵'은 버림을 뜻하기 때문입니다. 하나님의 버림은 삶의 현장에서 패배로 이어지기 때문입니다. 그 점에서 하나님의 침묵은 큰일입니다. 비참함이고 절망입니다. 그래서 시인은 하나님이 더는 침묵하지 마시고 행동하도록 기도합니다.

왜 시인은 하나님께서 행동하도록 기도합니까? 왜냐하면 주님의 원수들이 소리 높여 떠들고, 주님을 미워하는 자들이 머리를 치켜들었기 때문입니다(2). 주님이 침묵하시니 원수들이 의기양양하며, 주님을 대적했습니다.

그들은 어떻게 대적합니까? 그들은 주님의 백성을 치려고 음모를 꾸밉니다(3). 주님을 대적하는 일은 주님의 백성을 치는 일로 나타납니다. 주님의 백성을 치는 일은 주님을 대적하는 일입니다. 그들은 주님께서 숨기신 자를 치려고 모의합니다. '숨기신 자'란 '비축한다.'라는 뜻인데, '보물'을 상징합니다. 주님의 백성은 주님께서 보석처럼 비축한 존재입니다. 그들은 주님과 특별한 관계입니다. 그런데 대적들은 주님께서 아끼는 그 백성을 침으로 주님을 대적합니다.

그들의 계획은 무엇입니까? 4절입니다. "말하기를 가서 그들을 멸하여 다시 나라가 되지 못하게 하여 이스라엘의 이름으로 다시는 기억되지 못하게 하자 하나이다." 대적들은 이스라엘 나라를 없애려고 합니다. 이스라엘이라는 이름을 다시는 기억하지 못하도록 합니다. '이름'은 존재를 뜻합니다. 그들은 이스라엘 존재 자체를 없애려고 합니다. 역사에서 사라지도록 합니다.

그들은 그 일을 어떻게 추진했습니까? 원수들은 마음을 서로 합쳤습니다(5). 그들은 주님을 대적하려고 동맹을 맺었습니다. 하나님이 침묵하는 동안 그들은 행동을 보여주었습니다.

그 원수들은 누구였습니까? 에돔과 이스마엘 사람들, 모압과 하갈 사람들이었습니다(6). 또 그발, 암몬, 아말렉, 블레셋, 두로에 사는 사람들이었습니다(7). 그리고 앗수르도 그들과 연합하여 롯 자손을 도왔습니다. (셀라)(8). 그 원수들은 모두 열 나라였습니다. 그중 앗수르는 당대 최 강국이었습니다. 앗수르는 작은 나라에 힘을 줄 만큼 강력한 나라였습니다.

그런데 "열 나라가 이스라엘을 공격했다."라는 이 기록은 역사적 사실보다는 신학적 메시지입니다. 당시 이스라엘이 처한 위협을 강조한 겁니다. 이스라엘은 몹시 절박한 상황이었습니다. 그런 상황에서 시인은 하나님께서 침묵하지 않고 행동하도록 기도했습니다.

어떻게 시인은 하나님께서 행동하도록 기도합니까? 9절을 보십시오. "주는 미디안인에게 행하신 것 같이, 기손 시내에서 시스라와 야빈에게 행하신 것같이 그들에게도 행하소서." 미디안은 이스라엘을 억압했는데, 이스라엘은 그런 미디안 때문에 산에 있는 동굴과 요새로 피해서 살았습니다(삿 6:2). 미디안은 메뚜기 떼처럼 쳐들어와서 이스라엘 온 땅을 황폐하게 했습니다(삿 6:5). 그때 하나님은 기드온을 통해 미디안 군대를 포위하니 모두 아우성치며 달아났습니다(삿 7:21). 하나님께서 미디안 군대를 저희끼리 칼로 치게 하시니 완전히 후퇴했습니다(삿 7:22).

시스라는 가나안 왕 야빈의 군지휘관이며(삿 4:2), 야빈은 20년 동안 이스라엘을 괴롭혔습니다(삿 4:3). 그때 하나님은 드보라와 바락을 통해 시스라와 그 군대를 패하게 하셨습니다(삿 4:14). 시스라는 헤벨의 아내 야엘의 장막으로 도망쳤습니다. 그러나 야엘은 피곤하여 잠든 시스라의 관자놀이에 망치로 장막 말뚝을 박았습니다(삿 4:21). 그 말뚝이 관자놀이를 꿰뚫고 땅에 박히니 그가 죽었습니다. 시스라를 죽인 일로 이스라엘은 더 강해졌고, 가나안 왕 야빈을 멸망시켰습니다(삿 4:24).

미디안과 야빈은 엔돌에서 패망하여 땅에 거름이 되었습니다(10). 전쟁 후에 시신을 땅에 묻어주지 않아서 시체가 썩어 거름이 되었습니다. 이것은 대단히 큰 수치를 뜻합니다. 시인은 지금 이스라엘을 위협하는 열 나라를 미디안과 야빈처럼 해주시도록 기도합니다.

그리고 이스라엘을 위협하는 열 나라의 장군을 오렙과 스엡과 같게 하시고, 모든 왕을 세바와 살문나와 같게 해주시도록 기도합니다(11). '오렙과 스엡'은 기드온에게 패하여 바위에서 살해된 미디안의 우두머리였습니다(삿 7:25). '세바와 살문나'는 미디안의 두 왕인데, 기드온에게 잡혀 죽었습니다(삿 8:12).

왜 시인은 그들을 심판하도록 기도합니까? 12절입니다. "그들이 말하기를 우리가 하나님의 목장을 우리의 소유로 취하자 하였나이다." 이스라엘을 공격하려는 동맹국의 장군이 말했습니다. "우리가 하나님의 목장을 우리의 소유로 취하자!" 하나님은 그 땅에서 당신의 양 떼인 이스라엘을 키우십니다. 목자이신 여호와는 그 양 떼를 그 땅에서 인도하십니다. 그런데 원수들은 하나님의 목장에서 하나님의 양 떼를 쫓아내고, 자기들이 그 목장을 차지하려고 했습니다. 시인은 그런 그들을 땅의 거름처럼 만들어 주시도록 기도합니다.

계속해서 시인은 무엇을 청합니까? 13절을 보십시오. "나의 하나님이여 그들이 굴러가는 검불 같게 하시며 바람에 날리는 지푸라기 같게 하소서." 그는 하나님을 '나의 하나님'이라고 부릅니다. 그는 하나님과 대단히 인격적인 관계임을 전제합니다. 그는 그 하나님께서 원수를 바람에 굴러가는 엉겅퀴와 바람에 날리는 지푸라기로 만들어 주시도록 기도합니다. 그는 그들이 흔적도 없이 사라지기를 바랍니다.

시인은 주님께서 산림을 태우는 불길처럼, 산들을 삼키는 불꽃처럼, 주님의 회오리바람으로 그들을 쫓아내 주시기를 바랍니다(14-15). '불'은 하나님의 심판에 대한 강력한 표상입니다. 시인은 하나님께서 그들을 강력한 불로 태워버리기를 바랍니다.

그런데 시인은 그들에게 어떤 소망을 품었습니까? 16절을 읽읍시다. "여호와여 그들의 얼굴에 수치가 가득하게 하사 그들이 주의 이름을 찾게 하소서." 시인은 그들이 얼굴을 들 수 없을 정도로 수치를 당하도록 기도합니다. 하지만 시인의 바람은 이것이 끝이 아닙니다. 그들이 주님의 이름을 찾도록 소망합니다. 시인은 그들을 심판하는 그것으로 그치지 않습니다. 그들이 심판을 통해서 주님의 이름을 찾기를 바랍니다.

'주님의 이름을 찾는다.'라는 말은 무슨 뜻입니까? 주님을 믿는 그것을 뜻합니다. 주님을 믿음은 심판받지 않고 영원한 생명을 누림을 뜻합니다. 시인이 그들에게 심판을 말했던 궁극적 목적은 그들이 주님을 찾아서 심판받지 않고 영생을 누리는 데 있습니다.

이 사상은 하나님께서 예수님을 세상에 보내신 목적으로 이어집니다. "하나님이 세상을 이처럼 사랑하사 독생자를 주셨으니 이는 그를 믿는 자마다 멸망하지 않고 영생을 얻게 하려 하심이라"(요 3:16). 누구든지 예수님을 믿지 않으면 심판받습니다. 하지만 예수님이 세상에 오신 목적은 사람을 심판하는 데 있지 않습니다. 사람이 예수님을 믿고 영생을 얻도록 하는 데 있습니다. 하나님은 모든 사람이 예수님을 믿고 영생을 얻기를 바라십니다.

하지만 그들이 주님의 이름을 찾지 않으면 어떻게 됩니까? 그들은 수치를 당하여 영원히 놀라며 낭패와 멸망을 피할 수 없습니다(17).

그러나 시인이 두 번째로 소망하는 바는 무엇입니까? 18절을 읽읍시다. "여호와라 이름하신 주만 온 세계의 지존자로 알게 하소서." '지존자'란 '가장 높은(the Most High)'이라는 뜻입니다. 이스라엘의 하나님 여호와만이 세상에서 가장 높은 분입니다. 여호와만이 세상을 창조하신 분이며, 세상을 다스리는 분입니다. 여호와만이 온 세상 만민을 죄에서 구원하는 분입니다.

이스라엘을 대적하는 그들은 자기들이 세상에서 가장 높다고 여겼습니다. 자기들이 온 세상을 다스린다고 여겼습니다. 그들은 이스라엘의 하나님 여호와를 이스라엘의 지역 신으로 생각했습니다. 겉으로만 보면 그렇게 보일 수 있습니다. 자기들이 세상의 실세처럼 보였기 때문입니다.

하지만 여호와는 이스라엘의 원수들이 생각하듯이 유다의 지역 신이 아닙니다. 여호와는 유일하신 하나님이시고, 온 세상에서 가장 높은 분입니다. 하나님은 내 삶은 물론이고, 이 세상을 다스리는 분입니다. 하나님이 나와 이 세상의 주인님입니다.

그런데 문제는 그 사실을 알기가 쉽지 않다는 데 있습니다. 정치인은 물론이고, 보통의 인간도 자기가 자기 삶의 주인이라고 착각합니다. 그래서 시인은, 그들이 심판받으면서 이 사실을 알기를 기도합니다. 시인은 이스라엘을 공격하는 그 대적들도 여호와 하나님을 알고 영생 얻기를 소망합니다. 시인은 온 세상 만민이 오직 여호와만을 섬기는 그런 세상을 꿈꿉니다.

우리는 무엇을 배웁니까? 오늘도 교회를 대적하는 세력이 있습니다. 그 세력은 때에 따라 서로 동맹합니다. 세상에서 가장 높아 보이고, 가장 막강한 세력처럼 보입니다. 그 대표적인 세력이 세속주의입니다. 세속주의는 세상에서 최고로 여기는 돈과 잘 먹고 잘사는 편안함이 서로 동맹합니다. 예전에는 돈을 많이만 벌면 만사형통이었는데, 요즘은 '워라밸(work life balance)'이 더 중요합니다. 일과 삶의 균형 가치를 중요하게 여깁니다. 이런 모습은 좋은 모습입니다.

그런데 그 '워라밸'이 "삶을 즐기면서 살아야 한다."라는 쪽으로만 향하고 있습니다. 일과 삶의 균형 가치가 아닌 즐김의 가치로만 편향하고 있습니다. 이런 편향성은 인간의 보편적 가치를 무너뜨립니다. 그래서인지 최근 언론에서는 '마약'이라는 단어가 자주 등장하고 있습니다. 그뿐만 아니라, "삶을 즐겨야 한다."라는 편향성은 헌신과 섬김이라는 교회의 전통적 가치를 무너뜨립니다.

그러면 우리는 어떻게 살아야 합니까? 여호와께서 교회에 도전하는 세력을 심판하도록 기도해야 합니다. 그리고 우리는 교회를 대적하고, 하나님을 대적하는 사람이 주님의 이름을 찾도록 소망해야 합니다. 청년 대학인이 여호와만이 온 세상의 지존자이심을 알도록 소망해야 합니다.

그 점에서 오늘 시인의 기도가 오늘 우리의 기도이기를 바랍니다. "여호와라 이름하신 주만 온 세계의 지존자로 알게 하소서!"

43
여호와의 궁정을 사모하여

> 말씀 시편 84:1-12
> 요절 시편 84:2
> 찬송 88장, 48장

"내 영혼이 여호와의 궁정을 사모하여 쇠약함이여 내 마음과
육체가 살아 계시는 하나님께 부르짖나이다."

오늘의 시는 고라 자손의 시입니다. '고라'는 레위 지파 '고핫'의
후손입니다. 그들은 성전 문들을 지켰고(대상 9:19), 성전에서 찬양하
는 사역(대상 15:19)을 했습니다.

오늘의 시를 '시온의 노래'라고 부릅니다. 왜냐하면 시온을 방문하
는 사람이 이 시를 노래했기 때문입니다. '시온'이란 예루살렘 성전
을 뜻합니다. 성전 방문은 특별한 행사였으며, 노래하고 축하할 만한
일이었습니다. 예루살렘 성전 방문은 기껏해야 1년에 한 번 있는 일
이었습니다. 오늘의 시는 성전에 대한 찬양으로 시작하고 찬양으로
끝납니다. 이 찬양이 오늘 우리에게 주는 의미는 무엇입니까?

1절을 봅시다. "만군의 여호와여 주의 장막이 어찌 그리 사랑스러
운지요." '만군'은 전쟁이나 군대를 말하는데, '만군의 여호와'는 하늘
의 천군 천사, 해달별을 주관하는 군대 장관을 뜻합니다. 그분은 언
약을 지키며, 그 백성과 함께하시고, 전쟁에서 승리하게 하시는 하나

님이십니다. '주의 장막'은 만군의 여호와께서 계시는 집, 즉 성전을 말합니다. 시인은 성전의 사랑스러움을 찬양하는 것으로 오늘의 시를 시작합니다.

사랑스러운 성전에 대한 그의 마음이 어떠했습니까? 2절을 읽읍시다. "내 영혼이 여호와의 궁정을 사모하여 쇠약함이여 내 마음과 육체가 살아 계시는 하나님께 부르짖나이다." '궁정'은 '안뜰'인데, 성전 뜰을 말합니다. 시인은 여호와의 뜰을 사모했습니다. 그는 모든 힘이 다할 정도로 여호와의 뜰을 그리워했습니다. 그는 단순히 하나님의 집을 그리워한 것이 아니라, 하나님의 함께하심을 그리워했습니다. 그는 마음과 육체, 즉 전 존재로 살아 계시는 하나님을 기쁨으로 노래합니다.

그런데 오늘 시의 배경은 두 가지로 생각할 수 있습니다. 이스라엘이 바벨론 포로로 끌려가기 전에 성전을 방문한 때로 생각할 수 있습니다. 반면 이스라엘이 바벨론 포로에게서 벗어나서 성전을 방문한 때로 생각할 수 있습니다. 그들은 어떤 상황에 있든지, 하나님의 함께하심을 그리워했고, 그분과 함께하기를 바랐습니다. 그들은 일상적인 삶에서는 일상적인 삶이니 하나님과 함께하기를 바랐습니다. 그들은 어려움을 넘기고 나면, 어려움을 넘겼으니 하나님과 함께하기를 그리워했습니다. 그들의 삶은 하나님과 함께함으로 시작하고 하나님과 함께함으로 끝나기를 소망했습니다.

시인의 소망은 어디로 이어졌습니까? 3절입니다. "나의 왕, 나의 하나님, 만군의 여호와여 주의 제단에서 참새도 제 집을 얻고 제비도 새끼 둘 보금자리를 얻었나이다." 그의 여호와 궁정에 대한 그리움은 여호와의 제단으로 이어졌습니다. 제단은 여호와를 좀 더 가까이 만남을 상징합니다. 그는 여호와를 좀 더 가까이에서 만나고 싶었습니다.

그런데 그 제단에는 누가 있었습니까? 참새와 제비의 보금자리가 있었습니다. 시인은 여호와의 제단 근처에 보금자리를 잡은 참새와 제비가 부러웠습니다. 왜냐하면 그들은 그 누구보다도 여호와와 가까이 있기 때문입니다. 여호와와 가까이 있는 이 새들은 특별한 은혜를 받았습니다. 그 새들은 성전 밖에서 사는 새들보다 평화와 안전을 보장받았습니다.

그러므로 누가 복이 있습니까? 4절입니다. "주의 집에 사는 자들은 복이 있나니 그들이 항상 주를 찬송하리이다 (셀라)." 성전에서 사는 사람이 복이 있습니다. 일반적으로는 성전에서 제사장, 레위인, 그리고 예루살렘 사람들이 살았습니다. 그들은 성전에서 새들처럼 평화와 안전을 보장받았습니다. 그러니 그들은 복이 있습니다. 그들은 항상 주님을 찬송합니다. 시인도 성전에서 살면서 그런 복을 누리고 싶었습니다.

또 누가 복이 있습니까? 주님께서 주시는 힘을 얻고, 그 마음에 시온의 대로가 있는 사람은 복이 있습니다(5). '시온의 대로가 있다.'라는 말은 '성전 순례의 길'을 뜻합니다. 주님께 힘을 얻고, 순례길에 오른 사람은 복이 있습니다. 그들은 사랑하고 사모하는 주님을 곧 만나기 때문입니다.

그런데 순례길에는 어떤 어려움이 있습니까? 6절을 봅시다. "그들이 눈물 골짜기로 지나갈 때에 그곳에 많은 샘이 있을 것이며 이른 비가 복을 채워 주나이다." '눈물 골짜기'는 순례자에게 눈물과 고통을 주는 곳입니다. 순례자가 시온으로 가려면 '눈물 골짜기'를 반드시 지나가야 합니다. 순례자가 하나님을 만나려면 역경을 거쳐야 합니다.

하지만 그 골짜기를 지나면 어떤 은혜가 있습니까? 그들은 그곳을 샘의 장소로 만들 겁니다. 이른 비가 복을 채워줍니다. 하나님 안에서 힘과 기운을 찾는 사람은 어려움을 만날지라도, 그것을 극복하면 풍성한 복을 받습니다.

그들은 어떻게 합니까? 그들은 힘을 더 얻어 나갑니다(7). 그들은 힘에서 힘으로 갑니다. 보통 사람은 오래 걸으면 지칩니다. 하지만 순례자는 더욱 힘차게 걷습니다. 왜냐하면 여호와를 사모하는 사람에게는 하나님이 새 힘을 주시기 때문입니다. 이사야 40:31은 말씀합니다. "오직 여호와를 앙망하는 자는 새 힘을 얻으리니 독수리가 날개 치며 올라감 같을 것이요 달음박질하여도 곤비하지 아니하겠고 걸어가도 피곤하지 아니하리로다." 그들은 마침내 시온에서 하나님 앞에 나타납니다.

그곳에서 시인은 무엇을 합니까? 8절을 보십시오. "만군의 하나님 여호와여 내 기도를 들으소서 야곱의 하나님이여 귀를 기울이소서 (셀라)." 그는 만군의 하나님께 기도합니다. 그는 야곱의 하나님께서 자기의 귀를 기울여 주시기를 바랍니다. '야곱의 하나님'은 이스라엘과 인격적인 관계입니다. 그는 인격적인 하나님께서 기도를 들으실 줄 믿고 기도합니다.

기도의 내용은 무엇입니까? 9절입니다. "우리 방패이신 하나님이여 주께서 기름 부으신 자의 얼굴을 살펴보옵소서." '방패이신 하나님'은 보호하시는 하나님입니다. '기름 부으신 자'는 왕을 뜻합니다. 순례자는 성전에 들어가서 왕을 위해 기도했습니다. 왕은 공의와 예배에 대한 책임이 있었습니다. 나라가 바르게 돌아가는 데 책임이 있었습니다. 그래서 하나님께서 왕을 살펴주시도록 기도했습니다.

성전을 애타게 사모하여 성전에 도착했는데, 왕을 위해 기도한 그들로부터 무엇을 배웁니까? 개인보다도 나라와 민족을 생각한 그들의 마음을 배웁니다. 보통 사람은 성전에 들어가면 개인 문제를 위해 기도합니다. 그럴 수밖에 없습니다. 개인 문제가 심각하기 때문입니다. 반면 왕에 관해서는 불평하고 비판하기 쉽습니다. 하지만 하나님의 사람은 왕을 위해 기도해야 합니다. 왕을 세우신 분은 본질에서 하나님이시기 때문입니다. 왕이 바르게 설 때 나라가 바르게 서고, 궁극적으로 가정과 교회, 그리고 내가 바르게 설 수 있습니다.

그런데 시인이 주님의 전을 그토록 사모한 또 다른 이유는 무엇이었습니까? 10절을 읽읍시다. "주의 궁정에서의 한 날이 다른 곳에서의 천 날보다 나은즉 악인의 장막에 사는 것보다 내 하나님의 성전 문지기로 있는 것이 좋사오니." '궁정에서의 한 날'이란 '한 좋은 날'이면서 '축제에 참여한 한 날'을 뜻합니다. 시인은 주님의 앞뜰에서 지내는 하루가 다른 천일보다 좋았습니다.

또 '문지기로 있다.'라는 말은 '문지기'나 '문지방에 선다.'라는 뜻입니다. 성전 문지기는 제사장이나 레위인이 섬겼습니다. 여기서는

'성전 문지방에 선다.' 또는 '성전에서 기도한다.'라는 뜻입니다. 시인은 하나님의 집 문간에 서 있기가 악인의 천막 안에 살기보다 더 좋았습니다. 시인은 악인의 집에서 안락하게 살기보다 하나님의 집에서 기도하기를 더 바랍니다. 세상에서 즐기는 삶보다 하나님의 집에서 영적인 일 하기를 바랍니다.

왜 그는 이렇게 살려고 합니까? 11절을 보십시오. "여호와 하나님은 해요 방패이시라 여호와께서 은혜와 영화를 주시며 정직하게 행하는 자에게 좋은 것을 아끼지 아니하실 것임이니이다." 여호와 하나님은 해요, 방패이기 때문입니다. '해'는 '따스함과 번영', '회복의 시대'를 뜻합니다. '방패'는 보호를 뜻하고요. 여호와 하나님은 태양이며 방패입니다. 그 여호와께서 은혜와 영화를 주십니다. 정직하게 하는 사람에게 좋은 것을 아끼지 않습니다.

그러므로 누가 복이 있습니까? 만군의 여호와 주님을 의지하는 사람이 복이 있습니다(12).

그러면 우리는 어떻게 살아야 합니까? 우리도 여호와의 궁전을 사모해야 합니다. 시온으로 올라가서 하나님을 예배해야 합니다. 하나님의 집에서 기도하는 일이 세상에서 편하게 사는 일보다 훨씬 좋음을 알아야 합니다. 하나님께서 그런 사람에게 좋은 선물을 아끼지 않고 주십니다. 그러므로 주님을 의지하는 사람이 복이 있습니다.

초대교회는 대적하는 세상에서 믿음의 중심을 지키며, 증인으로 살려고 교회에 모이기를 힘썼습니다. 사도행전 2:46은 말씀합니다. "날마다 마음을 같이하여 성전에 모이기를 힘쓰고 집에서 떡을 떼며 기쁨과 순전한 마음으로 음식을 먹고." 히브리서 9:25도 말씀합니다. "어떤 사람들의 습관처럼, 우리는 모이기를 그만하지 말고, 서로 격려하여 그날이 가까이 오는 것을 아는 이상 더욱 열심히 모입시다!"

옛적에 믿음의 선배들도 교회에 모이는 일에 힘썼습니다. 그들은 주일예배를 사모했습니다. 다시 말하면 하나님의 함께하심을 그리워했습니다. 그래서 그들은 주일예배를 준비하는 과정이 있었습니다. 그 과정은 토요일에 목욕하고 주일예배 때 입을 옷을 준비하는 특별한 시간이었습니다. 그들은 순례자들처럼 주일을 다른 모든 날과 구별했습니다. 예배를 세상에서의 그 어떤 일보다 훨씬 좋은 일로 여겼습니다.

　그런데 요즘 어떤 사람은 끊임없이 일하는 세상에서 하나님을 만나기 위해 떠나는 순례 여행의 소중함을 잃어가고 있습니다. 오늘의 시는 이런 사람을 향하여 하나님의 궁전을 사모함, 예배의 소중함을 일깨웁니다. "내 영혼이 여호와의 궁정을 사모하여 쇠약함이여." "주의 궁정에서의 한 날이 다른 곳에서의 천 날보다 나은즉."

44
우리를 돌이키소서

> 말씀 시편 85:1-13
> 요절 시편 85:4
> 찬송 362장, 368장

"우리 구원의 하나님이여 우리를 돌이키시고 우리에게 향하신
주의 분노를 거두소서."

보통 사람은 힘들고 어려운 일을 만나면, 자기가 해결하려고 애를
씁니다. 이런 사람은 원망이나 하면서 현실을 피하는 사람보다는 훨
씬 좋아 보입니다. 그런데도 이런 삶에는 한계가 있습니다. 왜죠?
우리는 어떻게 해야 합니까?

1절을 보십시오. "여호와여 주께서 주의 땅에 은혜를 베푸사 야곱
의 포로 된 자들이 돌아오게 하셨으며." 시인은 여호와 주님께서 당
신의 땅에 은혜를 베푸신 일로부터 시작합니다. 은혜의 내용은 야곱
의 포로 된 자들이 돌아오게 하신 일입니다. 이스라엘은 죄를 지어
서 바벨론의 포로로 살았습니다. 그런데 약 70년 후에 여호와께서
그들에게 은혜를 베푸셔서 고국으로 돌아오도록 하셨습니다. 그것은
하나님의 땅, 이스라엘의 회복을 뜻했습니다.

하나님은 또 무엇을 하셨습니까? 주님 백성의 죄를 용서하셨습니
다(2). 그들의 모든 죄를 덮으셨습니다.

261

그런데 죄를 덮으심은 무엇을 뜻합니까? 그것은 주님의 모든 분노를 거두심과 같습니다(3). 여호와는 그 백성에 대한 모든 분노를 거두셨습니다. 그리고 주님은 타오르는 화를 돌이키셨습니다. 하나님은 그 백성에게 이런 은혜를 베푸셔서 포로 생활에서 돌아오도록 하셨습니다. 시인은 과거에 일하셨던 그 하나님을 기억했습니다.

그런 그는 무엇을 위해 기도합니까? 4절을 읽읍시다. "우리 구원의 하나님이여 우리를 돌이키시고 우리에게 향하신 주의 분노를 거두소서." 시인은 '우리의 구원의 하나님', 즉 과거 바벨론에서 구원하신 그 하나님께 기도합니다. "우리를 돌이키시고." '돌이킨다.'라는 말은 '회복한다.'라는 뜻입니다. 시인은 과거에 그 백성을 회복하셨던 그것처럼 오늘도 회복해 주시도록 기도합니다.

하나님께서 그들을 회복하려면 무엇을 해야 합니까? 그들을 향한 주님의 분노를 거두셔야 합니다. '거둔다.'라는 말은 계약을 깰 때 사용하는 단어입니다. 이스라엘이 하나님과의 계약 의무를 깨뜨려서 하나님은 분노하셨습니다. 그런데 시인은 하나님께서 그 분노를 무효로 해주시도록 기도합니다. 왜냐하면 그들이 회복하려면 하나님께서 분노를 거두셔야 하기 때문입니다.

우리는 무엇을 배웁니까? 개인은 물론이고, 공동체의 회복이 하나님께 달려 있다는 겁니다. 이스라엘은 바벨론에서 돌아와서 하나님을 섬기며 부푼 꿈을 안고 멋지게 살려고 했습니다. 하지만 그들은 세상 유혹에 약했습니다. 그들은 세상과 타협하며 세속주의에 빠졌습니다. 하나님은 그런 그들의 죄를 보았고, 그들에게 화를 내셨습니다. 시인은 그 사실을 알았습니다. 따라서 시인은 공동체가 회복하려면, 다시 역동적이고 부푼 희망을 품고 내일을 향해 나가려면 먼저 죄를 용서받아야 함을 알았습니다. 그들의 회복은 오직 하나님의 손에 달려 있음을 알았습니다. 그래서 시인은 하나님께 기도합니다. "우리를 돌이키소서!" "우리를 회복해 주십시오!"

어떤 사람은 "오늘의 교회를 폭풍 속 불안과 두려움에 서 있는 모습"으로 비유합니다. 교회만 그런 것은 아니고, 세상도 불안합니다. 이런 현실에서 교회는 무엇을 해야 합니까? 우리는 인간의 태생적 한계를 인정하고, 전능하신 하나님, 지금도 살아 계셔서 일하신 하나님을 의지해야 합니다. 교회는 물론이고, 세상의 내일이 하나님의 손에 달려 있음을 인정해야 합니다. 진실로 하나님의 함께하심과 도움 없이는 아무 일도 할 수 없음을 겸허하게 받아들여야 합니다. 그리고 우리는 기도해야 합니다. 하나님만이 우리와 교회, 그리고 이 나라를 회복하실 수 있음을 믿고 기도해야 합니다.

시인은 다시 무엇을 기도합니까? 5절입니다. "주께서 우리에게 영원히 노하시며 대대에 진노하시겠나이까." 시인은 주님께 수사적 질문을 합니다. "영원히 화를 내실 겁니까?" "대대로 진노하실 겁니까?" 이 말은 "이제는 화를 거두소서!"라는 뜻입니다. 왜냐하면 그들의 회복은 진노를 거두는 데 달렸기 때문입니다.

시인은 하나님께 무엇을 바랍니까? 주님께서 그들을 다시 살려주시기를 바랍니다(6). 현재 이스라엘은 죽은 상태와 같습니다. 하지만 생명의 주인은 하나님이십니다. 하나님께서 그들을 다시 살려주시면 그들은 다시 살아날 수 있습니다. 그러면 그 백성은 주님 안에서 기뻐할 수 있습니다.

그러므로 시인은 여호와께 무엇을 간청합니까? 7절을 봅시다. "여호와여 주의 인자하심을 우리에게 보이시며 주의 구원을 우리에게 주소서." '인자'는 '한결같은 사랑'입니다. 시인은 여호와의 한결같은 사랑을 보여주시도록 기도합니다. 그 한결같은 사랑은 구원으로 나타납니다. 사랑의 표현은 구원입니다. 예수님께서 세상에 오심은 우리를 향한 하나님 사랑의 표현이었습니다(요 3:16). 그 사랑의 표현은 우리를 죄로부터 구원하심으로 나타났습니다.

그러면 여호와께서 그의 기도에 어떻게 응답하십니까? 8절을 읽읍시다. "내가 하나님 여호와께서 하실 말씀을 들으리니 무릇 그의 백성, 그의 성도들에게 화평을 말씀하실 것이라 그들은 다시 어리석은 데로 돌아가지 말지로다." 여호와는 시인의 기도에 말씀하시고, 시인은 그 말씀을 듣습니다.

하나님의 말씀은 무엇입니까? 하나님은 그 백성, 그 성도에게 화평을 말씀하십니다. '화평', 즉 '샬롬'은 전쟁 없는 상태 그 이상입니다. 하나님 나라의 절정입니다. 하나님의 나라는 모두가 필요한 것을 갖고 평안하게 두려움 없이 사는 곳입니다. 그러므로 그 백성은 다시 어리석은 데로 돌아가지 않아야 합니다. 그 백성은 죄를 짓고 하나님을 버리지 않아야 합니다.

하나님은 또 무엇을 말씀하십니까? 진실로 구원은 그분을 경외하는 사람에게 가깝습니다(9). 진실로 그분을 경외하지 않은 사람에게 구원은 멀리 있습니다. 하나님은 당신을 경외하는 사람을 구원하십니다. 그러므로 영광이 그 사람한테 머뭅니다. 구원의 열매 중 하나는 영광입니다. 이스라엘은 포로 생활은 끝났지만, 여호와의 영광은 그 땅에 머물지 않았습니다. 그런데 이제 그 영광이 머뭅니다. 왜냐하면 여호와의 구원이 가까이 있기 때문입니다.

구원의 또 다른 열매는 무엇입니까? 10절입니다. "인애와 진리가 같이 만나고 의와 화평이 서로 입 맞추었으며." '진리'는 신실함입니다. 한결같은 사랑과 신실함이 서로 만났습니다. 서로 눈을 맞췄습니다. 그리고 의와 평화가 서로 입을 맞췄습니다. 구원은 사랑과 신실함, 의와 평화가 서로 조화를 이룹니다.

신실함과 의의 관계는 어떠합니까? 진리는 땅에서 솟아나고 의는 하늘에서 굽어옵니다(11). 진리, 즉 신실함은 사람한테서 나옵니다. 정의는 하나님한테서 옵니다. 신실함과 의가 만날 때, 인간과 하나님이 만날 때 생명이 있고, 복이 있습니다. 그 일은 구원을 통해서, 회복을 통해서 나타납니다.

여호와께서 그들에게 무엇을 주십니까? 12절을 봅시다. "여호와께서 좋은 것을 주시리니 우리 땅이 그 산물을 내리로다." '좋은 것'은 '풍년의 복'인데, 시인이 지금까지 기도했던 공동체의 회복입니다. 여호와께서 공동체를 회복하십니다. 그러니 땅은 그 산물을 냅니다. 여호와께서 풍년의 복을 주시니 땅은 풍성한 열매를 맺습니다. 하나님의 은혜로 이스라엘은 번영합니다. 하나님은 이스라엘을 회복하십니다.

하나님께서 맺도록 하신 그 열매는 무엇입니까? 13절입니다. "의가 주의 앞에 앞서가며 주의 길을 닦으리로다." 공의는 여호와 앞에서 걸어갑니다. 그리고 그분의 길을 만듭니다. 정의가 나타나면 주님께서 오십니다. 주님이 오시면 회복이 이루어집니다.

이상에서 시인을 통해 무엇을 배웁니까? 그는 현실의 어려움에서 오직 하나님께 희망을 품었습니다. 하나님만이 이 어려움을 해결하실 수 있음을 믿었습니다. 그래서 그는 기도했습니다. 그랬을 때 여호와는 그 기도에 응답하셨습니다.

우리가 삶의 현장에서 힘들고 어려운 일을 만날 때 어떻게 해야 합니까? 원망하고 불평하지 않아야 합니다. 낙심하지 않아야 합니다. 그렇다고 아무 일도 하지 않고 멍하니 있지도 않아야 합니다. 우리는 우리가 할 수 있는 최선을 다해야 합니다. 그런 중에도 우리가 놓쳐서는 안 될 일이 있습니다. 그것은 하나님께 도움을 청하는 일입니다. 우리도 시인처럼 과거에 일하셨던 여호와 하나님께서 지금도 일하심을 믿고 기도해야 합니다. 우리 개인과 교회가 세상의 소금과 빛으로 살도록 회복해 주시도록 기도해야 합니다. "우리 구원의 하나님이여, 우리를 돌이키소서!"

45
은총의 표적을 보이소서

> 말씀 시편 86:1-17
> 요절 시편 86:17
> 찬송 298장, 438장

"은총의 표적을 내게 보이소서 그러면 나를 미워하는 그들이
보고 부끄러워하오리니 여호와여 주는 나를 돕고 위로하시는
이시니이다."

오늘의 시는 다윗의 시입니다. 그런데 시 72:20에서 "이새의 아들
다윗의 기도가 끝나니라."라고 했습니다. 하지만 다윗의 시가 다시
등장합니다. 그러면서 오늘의 86편은 85편과 87편 사이의 다리 역할
을 합니다. 85편은 공동체 기도이고, 87편은 국제적인 기도입니다.
그리고 86편은 개인 기도입니다. 그 기도의 내용은 무엇입니까?

1절을 보십시오. "여호와여 나는 가난하고 궁핍하오니 주의 귀를
기울여 내게 응답하소서." 시인은 지금 가련하고 불쌍한 처지에 있
습니다. 그런 그는 하나님께서 귀를 기울여주시고, 응답해 주시도록
기도합니다. 그는 하나님께서 자신의 어려움을 들으시고, 그 문제를
해결해 주시기를 바랍니다.

그가 이렇게 기도하는 근거는 무엇인가요? 2절입니다. "나는 경건
하오니 내 영혼을 보존하소서 내 주 하나님이여 주를 의지하는 종을

구원하소서." '경건하다.'라는 말은 '충성스럽다.'라는 뜻입니다. 그는 주님께 충성스러운 사람입니다. 충성스러운 사람은 하나님의 말씀대로 사는 사람입니다. 그런 그는 주님께서 생명을 지켜주시도록 기도합니다. 그리고 그는 하나님은 자기 주인님이시고, 그는 하나님의 종임을 고백합니다. 주인과 종의 관계는 의지하고 신뢰하는 관계입니다. 그는 주인이신 하나님을 신뢰하기에 생명을 구원해주시도록 기도합니다.

그는 어떤 자세로 기도합니까? 그는 주님의 은혜를 구합니다(3). 그는 하나님께 쉬지 않고 기도합니다. 그의 현실이 그만큼 절박하기 때문입니다. 그 영혼이 주님을 우러러봅니다(4). 주님께서 그 영혼을 기쁘게 해주시기를 바랍니다.

그가 기도하는 하나님은 어떤 분입니까? 5절을 보십시오. "주는 선하사 사죄하기를 즐거워하시며 주께 부르짖는 자에게 인자함이 후하심이니이다." 주님은 선하신 분이고, 용서하는 분입니다. 주님은 그 백성에게 한결같은 사랑이 넘치는 분입니다. 시인은 주님의 이런 성품을 알기에 기도합니다. 주님이 어떤 분인지를 알 때 확신 가운데 기도할 수 있습니다.

그의 확신은 어떠합니까? 그는 여호와께서 자기의 기도에 귀를 기울이심을 믿습니다(6). 그는 여호와께서 자기의 간구하는 소리를 들으시는 줄 믿습니다. 그래서 그는 환난 날에 주님께 부르짖습니다(7). 주님은 그 기도를 응답하십니다. 시인은 하나님께서 기도를 응답하실 줄 확신하기에 기도합니다.

기도를 응답하시는 그분은 누구십니까? 8절을 읽읍시다. "주여 신들 중에 주와 같은 자 없사오며 주의 행하심과 같은 일도 없나이다." 주님은 어떤 신과도 비교할 수 없는 분입니다. 주님이 어떤 신과도 비교할 수 없는 분이라는 사실은 그분이 하신 일을 할 수 있는 신이 없다는 말입니다. 주님의 유일성과 절대성은 세상을 만들고 유지하는 일에서 나타났습니다. 또 애굽에서 이스라엘을 구원하신 일을 통해서 나타났습니다. 하나님은 세상과 역사에서 유일무이하신 분입니다. 시인은 다른 신들의 존재 자체를 부정하지는 않았습니다.

하지만 여호와 하나님이 어떤 다른 신들보다 위대한 분임을 믿었습니다.

그러면 그 위대한 주님께서 지으신 모든 민족은 무엇을 합니까? 그들이 주님께 옵니다(9). 주님 앞에 경배하며, 주님의 이름에 영광을 돌립니다. 주님께서 모든 민족을 창조하셨습니다. 땅의 모든 민족은 주님이 만드신 작품입니다. 주님은 역사의 주인이십니다.

왜 모든 민족은 주님께 경배하여 주님의 이름에 영광을 돌립니까? 무릇 주님은 위대하셔서 기이한 일을 하시기 때문입니다(10). 그분 홀로 하나님이시기 때문입니다. 다른 민족의 신들은 사람의 손으로 만든 조각품이며, 실제로 존재하지 않습니다. 다만 존재하는 그것처럼 보일 뿐입니다. 신은 이스라엘의 하나님 여호와뿐입니다.

시인은 그 하나님께 무엇을 기도합니까? 11절을 보십시오. "여호와여 주의 도를 내게 가르치소서 내가 주의 진리에 행하오리니 일심으로 주의 이름을 경외하게 하소서." '주의 도'는 '주님의 길'입니다. 주님의 길은 주님께서 위대하시고 기이한 일들을 행하신 분임을 뜻합니다. 그는 여호와께 '그분의 길', '그분이 가시는 길'을 가르쳐 주시도록 기도합니다.

그 목적은 무엇인가요? 첫째로, 그는 주님의 진리 안에서 걷고자 합니다. 그는 주님의 말씀과 뜻 안에서 '하모니(harmony)'를 이루고자 합니다.

둘째로, 그는 한마음으로 주님의 이름을 경외하려고 합니다. 종은 오직 한 마음으로 한 주인을 섬겨야 합니다(마 6:24a). 세상도 섬기고 주님도 섬겨서는 안 됩니다. 신앙적으로 양다리 걸쳐서는 안 됩니다.

셋째로, 그는 자기 주님이시며 하나님이신 그분께 온 마음으로 찬양하고자 합니다(12). 그리하여 영원토록 주님의 이름에 영광을 돌리고자 합니다. 주님을 찬송함은 주님의 이름을 영화롭게 하는 일입니다. 찬양은 아무나 할 수 없습니다. 주님 안에서 걷고, 한 마음으로 주님을 섬기는 사람만이 찬양할 수 있습니다. 그 점에서 오늘 우리의 찬양에는 얼마나 깊은 뜻이 있습니까?

왜 시인은 그렇게 합니까? 왜냐하면 그를 향한 주님의 인자하심이 크기 때문입니다(13). 하나님께서 그 영혼을 깊은 스올에서 건지셨기 때문입니다. 하나님은 크신 인자로 시인을 죽음의 문턱에서 구원하셨습니다.

시인은 어떤 죽음의 문턱을 겪었습니까? 14절입니다. "하나님이여 교만한 자들이 일어나 나를 치고 포악한 자의 무리가 내 영혼을 찾았사오며 자기 앞에 주를 두지 아니하였나이다." 교만한 자들이 그를 치려고 일어났습니다. 무자비한 사람이 그를 찾았습니다. 시인은 교만한 사람, 포악한 사람의 공격을 받았습니다. 그들은 주님을 안중에도 두지 않았습니다. 그들의 폭력적 행위는 주님을 믿지 않음에서 왔습니다. 시인은 그런 그들의 공격으로 죽음의 문턱까지 갔습니다.

그러나 주님은 어떤 분입니까? 주님은 긍휼히 여기시며 은혜를 베푸시며 노하기를 더디 하십니다(15). 주님은 인자와 진실이 풍성하신 하나님이십니다.

그는 그분께 무엇을 기도합니까? 16절을 봅시다. "내게로 돌이키사 내게 은혜를 베푸소서 주의 종에게 힘을 주시고 주의 여종의 아들을 구원하소서." 첫째로, 그는 하나님께서 자기에게로 돌아오시도록 기도합니다. 인자와 진실이 풍성하신 하나님이 그에게 오시면 죽음의 문턱도 문제가 없기 때문입니다.

둘째로, 그는 하나님께서 은혜를 베풀어 주시도록 기도합니다. 주님은 긍휼히 여기시며 은혜를 베푸시며 노하기를 더디 하십니다. 이 주님이 그에게 오심이 은혜입니다.

셋째로, 그는 종에게 힘을 주시도록 기도합니다. 주님이 힘을 주시면 어려움을 견딜 수 있습니다.

넷째로, 그는 '주님 여종의 아들'을 구원해주시도록 기도합니다. '여종의 아들'은 '여종에게서 태어난 이 몸', 즉 시인 자신을 말합니다. '여종의 아들'은 태어날 때부터 종입니다. 시인은 이 표현을 통해서 자기가 주인의 긍휼과 사랑이 필요한 존재임을 강조합니다.

그는 계속해서 무엇을 기도합니까? 17절을 읽읍시다. "은총의 표적을 내게 보이소서 그러면 나를 미워하는 그들이 보고 부끄러워하오리니 여호와여 주는 나를 돕고 위로하시는 이시니이다." 다섯째로, 시인은 은총의 표적을 보여주시도록 기도합니다.

'은총의 표적'은 무엇인가요? '표적'은 표시인데, 그 표시는 하나님께서 시인의 기도에 응답함입니다. 시인을 죽음의 문턱에서 구원하는 일입니다. 그 표시는 주님께서 당신의 종을 돌보신다는 증거입니다. 하나님께서 시인을 구원하시면, 당신의 신실함과 긍휼을 증명할 수 있습니다.

하나님께서 표시를 보이면 무슨 일이 일어납니까? 그러면 시인을 미워하는 사람이 보고 부끄러워합니다. 교만한 사람, 무자비한 사람이 부끄러움을 겪습니다. 왜냐하면 여호와께서 시인을 도왔고, 위로하셨던 분이기 때문입니다. 여호와는 내적 외적으로 어려움을 겪는 사람을 도와주시고, 위로하시는 분입니다. 그리하여 그를 괴롭히는 사람을 부끄럽게 하십니다. 시인은 자기가 부끄러움을 당하는 대신, 그를 괴롭히는 그들이 부끄러움을 당하도록 기도합니다.

이 시를 통해서 무엇을 배웁니까? 첫째로, 가난하고 궁핍할 때 주님께 기도해야 합니다. 사람이나 환경과 싸우지 않아야 합니다. 자기 처지와 형편을 불평하지 않아야 합니다. 물론 낙심해서도 안 됩니다. 바로 그 순간 기도를 응답하시는 하나님께 도움을 청해야 합니다.

둘째로, 은총의 표적을 보여주시도록 기도해야 합니다. 그것은 하나님께서 우리를 구원하심이며, 사랑과 돌봄의 표시입니다. 문제를 해결 받음의 표시입니다.

왜 표적이 필요할까요? 표시가 있으면 힘을 낼 수 있기 때문입니다. 하나님께서 기도를 응답하신 줄 알기 때문입니다. 아무런 표시가 없으면 '내가 잘못했나?' '하나님이 기도를 듣지 않으시는가?'라며 낙심할 수 있습니다. 하지만 표적이 있으면 희망을 품을 수 있습니다. 믿음의 길을 힘차게 갈 수 있습니다.

옛적에 강대국 미디안은 약소국 이스라엘에 먹을 것을 하나도 남기지 않았으며, 양이나 소나 나귀까지도 남기지 않았습니다. 그들은 메뚜기 떼처럼 쳐들어왔는데, 사람과 낙타가 이루 셀 수 없을 만큼 많았습니다. 그들이 들어와서 온 땅을 황폐하게 만들었습니다. 이스라엘은 미디안 때문에 전혀 기를 펴지 못하자, 마침내 여호와께 울부짖었습니다(삿 6:4-6).

그때 하나님 여호와는 기드온을 큰 용사로 세우셨습니다. 하나님께서 기드온과 함께하셔서 미디안을 마치 한 사람을 쳐부수듯 쳐부술 것이라고 하셨습니다. 그때 기드온은 대답했습니다. "만일 내가 주께 은혜를 얻었사오면 나와 말씀하신 이가 주 되시는 표징을 내게 보이소서." 주님은 그에게 표징을 보여주셨습니다. 그러자 기드온은 여호와를 위하여 그곳에 제단을 쌓고, 그것을 "여호와 샬롬"이라고 했습니다(삿 6:12-24). 그는 표적을 통해서 하나님의 함께하심과 살아계심을 확신했습니다. 그리고 미디안과 싸웠습니다.

오늘 우리는 어떤 표적을 구해야 합니까? 각자가 바라는 표시를 구할 수 있습니다. 그리고 하나님께서 그 표시를 주기도 하십니다. 하지만 하나님께서 믿음의 사람에게 이미 공통의 표시를 주셨습니다. 그것은 예수님께서 십자가에서 죽으시고 살아나심입니다. 그래서 교회는 '십자가'를 하나님이 우리와 함께하시고, 우리를 구원하시고, 인도하심의 표시로 삼습니다. 십자가는 오늘 우리에게는 구원의 표시입니다. 하지만 믿지 않는 사람에게는 심판의 표시입니다. 따라서 믿는 사람을 미워하는 사람은 부끄러움을 당합니다. 십자가의 표시를 믿고 사는 우리를 여호와는 돕고 위로하십니다. 그러므로 우리는 환난의 때에 기도할 수 있습니다. 그리고 그 십자가를 바라보며 역동적인 삶을 살 수 있습니다.

오늘의 시는 다윗의 개인 기도라고 했습니다. 그는 우리가 알듯이 하나님 안에서 좋은 시절도 많았지만, 환난의 때도 많았습니다. 그런데도 많은 사람이 그를 고생한 사람이나 불행한 사람으로 기억하기보다 행복한 사람으로 기억하는 이유는 무엇일까요? 그는 삶의 어려움을 만날 때마다 은총의 표적을 구하며 기도했기 때문입니다. 기도하니 주님께서 그를 돕고 위로하셨습니다. 그래서 그의 삶에는 어려움이나 환난보다는 행복과 기쁨이 넘쳤습니다.

그러면 우리는 어떻게 살아야 합니까? 우리도 삶의 어려움 앞에서 오직 여호와 하나님께 기도해야 합니다. 우리에게는 이미 은총의 표시인 십자가가 있습니다. 그 십자가를 통해 하나님의 함께하심과 살아계심을 확신합니다. 우리가 그 믿음으로 기도하여, 우리를 돕고 위로하시는 주님을 체험하기를 기도합니다.

46
시온에서 났나니

말씀 시편 87:1-7
요절 시편 87:6
찬송 550장, 501장

"여호와께서 민족들을 등록하실 때에는 그 수를 세시며 이
사람이 거기서 났다 하시리로다 (셀라)."

오늘의 시는 '노래로 부른 고라 자손의 시'입니다. '고라 자손'은
레위 지파 이스할의 아들입니다(출 6:21). 그런데 고라는 광야에서
생활했을 때 다른 지파와 합세하여 모세의 영적 권위에 도전했습니
다. 하나님은 반역한 그들의 땅을 갈라서 묻어버렸습니다. 그때 고라
의 아들들은 그 반역에 참여하지 않아서 살았습니다(민 26:9-11).

그 후손은 성전 문지기(대상 9:19), 언약궤를 옮기는 일(대상
15:12), 찬양대(대상 15:19) 등으로 주님을 섬겼습니다. 그리고 시 42
편, 44편~49편, 84편, 85편, 87편, 88편 등을 남겼습니다. 오늘의 시
는 무엇을 노래합니까?

1절을 보십시오. "그의 터전이 성산에 있음이여." '그의 터전'은 토
대인데, '하나님의 도시, 시온'을 뜻합니다. '성산'은 '거룩한 산들'입
니다. 시온은 본래 여부스족이 세웠는데, 후에 다윗이 그곳을 차지했
습니다(삼하 5:7). 그런데 시인은 시온을 세운 분이 여호와이심을 선

언합니다. 여호와께서 거룩한 산들 위에 시온을 세우셨습니다.

여호와는 그 시온을 어느 정도 사랑하십니까? 여호와께서 야곱의 모든 거처보다 시온의 문들을 더욱 사랑하십니다(2). '거처'는 일반적인 거처들인데, 여기서는 다른 도시에 있는 하나님의 '예배처'를 뜻합니다. '시온'은 예루살렘입니다. '예루살렘'은 정치적 이름이고, '시온'은 신학적 이름입니다. '문들'은 성문들입니다. 성문들은 그 도시가 큰 도시임을 말합니다. 성문은 성벽과 함께 그 도시를 보호하는 역할을 합니다.

옛적에는 여호와를 예배하는 예배처가 시온뿐만 아니라, 다른 도시에도 있었습니다. 길갈(삼상 11:15), 벧엘, 그리고 단(왕상 12:29) 등에도 있었습니다. 하지만 여호와는 다른 예배처보다도 시온의 예배처를 더 사랑하십니다. 왜냐하면 하나님은 다른 도시에 있는 예배처를 선택하지 않으셨기 때문입니다. 하나님 여호와는 당신 이름을 두시려고 한 곳만을 선택하셨습니다(신 12:11). 그분은 오직 예루살렘을 당신의 영원한 거처로 선택하셨습니다(시 132:13).

그런데 당시 가나안 족속은 자기들 편할 때로 산당을 짓고, 그곳에서 우상을 섬겼습니다. 그들은 지역마다 특정한 신이 있다고 여기면서 여러 곳에서 여러 신을 섬겼습니다. 이런 영향으로 이스라엘도 이곳저곳에 예배처를 만들고 나름으로 여호와를 섬겼습니다.

하지만 여호와 하나님은 당신의 이름을 두시려고 한 곳만을 정했습니다. 그곳에서만 예배하도록 했습니다. 왜냐하면 하나님은 오직 한 분만 있기 때문입니다. 그 한 분 하나님께서 당신의 거처도 오직 한 곳만 선택하셨기 때문이다. 그곳이 시온, 예루살렘입니다. 우리는 이것을 '단일 성소 사상'으로 부릅니다. 단일 성소인 예루살렘은 이스라엘 삶의 중심이며, 예배의 중심으로 자리 잡았습니다. 따라서 하나님은 시온의 문들을 사랑하십니다. 사람들은 그 하나님의 성, 시온을 "영광스럽다."라고 말합니다(3). 셀라!

그러면 시온과 여러 나라와의 관계는 어떠합니까? 4절을 보십시오. "나는 라합과 바벨론이 나를 아는 자 중에 있다 말하리라 보라 블레셋과 두로와 구스여 이것들도 거기서 났다 하리로다." '라합'은 여호수아 시대에 나오는 여인의 이름과는 다릅니다(수 2:2). 라합은 애굽에 대한 시적 이름입니다(사 30:7). 애굽은 하나님께 대적하는 바다 괴물을 상징합니다. 그런데 하나님은 애굽과 바벨론을 당신을 아는 나라로 기억합니다.

그리고 블레셋, 두로, 구스도 그곳에서 태어났습니다. '태어났다.'라는 말은 '시민권을 받았다.'라는 뜻입니다. 블레셋, 두로, 그리고 구스는 시온이 아닌 다른 곳에서 태어났습니다. 하지만 하나님께서 그들을 당신의 백성으로 삼으셨습니다. 그들에게 거룩한 도시에서 태어난 본토인처럼 시온의 시민권을 주셨습니다.

따라서 사람들은 시온에 대하여 어떻게 말합니까? "이 사람, 저 사람이 그곳에서 태어났다"(5). '이 사람, 저 사람'은 앞에서 말했던 5개의 나라입니다. 5개의 나라는 모든 나라를 대표합니다. 그들 모두는 시온에서 태어났습니다. 지존자, 즉 지극히 높으신 분이 몸소 시온을 세우십니다. 여호와께서 세우실 시온은 모든 나라의 고향이 됩니다. 시온은 '모든 민족의 어머니 도시'가 됩니다. 시온은 이스라엘만이 아니라, 온 세상 만민이 예배하는 곳입니다.

세상 만민은 어떻게 여호와께 예배할 수 있습니까? 6절을 읽읍시다. "여호와께서 민족들을 등록하실 때에는 그 수를 세시며 이 사람이 거기서 났다 하시리로다 (셀라)." '등록한다.'라는 말은 '명부에 올린다.'라는 뜻입니다. 여호와는 민족을 명부에 올리려고 그 수를 셉니다. 옛적에는 전쟁에서 이기면 패배한 백성을 노예로 삼았습니다. 그 노예의 이름을 등록하려고 그 숫자를 셌습니다. 하나님은 당신의 백성으로 삼은 그 사람을 명부에 올리려고 그 수를 셉니다. 그리고 "그들도 시온에서 낳았다."라고 선언합니다.

여기에는 무슨 뜻이 있습니까? '하나님의 백성이 되었다.' '하나님 나라의 시민권을 받았다.'라는 뜻입니다. 그들은 이전 시민권과 상관없이 하나님의 백성으로서 시민권을 받았습니다. 하나님께서 그들을 당신의 백성으로 인정하셨습니다. 여호와를 믿는 사람은 어디에서 살든지 시온의 출생권을 가집니다. 시온의 시민으로 삽니다. 왜냐하면 하나님께서 그 사람을 낳으셨기 때문입니다.

이 사상은 요한복음에서 '다시 태어남(born again)'으로 이어집니다 (요 3:3). 유대인의 지도자 니고데모가 밤에 예수님께 왔을 때, 예수님이 말씀했습니다. "진실로 진실로 네게 이르노니 사람이 거듭나지 아니하면 하나님의 나라를 볼 수 없느니라." 니고데모는 하나님의 나라를 보고 싶었습니다. 그는 하나님 나라의 시민권을 가지고 싶었습니다. 그런데 그는 어떤 기적을 통해서 시민권을 갖는 줄 알았습니다. 하지만 옛적에 모세가 광야에서 뱀을 든 것 같이 인자도 들려야 하는데, 그분을 믿는 자마다 영생을 얻습니다(요 3:14-15). 하늘의 시민권은 오직 예수님을 믿음으로 얻습니다.

이 시민권은 거룩한 성 새 예루살렘에서 절정을 이룹니다. 거룩한 성 새 예루살렘은 하나님으로부터 하늘에서 내려옵니다(계21:10). 거룩한 성 새 예루살렘은 막연한 하늘나라에 있지 않고, 오늘을 사는 우리의 삶에서부터 이루어집니다. 그 안에는 건물 성전이 없습니다. 여호와 하나님과 그분의 어린양이 성전이기 때문입니다(계 21:22).

누가 이 성으로 들어갑니까? 오직 어린양의 생명책에 기록된 자들만 들어갑니다. 하지만 속된 것은 무엇이나 그 도성에 들어가지 못하고, 가증한 일과 거짓을 행하는 자도 절대로 거기에 들어가지 못합니다(계 21:26-27). 하나님께서 은혜를 베푸셔서 다시 태어난 사람, 즉 예수님을 그리스도로 믿는 사람만 들어갑니다.

그들은 무엇을 합니까? 7절입니다. "노래하는 자와 뛰어노는 자들이 말하기를 나의 모든 근원이 네게 있다 하리로다." '네게 있다.'라는 말은 '시온 안에 있다.'라는 뜻입니다. '근원'은 '샘'인데, 모든 생명과 축복의 샘입니다. 노래하고 즐거워하는 사람은 말합니다. "나의 모든 생명과 축복의 샘이 시온 안에 있다!" 시온은 '생명을 주는(the life-giving)' 하나님의 도시입니다. 그래서 하나님의 도시에서 그들은 생명의 선물을 받고 노래하고 춤춥니다.

오늘 우리는 무엇을 배웁니까? 오늘 우리는 시온에서 태어났습니다. 우리의 시민권은 하늘에 있습니다. 우리가 어디에서, 어떻게 살든지 이 사실을 기억하고 노래하기를 기도합니다.

47
오직 주님께 부르짖었사오니

말씀 시편 88:1-18
요절 시편 88:13
찬송 365장, 367장

"여호와여 오직 내가 주께 부르짖었사오니 아침에 나의 기도가 주의 앞에 이르리이다."

오늘의 시는 87편에 이어 고라 자손, 곧 에스라 사람 헤만의 교훈 시입니다. '에스라 사람'은 '이스라엘 사람'을 말하는데, 성가대 지휘자를 따라 '질병의 고통'이란 곡조에 맞춰 부른 노래입니다. 제목에 나타나듯이 시인은 죽음과 죽음의 두려움으로 극심한 고통에 시달렸습니다. 그런데 그는 그 고통 중에 무엇을 했습니까?

1절을 보십시오. "여호와 내 구원의 하나님이여 내가 주야로 주 앞에서 부르짖었사오니." 이 시는 '여호와의 이름'을 부름으로 시작합니다. 여호와는 구원의 하나님이십니다. 시인은 과거에 구원을 체험했습니다. 그는 지금도 여호와께서 자기를 구원하실 줄 믿습니다. 그런 그는 낮에 부르짖었고, 밤에도 하나님 앞에 서 있었습니다. 하나님이 기도를 빨리 들어주지 않으시니 '낮이나 밤이나' 부르짖었습니다.

시인은 기도가 주님 얼굴에까지 들어가기를 바랍니다(2). 주님께서

277

그 기도를 보기를 바랍니다. 그의 부르짖음에 하나님께서 귀를 기울여 주시기를 바랍니다. 시인은 주님이 눈과 귀를 동원하여, 즉 시각과 청각을 통하여 보고 들으실 줄 희망하며 부르짖습니다.

왜 그는 이렇게 부르짖습니까? 왜냐하면 그의 영혼에는 재난이 가득했기 때문입니다(3). 그의 생명은 스올의 문턱에 다다랐기 때문입니다. 시인은 죽음의 문 앞에서 숨이 끝날 때를 기다리고 있었습니다. 그의 고통은 그를 죽음의 문턱으로 몰았습니다. 그런 그는 무덤에 내려가는 자 같았습니다(4). 그는 살아갈 힘이 다 빠졌습니다. 그는 죽은 사람들 가운데 버려졌는데, 죽임을 당하여 무덤에 누워 있는 사람 같습니다(5a).

그런데 주님은 죽은 사람들을 다시 기억하지 않으셨습니다(5b). 왜냐하면 그들은 주님의 손에서 끊어진 사람들이었기 때문입니다. 주님은 죽은 사람들에게는 구원의 손길을 뻗치지 않으셨습니다.

그러면 왜 시인은 이런 일을 겪었습니까? 주님께서 시인을 깊은 웅덩이와 어둡고 음침한 곳에 두셨기 때문입니다(6). 주님의 진노가 감당할 수 없을 정도로 그를 무겁게 눌렀습니다(7). 주님의 몰아치는 파도가 그를 압도했습니다. 시인은 하나님의 분노로 감당할 수 없는 고통을 겪었습니다. 주님은 시인이 아는 사람, 즉 시인의 친구마저 멀리 떠나게 하셨습니다(8a). 주님께서 그를 친구들에게 혐오스러운 존재로 만드셨습니다. 시인은 사회적으로 버림받았습니다.

그의 형편이 어떠합니까? 그는 갇혀서 세상으로 나갈 수 없었습니다(8b). 그는 외로움, 소외를 겪고 있습니다. 그는 고통으로 눈까지 약해졌습니다(9a). 그는 건강을 잃었습니다. 그는 영육 간에 고통을 겪고 있습니다.

그런 중에도 시인은 무엇을 했습니까? 9절을 보십시오. "곤란으로 말미암아 내 눈이 쇠하였나이다 여호와여 내가 매일 주를 부르며 주를 향하여 나의 두 손을 들었나이다." 그는 날마다 여호와를 불렀습니다. 그는 여호와를 향하여 두 손을 펼쳤습니다. 그는 아무것도 할 수 없는 연약한 존재였습니다. 그는 영육 간에 정말로 연약할 때 오직 하나님께 기도했습니다. 꾸준한 기도는 고통을 이기는 유일한 진

통제요 치료제입니다.

그러면서 그는 하나님께 어떤 수사적 질문을 합니까? 10절입니다. "주께서 죽은 자에게 기이한 일을 보이시겠나이까 유령들이 일어나 주를 찬송하리이까 (셀라)." 이 말은 "주님은 죽은 사람에게 기적을 베푸시렵니까?"라는 뜻입니다. 주님의 능력은 죽은 사람에게 나타나지 않습니다. 죽은 사람은 주님의 능력을 체험하지 못합니다. 그는 또 "유령들이 일어나 주님을 찬송하겠습니까?"라고 묻습니다. 죽은 사람은 하나님을 찬양할 수 없습니다. 그들은 부정한 존재여서 거룩한 성소에 들어갈 수 없습니다. 찬양은 살아 있는 사람만이 할 수 있습니다. 죽음과 생명의 차이는 하나님을 찬양할 수 없느냐와 있느냐에 있습니다.

시인은 계속해서 무엇을 묻습니까? "주의 인자하심을 무덤에서, 주의 성실하심을 멸망 중에서 선포할 수 있으리이까"(11)? 무덤에서는 주님의 사랑과 성실을 선포할 수 없습니다. 흑암에서 주님의 기적을, 잊음의 땅에서 주님의 정의를 경험할 수 없습니다(12). 죽음은 아무것도 기억할 수 없는 상황입니다.

시인이 이 질문을 통해 말하려는 바는 무엇입니까? 하나님이 시인의 기도에 너무 늦게 응답하시면, 시인은 하나님을 찬양할 수 없다는 겁니다. 구원을 바라는 시인의 기도에 하나님이 응답하실 때만 그분의 신실한 사랑, 놀라운 능력, 그리고 의로우심이 나타납니다. 그러므로 하나님께서 시인의 기도를 빨리 들어주시기를 바랍니다. 하지만 그는 아직도 응답받지 못했습니다.

그러나 시인은 계속해서 무엇을 합니까? 13절을 읽읍시다. "여호와여 오직 내가 주께 부르짖었사오니 아침에 나의 기도가 주의 앞에 이르리이다." 시인은 시를 시작할 때 주님께 부르짖었습니다(1). 주님 앞에까지 이르도록 기도했습니다(2). 그는 낙심하지 않고 계속해서 기도했습니다. 그는 아침에도 기도했습니다. '아침'은 일반적으로 회복, 건강, 그리고 새로운 시작의 때입니다. 하나님이 구원하기 위해 나타나는 시간입니다.

그런데 시인은 '그 아침'에 기도가 주님 앞에 이르도록 기도했습

279

니다. 왜냐하면 하나님은 아침인데도 시인의 기도를 응답하지 않으셨기 때문입니다. 시인은 새 사역이 일어날 그 아침에도 아무 일을 경험하지 못했습니다. 그런데도 시인은 낙심하지 않고 다시 기도했습니다. 그는 오직 주님께 가슴을 에는 기도를 합니다.

그는 기도 중에 어떻게 탄식합니까? 14절입니다. "여호와여 어찌하여 나의 영혼을 버리시며 어찌하여 주의 얼굴을 내게서 숨기시나이까." 시인은 기도하는데도 주님은 여전히 그를 버리십니다. 시인은 기도하는데도 주님은 여전히 얼굴을 숨기십니다. 그에게는 주님이 눈길만 주셔도 죽음의 독소를 덜 수 있습니다. 하지만 주님은 여전히 긍휼도 보이지 않고 행동도 하지 않으십니다.

언제부터 그는 고난을 겪었습니까? 그는 어려서부터 고통을 겪었고, 지금까지 죽음의 문턱에서 살아왔습니다(15). 그는 기력이 다 쇠잔하고 말았습니다.

왜 그는 이런 고난을 겪었습니까? 주님의 분노가 그를 휩쓸었기 때문입니다(16). 하나님의 무시무시한 공격이 그의 목숨을 빼앗았기 때문입니다. 이런 무서움이 날마다 홍수처럼 시인을 에워쌌습니다(17). 시인은 혼돈과 죽음의 물에 갇혔습니다. 그는 빠져나갈 길이 없는 심각한 상황에 있습니다. 주님께서 시인의 사랑하는 사람들과 이웃을 떼어놓으셨습니다(18). 그 결과 어둠만이 그의 유일한 벗이었습니다. 오늘의 시는 빛이 아닌 어둠으로 끝납니다.

우리는 이 시를 통해 무엇을 배웁니까? 첫째로, 우리의 삶은 항상 '해피엔딩(a happy ending)'으로 끝나지 않습니다. 하나님은 시인의 부르짖음에 응답하기보다는 오히려 그의 사랑하는 사람과 벗을 멀어지게 하셨습니다. 시인은 그토록 하나님께 부르짖었는데도 어둠으로 끝났습니다. 응답이 없는 기도는 믿음으로 사는 우리에게 깊은 고민거리입니다. 우리가 꾸준하게 기도할지라도, 어떤 문제는 우리를 어둡게 할 수 있습니다. 따라서 우리는 삶의 문제와 기도의 관계를 '해피엔딩'이나 '빛'으로 단정할 수 없습니다. 주님의 깊은 뜻을 살필 수밖에 없습니다.

둘째로, 우리는 어둠 앞에서도 끝까지 기도해야 합니다. 시인은 기도를 응답받지 못했는데도 하나님께 부르짖었습니다. 사실 고통을 겪을 때 기도 외에는 그 어떤 선택지도 없습니다. 내 능력으로 그 어둠을 뚫을 수 없기 때문입니다. 우리는 하나님께서 여기까지 인도하셨고, 언젠가는 기도를 들으실 줄 믿어야 합니다. 따라서 우리에게 어둠은 절대 어둠은 아닙니다. 해가 떠오르기 직전의 어둠입니다. 지금은 우리가 그 어둠의 뜻을 다 알 수 없을지라도, 하나님의 신실하심과 사랑을 믿고 포기하지 않아야 합니다. 하나님께서 우리에게 원하심은 낙망하지 않는 기도, 꾸준한 기도입니다.

예수님께서 제자들에게 기도를 가르치실 때 비유로 말씀하셨습니다. "어떤 사람에게 밤에 한 친구가 찾아왔다. 그 사람은 다른 친구에게 찾아가서 말했다. '여보게 친구, 빵 세 개를 꾸어 주게. 내 친구가 갑자기 찾아왔는데, 빵이 없어서 그러네!' 그러면 그 친구는 대답할 것이다. '나를 괴롭히지 말게. 문은 이미 닫혔고, 아이들과 나는 잠자리에 누웠네. 내가 지금 일어나서 자네의 청을 들어줄 수 없네.'" 그러나 예수님은 제자들에게 말씀하십니다. "그 친구는 친구라는 이유로 빵을 주지 않을지라도, 그 사람이 졸라대니 일어나서 빵을 줄 것이다"(눅 11:5-8).

예수님은 또 제자들에게 "늘 기도하고 낙심하지 말아야 한다."라는 뜻으로 말씀하셨습니다. "어느 동네에 하나님도 두려워하지 않고 사람도 존중하지 않는 한 재판관이 있었다. 그곳에 과부가 있었는데, 그 재판관에게 줄곧 찾아가서 졸랐다. '내 원수에 대한 나의 원한을 풀어 주소서!' 그 재판관은 한동안 들어주지 않다가 혼자 말했다. '내가 하나님도 두려워하지 않고 사람도 존중하지 않지만, 이 과부가 나를 이렇게 귀찮게 하니 그 원한을 풀어 주리라. 그렇지 않으면 자꾸만 찾아와서 나를 괴롭게 하리라.'" 주님께서 말씀하셨습니다. "너희는 이 불의한 재판관이 하는 말을 귀담아들어라. 하나님께서 자기에게 밤낮으로 부르짖는 택하신 자들의 원한을 풀어 주지 않겠느냐? 그들에게 오래 참으시겠느냐? 속히 그 원한을 풀어 주시리라"(눅 18:1-7).

오늘 우리도 사람마다 정도의 차이는 있을지라도 삶의 어둠을 만날 때가 있습니다. 그 어둠 앞에서 내 이성의 한계와 능력의 한계를 깨달을 때가 있습니다.

그때 우리가 할 수 있는 일은 무엇입니까? 살아 계신 하나님, 전능하신 하나님, 그리고 사랑의 하나님을 믿고 가슴을 에는 기도를 해야 합니다. 당장에는 '해피엔딩'이 아닐지라도 언젠가는 '해피엔딩'을 기대하며 꾸준히 기도해야 합니다. 우리가 어둠 앞에서 뜨겁게 기도하는 일은 중요합니다. 하지만 꾸준히 기도하는 일은 더 중요합니다. 어둠의 현실에서 우리가 할 수 있는 유일한 일은 오직 하나님께 부르짖는 일입니다.

48
인자와 성실의 하나님

말씀 시편 89:1-37
요절 시편 89:1
찬송 299장, 466장

"내가 여호와의 인자하심을 영원히 노래하며 주의 성실하심을
내 입으로 대대에 알게 하리이다."

오늘 우리가 자신이 처한 현실을 생각하면 어떤 마음입니까? 오늘 시편은 우리에게 무엇을 가르칩니까?

첫째, 인자와 성실의 하나님(1-8)

1절을 봅시다. "내가 여호와의 인자하심을 영원히 노래하며 주의 성실하심을 내 입으로 대대에 알게 하리이다." 오늘의 시는 에스라 사람 에단의 교훈시입니다. '에스라 사람'은 이스라엘 사람이고, 에단은 헤만과 형제이며(대상 2:6), 레위 지파 음악인입니다(대상 15:19). 그는 여호와의 인자하심을 영원히 노래합니다. '인자하심'은 한결같은 사랑(steadfast love)입니다. 그는 또 주님의 성실하심을 대대에 알립니다. '성실'은 '똑같음', '변하지 않음'입니다. '인자'와 '성실'은 하나님의 성품인데, 대부분 한 짝으로 나옵니다. 시인은 하나님의 한결같은 사랑을 노래하고 변하지 않고 똑같음을 알립니다.

시인이 사랑을 노래하고 똑같음을 알리는 이유는 무엇입니까? 왜

냐하면 여호와께서 "내 인자하심은 영원히 세워지고, 내 성실은 하늘에서 견고할 것이다."라고 말했기 때문입니다(2).

무슨 말입니까? 시인이 노래하고 알리는 근거가 자기 형편에 있지 않습니다. 철저히 하나님의 말씀에 있습니다. 역사적으로 이 시를 전쟁에서 패배한 왕의 노래로 봅니다. 주전 586년 바벨론의 느부갓네살이 예루살렘을 멸망하고, 왕을 잡아간 사건을 배경으로 합니다. 하나님께 선택받았던 다윗 왕국은 버림받았습니다. 그러므로 지금 시인은 인생살이가 잘 풀려서 하나님의 인자를 노래한 것이 아닙니다. 그렇다고 앞으로 잘 풀릴 거라는 막연한 기대감으로 하나님의 성실을 알리는 것이 아닙니다. 그는 자기와 이스라엘의 미래를 전혀 새로운 렌즈로 보고 있습니다. 오늘의 현실에 근거한 내일이 아니라, 하나님의 신실한 약속에 근거하여 내일을 보고 있습니다. 그는 자기 형편이 아닌 하나님의 말씀에 근거하여 자기와 조국의 미래를 봅니다. 그는 말씀의 핵심 사상을 인자와 성실로 표현했습니다.

우리는 무엇을 배웁니까? 오늘 우리가 처한 현실을 보는 렌즈입니다. 우리는 현실보다 말씀의 렌즈로 나를 보고 이 나라를 봐야 합니다. 하나님의 인자와 성실이라는 렌즈로 이 세상을 봐야 합니다. 그러면 현재 내 조건이나 환경에 따라서 흔들리지 않습니다. 하나님의 인자와 성실로 보면 어떤 현실 앞에서도 미래에 대한 희망을 품을 수 있습니다.

만일 누군가가 오늘의 삶을 은혜로 받아들이지 못한다면, 그 이유는 무엇일까요? 어떤 사람이 오늘의 현실 앞에서 감사와 기쁨, 그리고 희망을 품지 못한다면, 왜 그럴까요? 물론 나름의 이유가 있을 겁니다. 하지만 오늘 말씀에 기초하면, 우리가 하나님의 인자와 성실로 우리의 현실을 보지 못한 점이 문제입니다. 하나님의 인자와 성실로 나를 본다면, 오늘 나의 현실을 이기고 감사와 기쁨을 누릴 수 있습니다. 하나님의 인자와 성실로 오늘의 세상을 본다면, 희망을 품을 수 있습니다. 더 나아가, 우리도 시인처럼 인자를 노래하고 성실을 알릴 수 있습니다.

시인은 하나님의 인자와 성실을 어디에서 찾았습니까? 3절을 보십시오. "주께서 이르시되 나는 내가 택한 자와 언약을 맺으며 내 종 다윗에게 맹세하기를." 시인은 주님께서 선택한 사람과 맺은 언약에서 인자와 성실을 찾았습니다. 주님은 당신께서 선택한 사람과 언약을 맺었고, 당신의 종 다윗에게 맹세하셨습니다.

그 언약과 맹세의 내용은 무엇입니까? 4절입니다. "내가 네 자손을 영원히 견고히 하며 네 왕위를 대대에 세우리라 하셨나이다 (셀라)." 하나님은 다윗의 후손을 영원히 견고하게 하십니다. 다윗의 왕위를 대대에 세웁니다. 하나님은 다윗 왕조가 영원할 것을 약속하셨습니다(삼하 7:12-13).

여기서 '다윗 왕조'는 일차적으로 이스라엘 나라입니다. 하나님은 다윗의 아들 솔로몬과 그 후손을 견고하게 세우셨습니다. 그리고 다윗의 왕위를 이어가셨습니다. 하지만 주전 586년 그 나라는 망했습니다. 그런데도 시인의 마음은 망하지 않았습니다. 그는 하나님의 약속, 다윗과 했던 그 맹세를 포기하지 않았습니다. 하나님의 말씀에 근거하여 다윗 왕국에 대한 희망을 품습니다.

물론 그 희망은 물리적 왕국이 아닌 영적 왕국으로 나타납니다. 다윗의 왕위는 이제 예수 그리스도를 통해 이루시는 하나님의 나라로 나타납니다. 예수님은 육신으로는 다윗의 혈통에서 나셨고, 성결의 영으로는 죽은 자들 가운데서 부활하사 능력으로 하나님의 아들로 선포되셨습니다(롬 1:3-4). 영적인 다윗 왕위, 즉 예수님을 통한 하나님 나라의 왕위는 영원합니다. 그 나라는 지금도 예수님을 믿는 사람을 통해, 교회를 통해 이어가고 있습니다. 그 왕위는 예수님께서 다시 오시는 그날까지 대대에 세워집니다. 우리 한 사람은 그 나라를 세우는 일에 쓰임 받고 있습니다.

그러므로 하늘은 무엇을 합니까? 5절을 봅시다. "여호와여 주의 기이한 일을 하늘이 찬양할 것이요 주의 성실도 거룩한 자들의 모임 가운데에서 찬양하리이다." '주의 기이한 일'은 여호와의 인자를 뜻하고, '하늘'은 '천상의 존재들'을 뜻합니다. '거룩한 자들의 모임'은 '신들의 모임', '천상 회의'를 뜻합니다. 천상의 존재들이 여호와의 인자를 찬양하고, 신들의 모임도 주님의 성실을 찬양합니다.

왜 찬양합니까? 왜냐하면 저 구름 위의 하늘에서 여호와와 견줄 만한 이는 없기 때문입니다(6). 하늘의 존재 중에 여호와와 같은 존재는 없기 때문입니다. 여호와는 그 어떤 신과도 비교할 수 없는 절대적 존재입니다. 다른 신은 신이 아닙니다. 그냥 신으로 불릴 뿐입니다. 오직 여호와만이 하나님입니다.

하나님은 거룩한 자의 회중에서 매우 위엄이 있습니다(7). 둘러 있는 모든 사람보다 더 두려운 분입니다. 만군의 하나님 여호와처럼 전능하신 분은 없습니다(8). 그 어떤 신도 주님만큼 강하지 않습니다. 여호와의 신실함이 그분을 둘러싸고 있습니다.

그 모습이 어디에서 나타납니까?

둘째, 힘이신 하나님(9-25)

9절을 봅시다. "주께서 바다의 파도를 다스리시며 그 파도가 일어날 때에 잔잔하게 하시나이다." '바다'는 하나님을 거스르는 혼돈과 무질서를 상징합니다. 바벨론 창조 서사시 "에누마 엘리쉬(Enuma Elish)"에서는 혼돈의 물 여신 티아맛(Tiamat)을 최고신 마르둑(Marduk)이 정복했습니다. 우가릿 신화에서는 바알과 그의 맞수인 바다의 신 얌(Yam)이 싸웠습니다. 또 우가릿 서사시에는 아나트(Anat)와 바알(Baal)이 일곱 개의 머리가 달린 레비아탄(Leviathan)을 정복하고 바다의 지배권을 얻었습니다.

그러나 여호와께서 바다의 파도를 다스리십니다. 그 파도가 일어날 때 잔잔하게 하십니다. 바다는 신이 아니고, 여호와의 피조물입니다. 여호와는 피조물인 바다를 지배하십니다. 바다를 지배하는 신도 우상이 아니라, 여호와이십니다. 여호와는 홍해를 이미 지배하셨습니다(출 14:21-22).

그뿐만 아니라, 여호와께서 라합을 죽임당한 자 같이 깨뜨리셨습니다(10). '라합'은 애굽에 대한 은유입니다(사 30:7, 시 87:4). 전쟁에서 살해된 시체와 같은 라합의 모습은 '티아맛'을 쳐부순 '마르둑'에 대한 바벨론 신화를 생각나게 합니다. 그러나 하나님이 라합을 깨뜨리셨습니다. 하나님께서 강대국 애굽을 능력의 팔로 흩으셨습니다.

하나님은 원수를 다스리십니다.

왜 하나님은 그렇게 하셨습니까? 11절을 봅시다. "하늘이 주의 것이요 땅도 주의 것이라 세계와 그중에 충만한 것을 주께서 건설하셨나이다." 하늘이 주님의 것이고, 땅도 주님의 것입니다. 온 우주 만물은 하나님의 소유입니다. 주님께서 세계와 그 가운데 있는 모든 것을 만드셨습니다. 하나님이 모든 기초를 세우셨습니다. 그래서 하나님은 바다를 다스렸고, 강대국을 흩으셨습니다.

하나님은 남북을 창조하셨습니다(12). 가나안의 신화에서 북쪽은 신들이 모이는 장소였습니다. 그 모임에서 바알이 최고의 신이었습니다. 그런데 하나님께서 신들이 모이는 장소를 만드셨습니다. 그곳에 모이는 신들은 하나님의 피조물에 불과합니다. 다볼과 헤르몬은 주님의 이름으로 즐거워합니다. '다볼'은 갈릴리 바다 남쪽에 있었고, 옛 성소가 있었습니다(신 33:19). '헤르몬'은 갈릴리 바다 북쪽에 있었고, 하나님을 예배하는 장소가 있었습니다. 다볼과 헤르몬은 주님의 이름을 즐거이 외칩니다.

그분은 어떤 분입니까? 13절입니다. "주의 팔에 능력이 있사오며 주의 손은 강하고 주의 오른손은 높이 들리우셨나이다." 주님의 팔에 능력이 있습니다. 주님의 손은 강합니다. 주님의 오른손은 높이 들렸습니다. 그러니까 주님은 그 힘이 막강한 전능하신 하나님이십니다.

그 힘의 뿌리는 무엇입니까? 14절을 읽읍시다. "의와 공의가 주의 보좌의 기초라 인자함과 진실함이 주 앞에 있나이다." '보좌'는 '영예의 자리', '왕좌'인데, 비유적으로 '왕의 위엄', '왕의 권세'를 뜻합니다. 의와 공의가 하나님 왕권의 기초입니다. 왕권의 강한 힘은 의와 공의에서 옵니다. 의와 공의에 근거하지 않은 왕권은 폭력으로 나타납니다. 그러나 의와 공의에 기초한 주님의 왕권은 인자와 성실로 나타납니다.

그러므로 누가 복이 있습니까? 15절을 봅시다. "즐겁게 소리칠 줄 아는 백성은 복이 있나니 여호와여 그들이 주의 얼굴빛 안에서 다니리로다." '즐겁게 소리친다.'라는 말은 '기쁨을 알리는 나팔 소리', '축제의 환호'라는 뜻입니다. 축제의 환호를 아는 백성은 복이 있습니다. 그들은 주님의 얼굴빛에서 걷습니다. 축제 때 행진하는 모습을 생각할 수 있습니다. 그들은 종일 주님의 이름으로 기뻐합니다(16). 그들은 주님의 의로움으로 높임을 받습니다.

그 이유가 무엇입니까? 왜냐하면 주님은 그들의 영광스러운 힘이기 때문입니다(17). 주님의 은총으로 우리의 뿔이 높아지기 때문입니다. 우리의 뿔이 높아지는 이유는 우리의 방패가 여호와의 것이고, 우리의 왕은 이스라엘의 거룩하신 분의 것이기 때문입니다(18). 여호와는 우리의 방패이시고, 여호와는 우리의 왕이십니다.

그때 주님은 무엇을 말씀하셨습니까? 19절을 봅시다. "그때에 주께서 환상 중에 주의 성도들에게 말씀하여 이르시기를 내가 능력 있는 용사에게는 돕는 힘을 더하며 백성 중에서 택함을 받은 자를 높였으되." '용사'는 다윗을 말합니다. 하나님은 다윗을 백성 중에서 선택하셨습니다. 하나님은 그를 도와주셨고, 높이셨습니다. 하나님은 싸움에서 그를 도와주셨고, 이기게 하셨습니다. 주님은 다윗을 찾으셨고, 그에게 거룩한 기름을 부었습니다(20). 하나님은 다윗을 당신의 종으로 삼으셨습니다.

그렇게 하신 목적은 무엇입니까? 주님의 손이 그와 함께 굳게 서고, 주님의 팔도 그를 강하게 합니다(21). 그리하여 원수는 그를 능가하지 못하고, 악인은 그를 낮추지 못합니다(22). 여호와께서 그 앞에서 그 대적을 짓부숩니다(23). 다윗을 미워하는 사람을 칩니다.

그리고 여호와의 성실함과 인자함이 그와 함께합니다(24). 하나님의 이름으로 그의 뿔이 높아집니다. 왕은 대적 앞에서도 여호와의 성실과 사랑이 함께하여 주님의 이름으로 강해집니다. 또 여호와께서 그의 손을 바다 위에 두셨습니다(25). '바다'는 지중해입니다. 오른손을 강들 위에 두셨습니다. '강'은 유프라테스강과 티그리스강입니다. 바다와 강은 다윗이 차지했던 큰 영토를 뜻합니다. 하나님께서 다윗에게 힘을 주셔서 그의 통치가 바다와 강까지 확장했습니다. 다윗의 나라는 주님의 나라를 상징합니다. 주님의 나라는 온 세상으로 뻗칩니다.

48 인자와 성실의 하나님(89:1-37)

시인은 하나님을 어떤 분으로 고백합니까?

셋째, 언약을 굳게 하시는 하나님(26-37)

26절입니다. "그가 내게 부르기를 주는 나의 아버지시요 나의 하나님이시요 나의 구원의 바위시라 하리로다." 다윗은 하나님을 아버지로 고백합니다. 그분은 다윗의 하나님이시고, 구원의 바위입니다. 다윗과 하나님과의 관계는 매우 인격적입니다. 매우 특별합니다.

하나님은 그를 위해 무엇을 하십니까? 하나님은 그를 장자로 삼으십니다(27). '장자'는 가정의 재산을 관리할 권한과 함께 아버지를 계승합니다. '장자권'은 대단한 특권이며, 복입니다. 그런데 다윗은 장자권을 출생이 아닌 하나님의 선택으로 받았습니다. 그는 막내로 태어났지만, 하나님의 사역에서 큰아들로 쓰임을 받았습니다. 그 점에서 맏아들은 출생으로 얻는 지위가 아닙니다. 아버지는 맏아들을 지명할 수 있었습니다. 하나님은 그런 다윗을 세상 왕들에게 지존자가 되게 하십니다. 다윗은 세상에서 가장 뛰어난 왕이었습니다.

하나님은 그를 위하여 인자함을 영원히 지키십니다(28). 하나님은 변하지 않는 사랑을 그에게 영원히 간직하십니다. 하나님은 그와 맺은 언약을 굳게 세우십니다.

하나님은 그 후손을 어떻게 하셨습니까? 그 후손을 영구하게 하셨습니다(29). 하나님은 그의 후손을 길이길이, 그 왕좌를 하늘의 날수만큼 이어지게 하셨습니다.

그런데 그 후손에게는 어떤 의무가 있습니까? 30절을 읽읍시다. "만일 그의 자손이 내 법을 버리며 내 규례대로 행하지 아니하며." 그들은 하나님의 법을 버리지 않아야 합니다. 그들은 하나님의 규례대로 살아야 합니다. 그들은 하나님의 규정을 깨뜨리지 않아야 합니다(31). 그분의 계명을 지켜야 합니다.

만일 그들이 규정을 깨뜨리고, 그분의 계명을 지키지 않으면 어떻게 됩니까? 32절을 보십시오. "내가 회초리로 그들의 죄를 다스리며 채찍으로 그들의 죄악을 벌하리로다." 그들이 말씀대로 살지 않으면, 하나님은 회초리를 들고 이미 찾아오셨습니다. 하나님은 죄를 지으면, 재앙으로 이미 방문하셨습니다. '완료형'을 통해서 말씀대로 살지 않으면 그에 따른 벌이 이미 임했음을 강조합니다.

그러나 하나님은 무엇을 하십니까? 33절입니다. "그러나 나의 인자함을 그에게서 다 거두지는 아니하며 나의 성실함도 폐하지 아니하며." 하나님은 당신의 인자함을 다 거두지는 않습니다. 그분의 성실함도 폐하지 않습니다. 하나님은 말씀대로 살지 않은 사람을 벌하시지만, 그렇다고 인자와 성실을 깨지는 않습니다.

왜 하나님은 그렇게 하십니까? 하나님은 그 언약을 깨뜨리지 않으시기 때문입니다(34). 그 언약은 변하지 않는 하나님의 사랑과 성실에 근거하기 때문입니다. 하나님은 입술에서 나온 말을 바꾸지 않습니다. 하나님은 거룩함으로 단 한 번 맹세하셨습니다(35). 하나님은 다윗에게 거짓말을 하지 않습니다. 거룩함을 걸고 맹세하신 분이 거짓말을 한다면, 더는 거룩한 분이 아닙니다.

그 후손은 어떻게 됩니까? 그 후손은 장구합니다(36). 영원히 이어집니다. 그 왕위는 해 같이 하나님 앞에 항상 있습니다. 또 하늘에 있는 달처럼 충성스러운 증인으로 영원토록 견고히 서 있습니다. 셀라(37)!

오늘 우리는 나와 이 시대를 어떤 렌즈로 봐야 합니까? 인자와 성실의 하나님, 힘이신 하나님, 그리고 언약을 굳게 하시는 하나님에게 근거하여 봐야 합니다. 그리하여 오늘의 나를 이기고, 인자를 노래하고 성실을 알릴 수 있기를 기도합니다.

49
여호와여 언제까지니이까

말씀 시편 89:38-52
요절 시편 89:46
찬송 578장, 599장

> "여호와여 언제까지니이까 스스로 영원히 숨기시리이까 주의
> 노가 언제까지 불붙듯 하시겠나이까."

오늘 본문은 지난주의 연속입니다. 시인은 여호와의 인자하심을 영원히 노래하며, 주님의 성실하심을 대대에 알립니다(1). 하나님은 그 후손이 말씀대로 살지 않으면 회초리로 그 죄를 다스리십니다 (32). 하지만 하나님은 그 인자함을 다 거두지는 않고, 성실함도 폐하지 않습니다(33). 왜냐하면 하나님은 그 언약을 깨뜨리지 않기 때문입니다(34). 그리하여 그 후손은 장구하고, 그의 왕위는 해 같이 하나님 앞에 항상 있습니다(36).

그러나 주님은 무엇을 하셨습니까? 38절을 보십시오. "그러나 주께서 주의 기름 부음 받은 자에게 노하사 물리치셔서 버리셨으며." '기름 부음 받은 자'는 하나님께서 세우신 왕입니다. 하나님은 당신이 기름 부어 택하신 왕에게 화를 내셨습니다. 하나님은 그를 버리셨고, 물리치셨습니다.

어떻게 물리치셨습니까? 주님은 그 종과 맺은 언약을 파기하셨습

니다(39). 그의 왕관을 땅에 던져 욕되게 하셨습니다. 주님께서 모든 울타리를 모조리 허무셨고, 그 요새를 폐허로 만드셨습니다(40). '울타리'와 '요새'는 왕을 보호하는 역할을 합니다. 그런데 왕은 보호막을 잃어버렸습니다. 이스라엘의 방패인 하나님이 왕을 공격하셨기 때문입니다.

그 결과 왕은 어떻게 되었습니까? 41절을 보십시오. "길로 지나가는 자들에게 다 탈취를 당하며 그의 이웃에게 욕을 당하나이다." 길로 지나가는 사람마다 왕을 약탈했습니다. 왕은 이웃에게 수치거리가 되었습니다.

그런데 주님은 왕의 대적을 어떻게 하셨습니까? 주님께서 그 대적의 오른손을 높이셨습니다(42). 주님은 오히려 대적을 치켜올려 주셨습니다. 그러니 원수는 좋아서 기뻐했습니다. 주님은 대적을 물리치지 않으시고, 오히려 그들의 지지자가 되셨습니다.

반면 주님께서는 왕의 칼날을 무디게 하십니다(43). 구원의 반석인 하나님은 왕의 칼날을 적 앞에서 돌리셨습니다. 하나님은 전장에서 그를 더는 일으켜 세우지 않으셨습니다. 그런 그는 전쟁에서 패할 수밖에 없었습니다.

하나님은 그의 영광을 끝나게 하시고, 그의 왕위를 땅바닥에 던지셨습니다(44). 그의 왕국은 종말을 맞았습니다.

그런데 하나님은 일찍이 다윗과 언약을 맺으셨습니다. "네 수한이 차서 네 조상들과 함께 누울 때에 내가 네 몸에서 날 네 씨를 네 뒤에 세워 그의 나라를 견고하게 하리라, 그는 내 이름을 위하여 집을 건축할 것이요 나는 그의 나라 왕위를 영원히 견고하게 하리라" (삼하 7:12-13). 하나님은 다윗의 후손과 그 왕국을 영원히 견고하게 하신다고 약속하셨습니다. 그런데 그 왕국은 큰 위험에 처했습니다. 왕국은 곧 사라질 위기였습니다.

그뿐만 아니라, 하나님은 그의 젊은 날들을 짧게 하셨습니다(45). 하나님은 때가 오기도 전에 그를 먼저 늙게 하셨습니다. 그를 수치로 덮으셨습니다. 이 말씀은 유다 왕국이 실제로 겪었던 역사적 사건을 기억나게 합니다.

49 여호와여 언제까지니이까(89:38-52)

유다의 제18대 왕이었던 여호야김 때 바벨론이 유다를 쳐들어왔습니다. 얼마 후 그의 아들 여호야긴은 18세에 제19대 왕으로 왕위에 올랐습니다. 하지만 여호야긴은 왕위에 오른 지 3개월 후에 온 나라를 바벨론에 빼앗겼습니다. 여호야긴은 아버지가 그러했듯이 여호와 보시기에 악한 일을 했기 때문이었습니다. 여호와의 말씀대로 바벨론 왕은 여호와의 전과 왕국에 있는 모든 보물을 털어갔습니다. 바벨론 왕은 여호야긴도 포로로 끌고 갔습니다(왕하 24:6-15).

그리고 바벨론 왕은 여호야긴을 대신에 그의 삼촌인 시드기야를 왕으로 세웠습니다. 시드기야는 21세 때 왕위에 올라 11년을 다스렸습니다. 하지만 그는 여호야김이 했던 것과 똑같이 주님께서 보시기에 악한 일을 했습니다(왕하 24:17-19). 바벨론 왕은 시드기야가 보는 앞에서 그의 아들들을 처형하고, 시드기야의 두 눈을 뺀 다음에 쇠사슬로 묶어 바벨론으로 끌고 갔습니다. 바벨론 왕은 여호와의 성전과 왕궁을 불사르고, 성벽을 헐었습니다(왕하 25:7, 9, 10). 여호야긴과 시드기야는 나라 잃은 왕으로 수치를 겪었습니다.

그때 시인은 무엇을 호소합니까? 46절을 읽읍시다. "여호와여 언제까지니이까 스스로 영원히 숨기시리이까 주의 노가 언제까지 불붙듯 하시겠나이까." '숨기신다.'라는 말은 '거절한다.'라는 뜻입니다. 하나님은 시인의 기도를 거절하셨습니다. 시인은 참을 수 없는 고통을 겪고 있습니다. 그 고통이 언제 끝날 줄 모릅니다.

그래서 시인은 묻습니다. "여호와여, 언제까지입니까? 영원히 숨기시렵니까? 언제까지 화를 불붙듯 하렵니까?" 이 말은 그 기간을 묻는다기보다는 "이제는 도와주세요. 이제는 그만 화를 내세요."라는 뜻입니다.

'언제까지'라고 탄원하는 시인을 통해 무엇을 배웁니까? 절망 속에 나타난 희망입니다. 시인이 처한 상황은 매우 심각했습니다. 왕은 왕권을 빼앗겼고, 나라는 끝이 났습니다. 왕과 나라는 주변 나라로부터 모욕을 견뎌야 했습니다. 그는 그 상황을 스스로 이길 수 없었습니다. 왜냐하면 그 모든 일이 하나님한테서 왔기 때문입니다. 하나님께서 그 왕과 왕국을 버리셨기 때문입니다.

그런데 시인은 절망 중에 여호와께 희망을 품고 기도했습니다. 가장 힘들고 어려운 때에 하나님의 사랑과 간섭하심이 나타나기를 기도했습니다. 왕위와 나라를 회복해 주시도록 기도했습니다. 왜냐하면 현재 자신이 처한 문제를 해결할 분은 오직 하나님뿐임을 믿었기 때문입니다. 지금 그의 형편을 만드신 분도 여호와이시고, 그 문제를 해결할 분도 여호와이십니다.

여호야긴 왕이나 시드기야 왕은 물론이고, 이스라엘이 바벨론 포로로 사는 이유는 무엇입니까? 정치적으로만 보면 이스라엘이 '자주 국방'을 하지 못했기 때문입니다. 하지만 영적으로 보면 이스라엘이 하나님 앞에서 바르게 살지 못했기 때문입니다. 그래서 하나님이 바벨론을 회초리로 쓰신 겁니다. 그들이 바벨론 포로로 사는 이유는 바벨론 때문이 아닙니다. 하나님께서 그렇게 하신 겁니다. 시인은 이 사실을 알았습니다. 시인은 왕과 나라의 현실에 대한 진단을 하나님의 렌즈로 했습니다. 하나님의 렌즈로 진단하니 처방도 하나님의 렌즈로 합니다. 그것이 곧 가장 절망적인 형편에서도 하나님께 희망을 품고 청하는 기도입니다.

예수님은 십자가에서 버림받으셨을 때 하나님께 기도하셨습니다. "예수께서 큰 소리로 불러 이르시되 아버지 내 영혼을 아버지 손에 부탁하나이다 하고 이 말씀을 하신 후 숨지시니라"(눅 23:46).

그러므로 오늘 우리도 어떤 상황에서도 하나님의 인자와 성실을 믿고 기도해야 합니다. 약속을 반드시 이루실 줄 믿고 희망을 품고 기도해야 합니다. 나라 안팎의 정세도 만만하지 않고, 경제도 쉽지 않습니다. 개인도 그렇고, 교회도 쉽지 않은 길을 걷고 있습니다. 우리는 어쩌면 걸어보지 못한 길을 걸어야 합니다. 이런 현실에서 우리가 의지하고 도움을 청할 분은 오직 여호와 하나님뿐입니다. 가장 절망적인 상황에서도 여호와 하나님을 의지했던 시인처럼, 십자가 죽음 앞에서도 아버지 하나님을 의지했던 예수님처럼, 우리도 오직 하나님께 희망을 품고 기도하기를 바랍니다.

시인은 계속해서 무엇을 기도합니까? 47절입니다. "나의 때가 얼마나 짧은지 기억하소서 주께서 모든 사람을 어찌 그리 허무하게 창조하셨는지요." 그는 이른 죽음의 위협을 받고 있습니다. 그는 사람이 경험하는 짧은 인생을 하나님이 기억하시기를 바랍니다. 또 그는 주님께서 모든 인생을 얼마나 허무하게 창조하셨는지를 기억하시기를 바랍니다.

하나님께서 헛되게 창조하신 사람은 아무리 튼튼할지라도 죽음을 피할 수 없습니다(48). 죽음을 이길 만큼 강한 사람은 없습니다. 왕도 죽음을 물리칠 수 없습니다. 그러므로 시인은 하나님께 도움을 청할 수밖에 없습니다.

시인은 하나님께 무엇을 물었습니까? 49절을 봅시다. "주여 주의 성실하심으로 다윗에게 맹세하신 그 전의 인자하심이 어디 있나이까." 주님은 변하지 않음과 사랑으로 다윗과 맹세했습니다. 하나님은 약속하면 그 약속을 신실하심과 인자하심으로 지키셨습니다. 그러나 오늘의 현실은 다릅니다. 시인은 간청합니다. "주님, 옛적의 사랑은 어디에 있습니까? 사랑으로 약속을 지켜주세요."

시인은 계속해서 주님께서 당신의 종들이 받은 비방을 기억하시기를 바랍니다(50). 뭇 민족이 안겨 준 모욕이 시인의 가슴 속에 사무칩니다. 그 비방은 원수들이 주님께서 기름 부음 받은 사람의 행동을 비방한 겁니다(51). 원수는 왕을 따라다니며 모욕했습니다. 그래서 시인은 하나님께서 행동하시기를 바랍니다.

시인은 마지막으로 무엇을 합니까? 52절입니다. "여호와를 영원히 찬송할지어다 아멘 아멘!" 시인은 여호와를 영원히 찬송합니다. 비록 현실에서 여호와는 시인의 기도를 응답하지 않았습니다. 하지만 시인은 여호와는 언약을 반드시 이루실 줄 믿었습니다. 시인은 그분은 당신의 이름이 세상에서 부끄러움을 당하는 일을 허용하지 않으신 줄 믿었습니다. 그러므로 그분은 영원히 찬양받으시기에 합당하십니다. 이렇게 제3권이 끝납니다.

오늘 우리가 힘든 현실을 만날 때 무엇을 해야 합니까? 오늘의 시인처럼 하나님께 희망을 품고 기도하기를 바랍니다. "여호와여, 언제까지입니까?"

참고서

이환진. 『성서주석 18-1, 시편 II』. 서울: 대한기독교서회, 2010.
전봉순. 『거룩한 독서를 위한 구약 성경 주해, 시편 42-89편』. 서울: 바로오딸, 2016.

DeClaisse-Walford, Nancy. Jacobson, Rolf. Tanner, Beth LaNeel. *The Book of Psalms,* 강대이 옮김. 『시편』. 서울: 부흥과개혁사, 2019.
Lucas, Ernest. *Exploring The Old Testament, Vol. 3: The Psalms and Wisdom Literature.* 박대영 옮김. 『성경이해 5, 시편과 지혜서』. 서울: 성서유니온선교회, 2008.
Mays, James Luther. *Psalms, Interpretation A Bible Commentary for Teaching and Preaching.* 신정균 번역. 『현대성서주석: 시편』. 서울: 한국장로교출판사, 2014.

Brueggemann, Walter. Bellinger Jr., William H. *Psalms.* New York: Cambridge University Press, 2014.
Ross, Allen P. *A Commentary on the Psalms: 42-89.* Grand Rapids: Gregel Academic, 2013.
Vangermeren, Willem A. *The Expositor's Bible Commentary: 5, Psalms.* Longman III, Tremper & Garland, David E. general editors. Grand Rapids, MI : Zondervan, 2008.

이병철 편저. 『성경원어해석 대사전: 바이블렉스 10.0』. 서울: 브니엘 성경연구소, 2021.